KB218372

선(태양) 요가

내·면·의·빛·을·만·나·는·길

선 (태양)

요가

선 요기 우마상카르 지 지음

양영순 옮김

나는 이 시대에 여러분과 만나게 된 것을 따뜻하고 경건한 마음으로 신께 감사드린다.

부끄러운 사실이지만 나는 아카데믹한 경험이 부족하므로 이 글을 쓸 생각이 없었다. 그러나 주변 사람들과 인도 그리고 세계 각국에서 많은 분들이 적극적으로 요청하였으므로 이 글을 쓰고, 책으로 출간하게 되었다. 이 책은 일반적인 생명체가 거의 살 수 없는 영하 50~55도인 해발고도 5000미터에서 씌여졌다. 살기 위해서라면 글쓰기를 멈춰야 하는 환경이었다. 이러한 혹독한 조건에서 이 책을 성공적으로 완성할 수 있었던 것은 내 안에서 불타오르는 영적 갈망과 자극 덕분이었다.

물의 맛은 말로는 설명할 수 없으며 오직 마셔야만 알 수 있는 법이다. 어릴 적부터 나는 이론으로 지식을 얻기보다는 체험으로 터득하려는 천성을 갖고 있었다. 작은 실제적인 경험이 수많은 이론보다 더 위대하다고 믿었다. 실제로 체험한 자연의 전자기력은 이론적 설명을 넘어서 있으면서, 사람들이 신성한 자연의 힘에 따른 최상의 지식을 이해하고 얻도록 도와준다. 나는 이 전기를 쓸 때 그 동안 밟아왔던 체험 가까이에 다가가도록 중점을 두었다.

이 책에 감명 받은 누군가가 지혜를 탐구하여 신성에 다가가는 것이 내겐 가장 큰 기쁨과 보람이 될 것이다. 그러나 그렇더라도 그 영광은 나의 것이 아니다. 나에게 무한한 생명과 절대적인 사랑을 주시며 영적인 길로 이끌어주신 부모님께 먼저 크나큰 존경을 바친다. 그리고 우리의 대화신 바바지Babaji께 깊이 감사드린다. 바바지께서는 영적인 길로 나를 직접적이고 간접적인 모든 방법으로 인도하여 성장시켜 주셨다. 그리고 나의 스승이며 지혜의 천사인 암리타 데비Amrita Devi, 디벤두 바타차리지Dibyendu Bhattachariji, 말리카 데비Mallika Devi에게도 감사한다. 그들은 나의 영적인 길을 온화하고 쉽게 밝혀주고 비춰주었다. 두 손 모아 그들의 성스런 발 아래 최상의 감사를 올린다.

그리고 사랑과 애정을 담아 내 삶에 들어온 많은 분들께 존경을 표하고 싶다. 그들의 어깨에 올라 나는 더 높이 오를 수 있었다. 아속 모한티Ashok Mohanti, 아속 파트라Ashok Patra 이분들은 폰디체리의 슈리 오로빈도 아쉬람에서 모든 편의를 돌봐주셨다. 그리고 오로빈도 신문사에서 언제나 랑가 다Ranga Da라고 불렀던 슈리 랑가나트 다Sri Ranganath Da께도 감사드린다. 그는 나를 자식처럼 돌봐주시고 어머니의 눈 수술까지 도와주셨다. 그리고 마다바 다Madhava Da, 스리쉬 다Srish Da, 라사 사Rasa Da, 마힌드라 다Mahindra Da, 그리고 타밀 스승 티루발란지Tiruballanji 등께도 감사드린다.

그리고 순수하고 진실한 아이를 뜻하는 슈리 라자이아Sri Rajaiah 에도 감사한다. 그리고 스승 라자 데시갈Raja Desigal께도 진심으로 감사드린다. 그는 나를 발견하여 수리야 요가와 수리야 요기라는 명칭을 주셨다. 그리고 전통적인 종교학교인 구루쿨의 교육과정에 선 요가를 포함한 교장 슈리 베다 라타남Sri Veda Rathanam께도 감사드린다. 또한 슈리 안나 케딜라판Sri Anna Kedillappan, 나마쉬바야 안나Namashivaya Anna, 자나키람 안나Janakiram Anna에도 감사한다. 그리고 이 선 요가를 수련하여 일주일 만에 뿌리 깊은 알콜 중독을 치료한 칸야쿠마리의 수공예점 주인에게도 감사한다. 케랄라의 기독교 목사께도 감사한다. 나는 뭄바이의 로나왈라 카이발얌의 스와미지와 모든 연구원에도 감사드린다. 이곳은 선 요가에 대한 과학적인 연구를 해서 과학적 가치를 입증해줬다. 나를 먼저 초대하여 선 요가 센터를 설립하고 슈리 크리슈나 찬드라 폴Sri Krishna Chandra Paul에게 소개해준 사하람푸르 거리의 낙쿠르 라는 작은 마을의 시얌 순데르지Siyam Sunderji에게 감사드린다. 크리슈나 찬드라 폴은 암 말기 환자였지만 선 요가 수련을 통해 신체적 고통을 크게 완화시키고 건강한 생활을 영위하게 되어 6년을 더 살았다. 이는 과학에 대한 중대한 도전이었다. 과학은 새롭고 새로운 영역에 대한 진지한 주의와 검토를 확장하여 이 질병들에 대한 빠른 치료법을 다른 방식으로 찾아내어 사람들을 고통에서, 궁극적으로는 죽음에서 구해야 한다.

나는 또한 사르바 슈리 사얌순다르 라나Sarva Sri Sayamsundar Rana, 찬드라 세카르 미탈Chandra Shekar Mittal, 라즈비르 싱Rajbir Sing 박사,

카란 싱Karan Sing, 인드레쉬 트야기Indresh Tyagi, 라케쉬 샤르마Rakesh Sharma 박사, 낙쿠르의 K.P. 판와르Panwar, 그리고 자긍심을 갖고 선 요가를 개최해준 마을의 많은 분들께 감사드린다.

잠무 카쉬미르에 있는 259사단의 장교 슈리 샤르마지Sri Sharmaji, 율법학자 알리 샤헤브Ali Shaheb, 드라스의 치안판사 모울라나Moula-na 등에도 감사드린다.

특히 선 요가 수련을 하고 2002년에 웹사이트를 만든 인도의 벤 하론Ben Haron께 감사드린다. 그는 더 효율적인 방법을 계발하여, 전 세계인이 선 요가를 만날 수 있도록 해주었다.

또한 전 대통령 슈리 K.R. 나라얀Sri K.R. Narayan께 감사드린다. 그는 내가 암베드카르 콘퍼런스에서 선 요가를 소개할 때, 전 인도에 이 임무를 퍼트리라고 부탁했으며, 그에게 지압 테라피를 시술할 기회를 주셨다. 또한 나를 대학으로 초대해준 안나말라이 대학의 슈리 초칼린감지Sri Chokkalingamji와 지금은 선 요가의 팬이 되신 그의 가족 분들 모두에게도 감사드린다. 대학 요가센터장이신 슈리 비슈바나담Sri Viswanadham 박사는 선 요가를 매우 존중하서서, 요가센터에서 학생들이 선 요가 수련을 하도록 소개하셨다. 그는 또한 나를 전 경찰청장 슈리 카르티 케얀Sri Kartikeyan 등의 유명인사에게 소개해주어 선 요가가 유명세를 타서 외국에도 쉽게 소개되도록 도와주셨다. 덕분에 선 요가는 큰 대중적 인기와 명성을 빨리 얻게 되었다. 이 고귀하고 뛰어난 분들께 감사드린다. 또한 슈리 첸나이(마드라스)의 슈리 프라딥 쿠마르Sri Pradeep Kumar와 그의 친구들, 그의 아버지인 슈리 쇼바칸트 다스Sri Shobhakanth Das, 안나말라이 여행사장인 슈리 아루나찰람지Sri Arunachalamji, 인도 선거관리 위원인 슈리 세샨 마하샤야Sri Seshan mahashaya, 알라바드의 프로모드 프라사드Promod Prasad에게도 감사드린다.

　마지막으로 인도에 와서 선 요가를 수련하는 모든 외국 분들, 그리고 인터넷을 통해 수련하는 외국 분들께도 감사드린다. 특히 바수Basu 씨는 나를 태국에 데려가 선 요가를 전파하는데 도움을 주셨다. 감사드린다. 내가 맨발로 인도 전역을 다닐 때 만난 사람들과 지면문제로 더 언급할 수 없는 수많은 분들께 감사드린다. 여기 이름이 밝혀지지 않은 분들도 넓은 마음으로 양해해 주시길 바란다. 이 책에 이름이 나오지 않은 분들께도 가슴깊이 사랑으로 감사드린다.

당신의 벗
우마샹카르

선·요·가·의·정·수

| 저자의 말 |

선 요가의 정수는 선 요가에 대한 나의 체험과 연구에 토대를 둔 독창적인 저작이지만, 하나의 책이나 한 개인에게서 나온 상상이나 경험이 아니다. 이 책에서 이뤄진 영성과 과학 및 철학의 통합은 오늘날 우리 사회가 직면한 많은 문제에 대한 새로운 앎의 단비가 될 것이다.

목이 마른 자가 물을 마실 때는 먼 거리에서 물을 보고, 가까이에 접근하여, 위험을 무릅쓰고 물을 마시는 3가지 행위가 일어난다. 책의 이론과 다른 사람의 경험은 먼 거리의 물을 보는 것과 같다. 이러한 지식에 끌려 이것을 추구하는 길을 걷는 것은 물 가까이 가는 것이며, 수많은 장애를 무릅쓰고 지식을 얻는 것은 목을 축인 것과 같다.

이 책은 경험들의 물결이며, 경험에만 머물지 않는 다양한 연구의 만족스러운 결과이다. 또한 영적 경험을 설명하기 위해서 특정한 책을 언급하고, 인용문들을 적절히 인용했다. 그러나 모든 경험을 표현하는 것은 언어를 넘어선 일이다.

　선 요가의 바다는 광대하기에 수행자인 내가 흡수한 것은 단지 불멸의 감로(nectar) 몇 방울일 뿐이다. 게다가 이 책에서 그것의 10%정도만 밝혔다고 볼 수 있다. 40%는 열정적인 수행자들을 이끌기 위해 의도적으로 생략했으며, 남은 50%는 표현하고자 해도 말로 표현할 수 없었다. 선 요가를 직접 경험하고 탐구함으로써 감로를 맛볼 수 있을 것이다. 나는 더 많은 젊은 수행자들이 선 요가의 바다를 휘젓기를 기원한다. 그들의 영적 탐구를 도와 수행의 길에 입문하도록 도울 수 있다면 이 책의 목적은 달성된 것이다. 모든 수행자에게 부모님과 구루의 은총이 있기를, 내면의 신이 당신을 부르기를, 그리고 당신들의 사랑으로 이 책이 한 개인을 넘어 이 사회와 전 세계에 전파되어 보다 가치 있게 되기를 기원한다.

　선 요가가 발전한 시기는 1995년 2월부터 1997년 2월까지 오로빈도 아쉬람에 머물 때였다. 그리고 선 요가의 과학은 1997년 2월에 타밀나두의 나가파티눔Nagapattinum 거리의 베다란얌Vedaranyam에서 탄생했다. 선 요가Sun yoga는 원래 힌디어로 수리야 요가Surya yoga여서 타밀지역에서는 수리야 요가로 알려져 있었다. 그런데 인도에서 6년간 파다야트라pada yatra(도보순례)를 하면서 인도를 넘어 다른 나라에도 소개되기 시작했다. 특히 선 요가를 세계에 알리기 위해 영국에서 온 벤 헤르슨Ben Herson이 웹사이트(www.sunyoga.info / www.anandaproject.org)를 만들면서 선 요가는 빠르게 전 세계로 알려졌다. 이제 21년이 된 선 요가는 전 세계인의 관심을 얻으면서 매우 긍정적인 영향을 끼치게 되었다.

우주의 태양신 수리야께서 전 세계에 있는 선 요가 수행자들에게 크나큰 생명력과 풍부한 영적 경험을 늘 베풀어주시기를 기도드린다.

당신의 벗
우마상카르

인류는 고대부터 태양과 아주 가까웠다. 태양 숭배의 문화는 멀리 고대의 아즈텍 문명, 이집트에서부터 가까이 한반도의 혁거세 신화, 연오랑과 세오녀 신화 등 세계 곳곳에서 그 흔적을 찾을 수 있다. 그런데 특권적인 고대의 사제계급에게만 허용되었던 태양 응시 수련이 오늘날에는 그 비의秘意가 모두에게 공개되었다. 마치 태양빛이 모든 만물을 평등하게 내리쬐듯이 모든 이들이 태양 응시의 기법을 접할 수 있는 시대가 된 것이다.

우마상카르지는 태양 응시의 수행을 자연 속에서 스스로 발견하여 발전시킨 '선(태양) 요가'를 우주적 평화를 위해 전 세계에 전하는 인도의 수행자이다. 그의 선 요가는 세계 어디선가 그동안 이름 모를 분들이 행해왔던 태양 응시 기법을 인도 전통의 요가 수행에 기반하여 더욱 정교하고 안전하게 체계화시킨 수행이다.

선 요가 수행법에는 태양을 응시하는 '선 요가의 명상' 외에도 선 요가적인 아쉬탕가(8지) 요가, 사진 명상, 눈과 눈 명상, 이완법 등이 있다. 특히 선 요가는 크리야 요가 수행과 병행할 때 효과가 증폭된다.

이 책을 번역하기 위해 2017년 선 요가 워크숍에 참가했었다. 태양을 직접 응시하는 것에 대한 두려움과 선입견을 내려놔야 이 특별한 책을 번역할 수 있겠다는 생각 때문이었다.

태양의 축복 덕분에 워크숍의 세션에서 선 요가의 실제를 맛볼 수 있었다. 예상하지 못한 체험이었다. 내면의 깊은 두려움이 태양 빛에 녹아내리는 순복의 평화, 그리고 주로 크리야 요가에서 일어 나는 무드라가 태양빛의 강력한 지지로 너무나도 쉽고 지속적으로 발생하는 체험을 했다.

천천히 눈을 떴을 때 함께 수련하는 모든 분들과 우리를 둘러싼 모든 존재에 대한 감사함이 솟구치면서 따뜻한 고향에 돌아온 듯 했다. 평화로운 따뜻함 속에 태양의 에너지는 오래도록 여운이 남 았다.

신뢰를 갖고 번역을 시작할 수 있었다. 어쩌면 선 요가의 29개 의 차크라와 13개의 미세신체를 일깨우는 과정이 일어날 수 있겠 다는 기대감이 생겼다.

워크숍 참가자 중에는 지난 10년 가까이 혼자서 태양을 응시하 는 수행을 지속해 왔는데 우마상카르지의 선 요가 명상을 통해 기 존 방법이 잘못되었음을 알았다는 분도 계셨다. 선 요가가 더 알려 져야 하는 또 하나의 중요한 이유일 것이다.

이 책은 우마상카르지의 책 2권을 합본한 것이다. *Autobiography of Sun Yogi*(선 요기의 전기), *Essence of Sunyoga*(선 요가의 정수)이다. 두 권 모두 우마상카르지의 벵갈어 책을 영역한 것이다. 우마상카르 지는 이 책을 머리로 쓰지 않았다. 그는 자신의 체험과 깨달음을 아주 진솔하고 직접적인 방식으로 표현하며 담으려 했음을 느낄 수 있었다. 우마상카르 전기는 폰디체리에서 선 요가를 발견한 뒤 전 인도를 6년간 맨발로 걸어 다닌 기록적인 자서전이다. 그는 이책에서 자신의 모든 것을 숨김없이 진솔하게 고백해 놓았다. 태양을 직접 응시하며 자신의 한계를 돌파하고 녹여낸 수행자다운 전기이다.

그리고 선 요가의 정수는 선 요가의 수행 방법뿐 아니라 선 요가의 과학적 원리와 철학적 근거 등을 풍부하게 담고 있다. 한 개인의 자아를 실현하는 과정이 우주의 진리와 어떻게 연결되는지, 내면의 평화가 어떻게 전 세계에 대한 인류애와 연결되는지를 알 수 있을 것이다.

이 책을 번역할 때 원서에 나열된 목차를 독자를 위해 3부로 구성하고 조정했다.

그리고 벵갈어 및 힌디어를 거쳐 영역된 문장에서 쓰인 요가와 인도철학 관련 용어에 관해 각주를 달았다. 각주에는 인도 문헌의 원어(산스크리트)와 기본 개념을 설명했지만, 일반 요가철학과 다른 선 요가의 특수성은 각주에서도 부연 설명해 두었다. 우마상카르지의 가르침을 최대한 그대로 전하고자 했지만 오류가 있다면 모두 역자의 책임이다.

이 책을 번역하도록 선 요가의 세계로 이끌어주신 김현수 님, 그리고 믿고 번역을 맡겨주시며 함께 퇴고해 주신 선 요가 도반 분들과 이용주 님께 감사드린다.

특히 힌두 탄트리즘과 크리야 요가 연구자인 심준보 박사가 까다로운 내용을 꼼꼼하게 검토하여 감수해주신 덕분에 번역이 완성되었다. 늘 감사드린다. 영성과 깨달음에 관한 책을 묵묵히 펴낸 여래출판사가 한국에 선 요가를 널리 알릴 수 있는 주요 통로가 되어주셨다.

태양의 빛이 내리쬐고 풀 한 포기가 태양을 향하는 일, 늘 우리 곁에 있어왔던 사랑의 모습이다. 언제나 그곳에 있었던 태양의 사랑을 듬뿍 받아보시기를 기도드린다.

2018년 3월
역자 양영순

| 차례 |

우마상카르 전기

내게 생명을 주시고 구루마로서 영적 수행에 입문시켜 주신
어머니의 신성한 연화좌에 무한한 경배를 바칩니다.

대화신 바바지

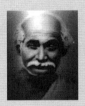

라히리 마하사야
(1828~1895)

슈리 유크테슈와르
(1855~1936)

파라마한사
요가난다
(1893~1952)

제1부 선 요가를 만나기까지

1. 출생 이전

나는 인도 서벵갈의 작은 마을 라치푸르Lachipur에서 성스러운 부부 스리 마티 비말라 발라 박Sri mathi Bimala Bala Bag과 스리 스리칸트 모한 박 마하샤이Sri Srikanth Mohan Bag Mahashay(마하샤이는 위대한 인간을 뜻한다)의 막내아들로 태어났다. 라치푸르 근방의 작은 마을에서 태어나 아버지와 10세에 결혼하신 어머니 발라 박은 무한한 사랑과 애정의 화신이셨다. 천사 같은 미소를 지닌 고결한 그녀는 가난하고 고통 받는 자들을 늘 보살피셨고, 신성하고 순수한 영적 삶을 영위하셨다. 아버지는 어린 시절에 부모님을 여의고 먼 친척인 이모 슬하에서 많은 어려움을 겪으며 성장하셨다. 우리 집은 자녀들의 교과서를 사는 것조차 어려울 정도로 가난한 편이었다.

어머니는 일찍 결혼하셨지만, 21세까지는 큰 문제가 없었다. 전통적인 가치를 존중하는 부모님은 엄격한 사회적 규범을 지키는 생활을 준수했다. 어느 날 특별한 일이 일어났다. 하늘에서 5개의 밝은 빛이 내려와 '우리는 당신에게서 한 명씩 태어날 것이다'라고 말한 것이다. 그 후 어머니는 한 명씩 아이들을 출산하여 정말 다섯 아이를 낳으셨다. 나는 막내아들로 태어났다. 우리 모두 여신인 어머니와 함께 초월적인 힘의 가피를 받고 있음을 느낀다.

오늘날도 어머니는 먼 외국에서 온 아이들까지 품고 계신다. 부자든 가난하든 낯선 사람이든 그녀를 만나는 모든 사람들이 그녀의 사랑과 축복의 진동을 느끼며, 그녀의 고귀한 마음에서 나오는 순수한 애정과 사랑을 받는다.

2. 어린 시절

나는 양력 1967년 6월 22일에 태어났는데, 이 날은 벵갈 달력에 따르면 아마부차Amabucha의 1364년 아샤다ashada(7일)라는 신성한 날이다. 집안의 막내아들인 나는 모두에게 사랑을 듬뿍 받았다. 가족 모두에게 보살핌은 받는 나에게 가난은 장애가 되지 않았다. 가족에게 나는 놀이와 사랑의 대상이었다. 가족은 비록 그들을 위해 옷을 살 돈이 없어도 나를 위해 옷을 사주곤 했다.

어린 시절 두 가지 사건이 떠오른다. 한번은 내가 한 살이었나 한 살 반이었을 때, 열병 때문이었는지 정확히 기억할 순 없지만 집 현관문에서 굴러 떨어졌다. 그러나 의식이 돌아왔을 때는 침대에 누워있었고 모두가 나를 둘러싸고 있었다. 나는 3일간이나 의

식불명인 채로 잠들어 있었다고 들었다. 그러나 나는 좀 전에 잠든 내가 어떻게 방 침대로 왔는지 이해할 수 없었다. 그것은 내가 다른 차원에서 위대한 지복에 잠겨 3일을 마치 한순간처럼 보냈음을 의미했다. 지금도 나는 내가 어디에서 의식을 잃었는지 또 나의 의식을 되찾았는지 회상하곤 한다.

두 번째는 도둑질이다. 어렸을 때 나는 대부분의 시간을 누나와 보냈다. 나는 저녁 시간에 어머니의 젖을 다 먹은 후, 누나 침대로 가서 옛날이야기들을 들으면서 빨리 잠들곤 했는데, 하루는 누나가 나를 조용히 깨워 창문을 가리켰다. 누군가가 그곳에 서서 우리를 보고 있었다. 잠시 후 누나는 소리를 질러 아버지를 깨웠다. 아버지가 갑자기 일어나 졸린 목소리로 대답하자 도둑은 도망갔다. 누나와 아빠는 놀라서 여기저기 뛰어다녔지만 아무도 발견하지 못했다. 그날 밤은 이슬비가 내렸는데, 다음날 화장실에 가시던 아버지는 우리 집 옆 망고나무 근처에 빠져나온 쌀통과 흩어진 카레가루를 발견했다. 우리 가족은 집에 도둑이 들었다는 걸 알고 수색하기 시작했다. 가탈 마을의 축제 때 입으려고 산 옷들을 도난당했다. 이 사건은 마치 우리 가족의 상처에 소금을 문지르는 것과 같았다. 우리는 돈이 부족했으며, 축제의 흥은 완전히 깨져버렸다. 게다가 부엌에서는 청동 식기들도 사라졌다. 그리고 집 밖 망고나무 가까이에 다시 갔을 때, 근처 사원에 속한 작은 연못에 칼라시(항아리)가 떠있는 걸 발견했다. 나중에 사원의 사람들을 불러 칼라시를 전했다. 그때까지도 사람들은 사원에서 절도가 일어난 줄 몰랐다. 그날 밤에만 두세 군데 집에서 절도가 있었다. 이 사건을 말하는 이유는 지금도 내 눈앞에서 연못 위에 거꾸로 떠있던 칼라시가 선하게 보이기 때문이다.

아마도 내가 세 살쯤에 어머니는 호박을 심기 위해 작은 쇠 지렛대로 구덩이를 파고 계셨다. 나는 그곳에서 내가 아주 좋아하는 고구마 같은 것을 찾았는데, 문득 내가 고구마를 꺼낼 때까지 어머니가 땅을 파지 않을 거라고 생각했다. 그러나 어머니가 내 목소리를 듣고 땅 파기를 멈추기 전에 내 손을 갑자기 구덩이에 넣었고, 쇠 지렛대가 오른쪽 검지손가락을 베었다. 손가락 첫마디가 잘리는 것은 운명이었고, 피를 많이 흘렸다. 그것은 어린 나보다 가족에게 더 큰 고통이었다. 모두가 나를 걱정했고, 지혈하기 위해 노력했다. 그때 나는 그것이 모두 내 잘못이라는 것을 알았으므로 울지 말아야 하며 만약 내가 울면 바보가 되리라고 생각했다. 이 일은 내가 고구마를 너무 좋아했기 때문이었다. 나는 다 함께 고구마를 먹은 후에도 그들 몰래 고구마를 더 먹곤 했다. 다섯 살쯤 되었을 때 어느 날 어머니는 신선한 망고 소스로 피클을 만들고 있었다. 그것은 벵골어로 '카순 디Kasundi'라고 불렸다. 오염을 방지하기 위해 어머니만 용기에서 꺼내는 것이 관습이었다. 그런데 나는 그것을 점점 더 몰래 먹고 싶어져서 참을 수 없는 지경이 되었다. 어느 날 우리 모두 현관 근처에서 점심을 먹고 있었다. 유혹을 참지 못한 나는 천천히 몰래 부엌으로 들어가 피클을 한 움큼 집어든 후 아무도 보지 못하게 몸 뒤로 주먹을 숨겼다. 그리고 서서히 그 약탈물을 처리하고 있을 때 모두의 주목을 끌고 말았다. 갑자기 큰누나가 일어나 나의 귀를 잡아채고 한마디 했다. "우리나 다른 사람의 것을 허락 없이 만지거나 가져가는 것은 절도다. 그것은 정당화될 수도 없고, 평생 쌓은 명성을 한순간에 파괴할 것이다." 누나의 이 말은 지금도 잊히지 않아 가끔 입 밖에 내보기도 한다. 그때부터 나는 내 것이 아닌 것에는 절대 손을 대지 않고, 심지어 돈에도 손을 대지 않는다. 그녀의 가르침은 나에게 아직도 남아있고 영원할 것이다.

아버지를 키우셨던 이모할머니는 등부터 발까지 너무 아프셔서 제대로 움직일 수 없었다. 그녀는 가고 싶은 곳에는 늘 손에 의지해서 기어 다니셔야 했다. 어느 날 한 거지가 와서 그녀를 보고, "아! 죽음의 신이여! 당신은 언제 불쌍한 그녀를 이 고통에서 구하실겁니까!"라고 말했다. 그건 죽음의 신이 질병의 신체에 갇힌 그녀의 영혼을 언제 해방시키느냐는 뜻이었다. 어린 나는 그의 말을 그렇게 이해했다. 그때쯤부터 나는 사람들이 어째서 이런 고통을 겪는지, 그리고 고통에 대한 해결책이나 개선책이 과연 있는지 고민하기 시작했다. 그렇게 나의 영적 탐구와 사실의 조사가 시작되었다.

5~6세 때 우연히 많은 학자들이 영적인 문제에 대해 강의하는 모임에 갔던 기억이 난다. 한 신사가 탐욕과 분노와 같은 우리 내부의 적을 극복하는 방법을 이야기하고 있었는데, 갑자기 한줄기 빛이 나의 가슴에서 뿜어 나와 그의 가슴속으로 들어갔다. 나는 그의 마음을 선명하게 볼 수 있었다. 그는 내면의 죄악 중 어느 하나도 결코 극복하려하지 않는 거짓된 구루였건만 사람들을 영적인 길로 이끌려 했다. 그는 모임에서 영적인 문제를 말할 자격이 없었

는데도, 사람들은 그런 거짓된 설교자에 의해 속아 잘못 인도되고 있었다. 그는 사람들의 영적인 문제에 관한 것들을 완전한 어둠으로 밀어 넣을 것이다.

이 세계 한 구석에 있는 개인은 접어두고 방대한 영적인 주제에 대해 생각해 보자. 영적 세계는 이 세계의 본질에 대한 거대하고 엄청난 진실을 품고 있으며 저변에는 과학적인 측면도 포함하고 있다. 인간의 상상력을 초월하는 위대한 신성의 비밀은 숨겨져 있지만, 그곳에는 크고 작은 모든 문제에 대한 완전한 해결책이 분명히 있다. 이것은 피상적인 것이 아니므로 우리는 철저하게 깊이 파고들어 찾아내기 위해 노력해야 한다.

나는 성패를 결정짓기 위해 하나의 일이나 행위에 모든 믿음을 걸곤 했다. 한번은 책에서 강이 흘러가면서 많은 우여곡절이 있다는 내용을 읽었다. 그때 나는 마음의 지도로 강이 어떻게 수차례 굽이치며 흐르는지 눈앞에 생생하게 그려보았다. 지식은 내게 앎으로 생생하게 전환되었다.

우리가 자연에 대해 아는 지식들은 제한되어 있다. 그래서 나는 내부의 적과 악한 영향력이 나를 무지하게 무력화하는 것을 극복하기 위해 영적인 공식을 계속해서 조사하고 탐구해갔다.

3. 소년 시절

나의 어린 시절은 흘러갔고, 머리에 두건을 쓰는 소년 시절이 시작되었다. 아버지와 큰형은 농장과 집안일을 돌봤다. 자식들 교육과 다른 지출이 늘어나자 빚을 지게 되었고, 가정의 평화는 깨어져갔다. 큰형이 자라면서 열심히 일해 집안의 빚을 감당했지만, 그도 고등교육을 받기 위해 멀리 떠나야 했다. 그래서 영리하고 우수한 학생이었던 큰누나가 학업을 그만두어야 했다. 그녀는 가족을 부양하고 어머니의 일을 돕기 위해 등록금을 써버려 졸업을 하지 못했다. 작은형과 여동생 모두 똑똑해서 반에서 항상 1등을 차지하곤 했다. 어린 시절부터 나는 가능한 아버지와 형을 돕기 위해 아침에 농장에 갔다가 학교에 등교했다. 그러나 학교에서 돌아와 다시 농장으로 가서 일했기 때문에, 농장에서 돌아와 저녁식사를 한 후에야 공부하러 앉을 수 있었다. 너무 피곤해서 졸지 않고 책에 집중하기 힘들었다. 또 다시 나는 새벽 4시부터 아침 6시까지 공부한 뒤, 등교 전에 농장 일을 하러 나갔는데 이것이 나의 일상이 되었다.

나는 심지어 교과서도 살 수 없어서 빌려야만 했다. 때로는 운이 좋았고, 어떤 날은 그렇지 않았다. 친구들이 시험 때문에 책을 빌려주지 않아 절망적인 무기력에 빠진 적도 있었다. 대신 큰누나가 운영하는 학교로 일하러 가서 한 동안은 내가 들은 수업의 내용을 모두 외운 적도 있었다. 나뿐만 아니라 우리 형제와 자매들도 가난 때문에 이렇게 고통을 겪어야 했다.

나는 어떤 과목을 공부하든 그것에서 어떤 생명을 발견하곤 했다. 나는 매우 집중했었고, 100점을 받곤 했다. 한번은 유명한 과학자 아이작 뉴턴에 대해 공부하고 있었다. 뉴턴 제3법칙은 '모든 운동에는 작용과 반작용이 있다'였다. 중력 법칙을 공부할 때, 어떻게 사과가 나무 가지에서 떨어졌는지, 그리고 지구가 중력의 힘을 가지고 있다는 생각이 그의 마음속에 어떻게 떠오르게 되었는지, 그가 어떻게 중력 법칙을 순식간에 발견했는지를 나는 눈앞에서 마치 비디오 화면의 영상을 보듯이 전체 장면을 보았다. 모든 운동은 작용과 반작용을 가진다는 그의 공식은 뇌리에 박혀 내 삶의 일부가 되었다. 이것은 어릴 때 봤던 이모할머니가 겪는 인간적 고통의 구원이 어디에 있을지 탐구하는 통로가 되었다. 교실에서뿐 아니라 집에서도 교실의 모든 시나리오를 마음속에 기억했기 때문에 책을 다시 볼 필요가 없었다. 그것은 직관이 아니었고, 일단 내가 보거나 들은 것은 마음에 남았기 때문이다. 나는 결코 학문이나 시험 점수를 위해 공부하지 않았고, 고통의 해결과 진리 탐구를 돕는 지식을 이해하려 했다. 많은 어려움이 있었지만 나는 8학년까지 1등을 놓치지 않았다.

한번은 8학년이었을 때 친척인 노보 씨가 집에 방문했다. 집에는 아버지와 나밖에 없었는데, 갑자기 노보 씨가 '신은 누구이며, 신은 무엇인가?'라는 질문을 던졌다. 내게는 너무나 놀라운 질문이었고, 그 주제에 관한 깊은 논의와 토론으로 이어졌다. 우리는 주변을 잊은 채 두 시간이 지나도록 이야기하고 있었다. 심각한 지점을 이야기하고 있을 때, 갑자기 아버지가 토론을 중단하라고 하셨다. 나는 아버지의 존재를 완전히 잊고 있었고, 그가 무엇을 원하는지 전혀 배려하지 않았음을 알아챘다. 죄송한 기분이 들었다. 나의 정신적 상태를 헤아릴 수 없었던 아버지가 말씀하셨다. "나는 네 얘기를 잘 들었는데 질문이 있다. 아마 누구도 대답할 수 없을 것이다. 이 질문은 오랫동안 내 마음에 맴돌고 있다. 내가 답을 얻을 수 있든 없든 말이다." 나는 빨리 질문을 듣고 싶었다. 아버지는 "너는 신의 존재를 증명했지만, 내가 너의 아버지라는 것은 어떻게 증명할 수 있느냐?"

나는 13살이었다. 실질적인 질문이었지만 답을 유추하고 증명하는 것은 까다롭고 어려운 문제였다. 질문을 듣고 내 나이를 다시 생각해 보고는 내가 정말 그의 합법적인 아들인지 아닌지 생각하기 시작했다. 나는 이 집에서 아들로서 적합한 권리를 갖고 있는가? 그러나 그러한 복잡한 감정은 모두 억누르며 말했다. "어머니와 당신, 당신 둘이 나의 증거이니 내가 당신의 아들인지 아닌지 당신이 밝히세요." 아버지는 별로 놀라지 않으면서 말했다. "너는 간단한 방식으로 대답했다. 그것은 내 질문의 목적과 흐름을 잃은 것이다. 이제 네가 누가 너의 아버지를 증명할 수 있는지 대답해보렴." 나는 대답했다. "오직, 어머니. 다른 누가 있나요?" 아버지는 조금 놀라신 듯 했다. 대답은 그다지 어렵지 않았지만, 내 나이는 공부를 깊이 하거나 경전에 대한 지식을 갖춘 시기가 아니었다.

다시 아버지는 말했다. "요새 세상은 아이를 낳고도 아이를 버리는 부모들이 많다. 그리고 아이들은 그것을 알기 전에 그들의 부모를 잃어버린다. 그들은 고아로 알려져 있다. 정말 고아인 아이가 있을까?" 나는 부정적인 방식으로 대답했다. "어떤 아이도 고아가 될 순 없잖아요? 모두들 아버지와 어머니가 있어요. 부모가 사생아를 낳을 수도 있지만 아이에겐 잘못이 없어요. 아이는 결코 사생아가 될 수 없어요." 아버지는 고개를 끄덕이며 말했다. "너에게 완전히 동의하지만, 그럼 아이는 어떻게 자신의 진짜 아버지와 어머니를 알게 될까?"

나는 길을 잃었고 어떤 답도 찾을 수 없었으며, 답을 알 것 같지도 않았다. 불안을 참을 수 없어 아버지에게 물었다. 내가 그의 정당한 아들인지 아닌지.

여기서 놀랍게도 아버지는 명확한 답을 주는 대신 내가 직접 답을 찾도록 또 다른 세계의 새로운 비밀을 열어두셨다. 그래서 아버지는 나의 첫 스승(구루)이었고, 나는 그의 성스러운 발에 크나큰 존경을 바친다. 질문은 어려웠기에 답을 내놓기 전에 먼저 자신의 지식을 검토해야만 했다. 식사를 하면서 아버지는 내가 신을 찾는 바르고 과학적인 길을 걷고 있음에 감사하셨다. 아버지께서는 신이 일부러 헌신자를 악에 빠트림으로써 그를 시험하기도 한다는 것을 결코 잊지 말라고 하셨다. 이 말은 15년 후 1995년 폰디체리의 해변가에서 명상을 하던 어느 밤에 현실로 나타났다.

둘째 형은 우리 중에 가장 똑똑했고 교육을 많이 받았다. 둘째 형은 고등학교 진학 시험을 매우 잘 치러서 먼 도시로 유학을 갔다. 아버지는 더 늙으셨고 결국 농장일과 집안일의 책임이 13살인 나의 어깨에 걸렸다.

그것은 내 소년 시절의 황혼이자, 성인 시절의 여명이었다. 서서히 나는 어디선가 길을 잃었다고 느끼기 시작했다. 많은 사람들 속에 있어도 깊은 침묵 속에서 동떨어져 있었다. 사람들은 내가 무슨 병에 걸렸다고 오해하기 시작했다. 미신적인 점성술사나 시골

의사에게 보내지기도 했다. 나는 정신적으로 거의 무의식적인 영적 상태에 있었으므로, 그들에게 나를 설명할 수도 없었고 그들 역시 나를 이해할 수 없었다. 나는 학교 교육에 집중할 수 없어서, 8학년에는 4등, 10학년 마지막 시험에서는 겨우 11등을 했다. 연한 콧수염과 턱수염이 자라기 시작했고 목소리도 변했다.

4. 성인 시절

성인 시절은 깜깜한 어둠 속에서 시작되었지만, 시간의 수레바퀴가 구르면서 어둠의 구름은 걷혀지고 일상의 행복에서 밝은 새벽빛이 비추기 시작했다. 어쨌든 나는 중학교 시험을 통과하여 과학을 주요 과목으로 하는 10학년에 올라갔다. 학교는 마을에서 꽤 멀어 한 동안 걸어가야 했다.

어느 날 외가쪽 여동생의 남편(매제)과 친척 마을에 갔다. 원래 일정은 저녁에 돌아오는 것이었는데 친척 분들은 자고 가야한다고 했다. 그날 밤 나는 매제를 두고서 친구들과 놀았는데 한밤중에 혼자 집으로 돌아간 매제가 하필이면 넘어져서 부상을 입었다. 비가 많이 온 그날 밤에 손전등을 내가 가져갔기 때문이다. 다음날 집으로 돌아가자, 큰형이 뺨을 때리며 말했다. "자유와 방종은 다른 것이다. 자유는 살아있는 모든 것을 포함하여 어느 누구에게도 해를 깨치지 않으면서 어떤 일을 하거나 하지 않을 권리를 가진다. 그러나 방종은 누군가에게 해를 끼칠지 배려하지 않은 채 무언가를 하거나 하지 않을 권리를 가진다는 것을 의미한다. 요즘 사회에서 대부분 사람들은 자유라는 이름으로 방종에 빠져있다."이 역시 내게는 큰 가르침이 되었다.

같은 학년 친구들은 대부분 등록금을 내고 하루 17~18시간을 공부했는데, 가난과 농사일의 압박으로 과외는커녕 교과서도 제대로 갖추지 못했다. 그래서 공부에 한참 뒤처져 있을 뿐 아니라 혼자서 집안일을 견디고 관리하기에도 늘 지쳐있었다. 그러는 사이 큰형이 취직을 해서 경제적 어려움이 줄었지만, 혼자 지내면서 일을 제대로 처리하지 못하는 무능력함으로 우울해졌다.

결국 나는 100루피만 챙겨 사람들이 잘 모르는 목적지로 도망치게 되었다. 집에서 나와 버스를 타기 위해 7km를 걸어야 했는데 그때, 갑자기 큰누나가 근처 마을 가탈Ghatal에서 걸어왔다. 누나의 눈에 띄지 않으려 몸을 숨겨야 했기에 여기저기에서 숨어 있다가, 그녀가 떠난 후에야 다시 걸어 나갔다. 나는 슈리 라마크리슈나 파라마한사Sri Ramakrishna Paramahamsa의 출생지인 카마르푸라Kamarpura로 가는 버스를 타고 신성한 어머니 사라다 데비Sarada Devi의 출생지인 자야람 바티Jayaram Bhati에 도착했다. 그리고 사라다 데비 맛Sarada Devi matt에서 하룻밤을 보낸 뒤 캘커타Kolkata에 도착했다. 캘커타에선 어느 누구도 빈둥거리지 않는다고 들었기 때문에 큰 도시 캘커타로 간 것이다.

처음 집을 떠나 홀로 된 내게는 가야할 어떤 목적지도 없었다. 무작정 길을 걷기 시작했다. 처음에는 사람들을 실어 나르는 후글리Hugli 강의 뱃나루에 도착했다. 내게는 너무 흥미롭고 새로웠기 때문에 하루 종일 배들을 보며 앉아있었다. 살면서 그렇게 큰 강과 배를 본 건 처음이었다. 날은 점점 어두워져 그곳에서 잠을 자고 일은 다음날 찾기로 했다. 누워있을 때, 큰 신사분이 내게로 와 다음날부터 할 일거리를 제안했다. 그러나 다음날 일하러 가기로 약속하고, 누워서 쉬고 있을 때 문득, 가족들이 나 때문에 얼마나 울고 있을까란 생각이 들었다. 특히 나의 어머니. 그들이 나를 얼마나 찾을지도. 그때 갑자기 어머니께 어떤 슬픔도 드려선 안 된다는 생각이 들었다. 어머니의 눈에 눈물이 난다는 생각이 들자 가슴이 미어졌다. 다음날 아침 캘커타에서 일하는 큰형을 만난 뒤에 집에 돌아가기로 했다.

그때 내 옆에 자고 있던 낯선 사람이 내 주머니를 뒤지고 있었기 때문에 방심했다면 돈을 다 잃었을 것이다. 아침 일찍 그곳을 바로 떠나 형에게 갔지만, 형을 찾을 수 없었다. 하는 수 없이 기차역으로 돌아왔지만 기차를 잘못 타 다른 장소로 갔고, 그 기차로 다시 캘커타로 돌아와야 했다.

그러는 사이에 가족들은 내가 가출했다고 판단하여 나를 찾기 시작했다. 내가 사라졌을 때 어떤 증거도 남기지 않았기 때문에 그들은 백방으로 뛰어다녔지만 나를 찾을 수 없었다. 이틀 후 어둔 밤에 집으로 돌아왔을 때 모두들 너무나 기뻐했다. 가족들은 내가 가출한 이유를 이해했기에 친지 한 분과 함께 농사일을 하도록 했다. 나는 동의했고 처음에는 좋았지만, 이 새로운 합의가 나의 정신적, 학업적인 발전을 저해했음을 알 수 있었다. 시간은 목표도 없이 지루하게 흘러갔다. 나는 물리적 세계와 자연, 육안으로 보이지 않는 세계에서 자명한 것을 탐구하는 목표와 야망에서 벗어나 죽음의 세계에 갇혀있었다. 조용한 일상을 사는 내 마음에서는 자연계와 초월계 사이, 죽음과 불멸 사이에서 내적인 충돌이 솟아올랐고, 충돌과 대립은 진지하고 심각해졌다. 내가 하고 있는 일과 해왔던 일들이 큰 질문이 되었고 마음을 흔들었다. 나는 곧 내 삶에 닥칠 파멸에서 나를 구하고 싶었다.

시간이 흘러 큰형은 결혼했다. 이 결혼은 사회적 악습인 도우리 dowry에 맞선 본보기였다. 큰형은 어떤 지참금도 받지 않았다. 같은 세대인 우리 남자들도 도우리를 요구하지 않겠다는 맹세를 했다. 물론 그들 중 후에 약속을 깨고 도우리를 택한 사람도 있었지만, 관습적 강요 때문이었을 것이다. 형의 결혼은 우리 집안에 또 한 명의 여신을 가져왔다. 좋은 집안에서 온 형수는 정말 모든 신성한 성품을 지녔기에 우리는 곧 좋은 친구가 되었다.

한번은 우리 가족이 인도 오릿사의 풍요한 순례지인 푸리Puri에 갔을 때 신의 축복을 받기 위해 줄을 서있었다. 갑자기 놀랍게도, 목조 신상이 미소 지으며 나를 향해 오다가 내 옆의 작은 사원에 멈추는 것을 보았다. 나는 내가 느끼는 것을 도무지 이해할 수 없었다. 어머니에게 가서 루피를 받아 신상에 공양하려 했는데 신상이 '나는 돈을 원하지 않는다'고 말하며 돈을 거절했다. 그래서 나는 오직 신상 당신을 위해 간청하는 것이라고 했다. 만일 그가 안 받았다면 나는 돈을 발밑에 던졌을 것이다. 그러자 신상이 돈을 받았다. 그리고 놀랍게도 오릿사의 푸리 자가나타Puri Jagannatha사원에서도 같은 신상이 있었다. 그 신상은 나를 경건하게 바라보면서

'앞으로 나아가라'고 말했다. 이것은 분명 내게 큰 행운이었다.

내가 영적인 말과 학업의 말이라는 두 마리 말을 타고 있을 때, 처음으로 상위 중학교 기말시험에서 낙제했다. 그리고 그것이 나를 기술 교육으로 이끌었다. 형의 조언대로 텔레비전 디플로마 과정에 들어갔다. 대학은 마을에서 80km 떨어진 메체다Mecheda에 있었다. 그곳에 가려면 자전거로 7km를 달린 후 버스를 타야했다. 밤 9시에 졸리고 피곤한 채로 귀가하곤 했다. 종종 미끄러지거나 도랑에 빠지기도 했는데 모든 것을 운명에 맡겼다. 나는 평균 성적으로 상위 중학교 시험을 패스했지만, 다음 해에는 디플로마에서 80%로 상승했다. 시간이 흘러 둘째 형도 석사학위를 마치고 직업을 얻었다. 이 시기에 아버지가 85세의 나이로 돌아가시는 슬픈 일이 있었다. 아버지의 임종 때 나는 머리맡에 있었다. 모두 깊은 슬픔에 빠졌지만, 나는 이 세계에서 탄생과 죽음은 너무나 흔하다는 사실 때문에 눈물을 흘리지 않았다. 물리 세계에서 모든 것은 반드시 죽음에 이른다.

후에 나의 둘째 형이 결혼했다. 형수 역시 교육받은 좋은 분이었다.

나는 여기저기에서 일했는데 나를 아들처럼 보살펴주신 슈리 쿤단 베나르지Sri Kundan Benarji 밑에 있을 때 그의 허락 하에 역사, 지리, 교육을 전공으로 하는 대학 과정에 들어갔다. 가게에서 일하면서 대학 공부도 해야 했기 때문에 나의 일은 늘어났다. 어느 날 나처럼 밤 12시가 되어도 식사를 거르고 허기진 채로 있는 동료들을 보았다. 늦은 시간에 그들을 위해 음식을 준비하곤 했고 함께 모여 음식을 먹었다. 늦은 밤의 식사를 지적하는 사람도 있었지만, 친구인 디벤두Dibyendu는 나를 응원하며 거들어줬다. 늦은 식사는 거의 규칙적이 되었고, 그로 인해 그들의 책을 빌려 읽을 수 있었다.

이런 생활 속에서 나는 카스트와 인종을 중시하는 인도 사회에 속한 한 소녀와 로맨틱한 사건에 빠졌다. 어느 날 나는 빌린 카메라로 그녀를 찍고 싶어져서 그녀에게 사진을 찍게 해달라고 말했다. 그러자 그녀는 거절하면서 왜 그런 짓을 하느냐고 물었다. 그리고 그 일은 내가 무엇을 하고 있었는지를 순식간에 일깨워줬다.

'나는 영원하지 않은 몸의 사진을 원했고 찍으려 했다. 나의 앎들이 어디로 사라지는가. 나는 하루하루 눈이 멀어가고 있지 않은가. 내 삶을 자연의 이 죽어가는 피조물에 묶어야하는가. 영성을 위한 내 노력의 목적은 무엇인가.' 이 정신적 충격은 나의 로맨스를 파괴했다. 그 순간 나는 결혼하지 않고 독신자로서 마지막 한 방울의 피까지도 이 약화된 사회의 악을 뿌리 뽑는 데에 헌신하기로 결심했다. 나는 홀로 이 결단을 내리고, 누구에게도 밝히지 않았다. 그날 이후 지금까지 나는 수염도 면도하지 않는다. 미혹한 채로 혼란했던 남녀의 감정과 애욕이 그 소녀에 의해 완전히 방전되었기에, 나는 그녀를 닫혀있던 지혜를 개방시킨 구루로 여긴다.

대학 2학년 때 학원에서 트레이너로 일했다. 하루는 응축기와 IC의 기능을 설명하면서 학생들을 지도하고 있었다. 나는 원장이 수업을 지켜보고 있는 것을 알았지만 내 교육에 잘못된 점은 없었으므로 상관하지 않았다. 그런데 수업 후에 원장은 내가 그렇게 자세히 가르치면 다음날 아무도 수업에 오지 않을 것이라고 지적했다. 나는 그 말의 동기를 이해했기에, 자유가 없는 나와 맞지 않는 그곳의 일을 그만두었다.

일을 그만둔 뒤 돈이 부족했다. 모든 식사 동료들은 떠났다. 사실을 말하면 나는 오랫동안 식사를 하지 못해 괴로웠다. 15~16일 후에 동료들이 돌아오자 모든 것이 괜찮아졌다. 이 모든 바보 같은 문제 때문에 나는 제대로 수업에 참석하지 못했고, 친구 디벤두는 놓친 수업을 해결하도록 도와줬다. 우리는 때로 심각한 영적인 토론을 하곤 했는데 그것은 명상의 방법과 수행에 도움이 되었다.

이 시점에서 불쾌한 일이 유쾌한 일로 변했다. 한 친구가 나를 미드나푸르Midnapur 도시로 초대했다. 그곳은 취업과 사업의 기회가 많은 곳이었다. 식사 중의 대화에서 친구의 처남이 내게 지참금을 받고 결혼을 하면, 훌륭한 사업을 시작할 수 있을 거라고 제안했다. 나는 독신주의를 밝히지는 않았지만, 어떤 지참금도 받지 않을 거라고 말했다. 그들은 완전히 실망했다.

대신 나는 그들에게 2달 내에 그런 조건 없는 좋은 사업을 만들어달라고 요구했다. 그때 내가 어떤 영향으로 감히 그런 말을 할 수 있었는지 알 수 없지만, 그 말은 현실이 되어 친구들의 도움으로 사업을 시작할 수 있었다. 나의 형제들도 힘이 닿는 한 나를 도왔다. 몇몇 좋고 나쁜 우여곡절 속에서 결국 사업은 잘 진행되었다. 그러나 나는 단 하루도 영적인 삿상과 기도를 빠트리지 않았다. 나의 영적인 수행이 진행되면서, 판매뿐 아니라 텔레비전, VHS-VCR, VHS-VCP의 수리 업무가 증가했고 다른 지역으로도 일이 확장되었다. 그리고 많은 종교인, 수도승, 그리고 지식인들이 우리 토론에 참여하러 오곤 했다.

　스와미 비베카난다Swami Vivekananda의 생일을 기리는 1994년 1월 12일에 우리 모두 자야람 바티 맷Jayaram Bhati Matt에서 위대한 인간의 강연을 듣기 위해 모였다. 연단에 선 개최회장 슈리 스와미 아메야난다지Ameyanandaji는 그곳에 모인 사람들의 종교적 의문을 모두 밝힐 예정이었다. 나는 그에게 갑자기 "만일 신이 우주의 창조자라면 어떻게 단일한 실체가 창조를 원하는가? 그리고 언제 창조가 어머니와 아버지 같은 남성과 여성을 필요로 하는가? 당신의 의견은 무엇인가?"라는 당시 나의 의문을 던졌다. 물론 지금은 그런 신은 없다고 믿는다. 오직 언제나 존재해왔고 지금도 존재하며 앞으로도 존재할 창조만이 있다. 창조자와 창조 모두 하나이고 같다. 다행히도, 스와미지(비베카난다)는 여러 질문을 받았지만, 내 질문에 우선 순위를 두어 "이 질문자는 분명히 진화된 영적 수행자입니다. 제 의견은 창조와 창조자는 하나라는 것입니다"라고 말하며 상세한 토론을 하기 위해 약속을 잡았다. 그날 저녁은 스와미지가 바빴기에 다른 날로 약속을 잡았다. 약속된 날이 오기 전에 나는 『바가바드 기타』나 『우파니샤드』 같은 경전과 서양 철학서에서 중요한 부분들을 살펴보았으며, 슈리 므리트유안자야지Sri Mrityuanjayaji와 깊이 토론한 뒤 스와미지에게로 갔다. 이 모든 점들을 검토한 뒤 스와미지는 15분간 침묵했다. 나는 "저는 라마와 크리슈나의 모습이 아닌 신을 발견하고 이해하고 싶습니다. 저는 무엇이 그를 찾는 방법인지 알고 싶습니다." 스와미지는 신은 지식의 형태라고 대답했다. 그때 나는 스와미지에게 그 지식이 어디에서 어떻게 생겼는지 안다면 동의하겠다고 말했다. 그는 대답했다. "경전에서는 3가지의 요소를 말합니다. 첫 번째는 알고자 하는 자, 두 번째는 알 수 있는 것, 세 번째는 아는 자. 알고자 하는 자와 알 수 있는 것이 결합되거나 하나 될 때에만 이 지식이 생겨날 것입니다." 나는 더 참을 수가 없어서 목소리를 조금 높여 말했다. "그렇다면 당신은 제 의견이 옳다는 것입니까?" 그때 그가 예를 들어 설명하기 시작했다. 내 손목의 시계를 가리키며 "그것은 무엇인가요?"라고 물었다. 이 질문 뒤에 또 질문이 이어질 것을 알고 있기에, "이건 손목시계입니다"라고 답했다. 그가 "그건 손목시계입니다. 그러나 아이들이 그걸 알까요? 모를까요?" 나는 "아이들이 알수도 있고 모를 수도 있겠지만 아이들은 원래 알지요. 그렇지 않으면 모르겠죠." "아이가 몰랐다고 가정합시다. 아이가 어머니에게 묻자 어머니가 그것이 시계라고 알려줘서 그것이 시계라는 것을 안 것입니다." 나는 대답했다. "이 경우에 알고자 하는 자가 아이이고, 아는 자는 어머니이며, 지식은 시계입니다. 그것은 다시 제 경우에도 밝혀집니다." 그때 2시간 반이 지나 기도 벨이 울리자 그는 양해를 구했다. 나는 "당신은 귀중한 시간을 저를 위해 할애해 주셨습니다. 양해를 구해야하는 것은 저입니다."라고 말했다. 그는 이런 주제의 토론에 깊은 관심을 갖는 사람은 드물다고 말하며, 벨루 맷Belur Matt에서 더 토론할 수 있도록 추천장을 써줬지만, 그 곳에서도 더 답을 얻지는 못했다.

한번은 카마르푸쿠르Kamarpukur 대학 교수이자 인도의 유명한 철학자인 라틴드라 나트쿤두 마하사야Rathindra Nath Kundu Mahashaya 박사와 토론할 수 있는 영광을 얻었다. 똑같이 듣고 나서 그가 말하길 "나는 지금 창조자와 신이 하나라는 것을 믿을 수 없지만 동시에, 당신의 의견을 부정할 수도 없네." 그리고 그는 더 말했다. "모든 관점이 옳다네. 오늘날 어떤 과학자, 철학자. 영성가도 우리의 신체와 마음과 혼과 지성, 지식이 어디에서 비롯되는지 말할 수 없다네. 자네는 내게 보여줄 수 있는가? 자네 나이를 고려하면 내 쪽에서 자네에게 이런 질문을 하는 것이 적절하진 않지만, 논의의 성격상 자네에게 물어보겠네."

그러나 그때 나는 대답할 수가 없었다. 나는 가게로 돌아와 가게를 이리저리 오가며 깊이 생각에 잠겼다. 십분 후 쯤 나는 놀라운 섬광 속에서 나의 살아있는 뇌를 볼 수 있었다. 그리고 인간 뇌가 세 부위로 나뉘어 기능하는 것을 보았다. 주된 기본적인 뇌는 지식의 원천이고, 부수적인 두 번째 뇌는 지능의 원천이었으며, 슈슘나의 머리 쪽인 연수延髓는 마음의 원천이었다. 하지만 그들의 존재는 모든 미세 세포에서도 발견될 수 있다.

일단 돔주르Domjur 대학에 가서 존경하는 비슈와란잔 프라단 Biswaranjan Pradhan 교수를 만나 이전에 정리했던 나의 논점을 설명했다. 그는 기뻐하면서 "자네가 찾고 있는 것은 행복의 문제지만 여기 사원이나 수도원에서는 어떤 답도 얻지 못할 거라 생각하네. 자네는 폰디체리의 슈리 오로빈도 아쉬람에 가는게 좋겠네. 아마 그곳에서도 자네는 완전히 만족하지 못하겠지만." 그날부터 내 안에서 폰디체리에 가려는 염원이 커져갔으며, 내 인생에서 어느 날 적어도 한번은 폰디체리로 가야한다고 생각하기에 이르렀다.

1994년 말 무렵, 한 여성분이 나를 어머니처럼 보호하면서 다른 한편으로 이타적인 로맨틱한 사랑을 주었다. 그녀는 드물게 아름답고, 교양과 미덕을 갖췄으며 음악에도 조예가 깊었다. 우리는 자주 영적인 문제를 깊이 논의했고 함께 공부하기도 했다. 그녀와 함께 있을 때마다 천상의 행복을 선물 받았고, 영감에 고취되어 모든 일에 열정적이 되었다. 나는 점점 그녀의 품에 말려들고 있다는 걸 알 수 있었다. 그것은 내 인생의 두 번째로 힘든 시험이었다. 어느 날 그녀 집에 가서 당신을 나의 어머니로 여기겠다고 말하며 내 모든 좌절의 벽을 부수었다. 그 순간 신성의 빛줄기가 그녀의 아즈냐 차크라에서 뿜어 나와 나의 아즈냐 차크라로 들어왔다. 그때부터 지금까지 그녀는 나의 영적인 구루 중 한 분이 되었으며 지금도 나는 그녀에게 깊은 존경을 바친다.

1995년 1월 달에 나의 젊은 구루인 디벤두Dibyendu에게 가서 사랑과 진실을 담아 모든 것을 말했다. 그러자 그는 "우마상카르, 너는 이미 너무 늦었어."라고 대답했다. 그리고 그것은 내게 마하 만트라처럼 작용해서 그곳에서 가능한 빨리 폰디체리로 가겠다는 결심이 되었다. 디벤두는 나와 같은 침대에 누워있었지만, 마음속의 계획은 알지 못했다. 당시 사업은 번창했었고 나는 지역 사업위원회의 총무이자 경비노조장이었다.

그러나 나는 집에 돌아와 모든 짐을 싸고 빈손으로 조용히 사라졌다. 가족들은 내가 폰디체리에 못 가게 할 것이 뻔했기 때문에 아무에게도 알리지 않았다. 다만 변호사에게 가서 나의 사업을 적절한 기관에 법적으로 기부했다. 늘 그랬듯이 그들은 나를 찾았지만 헛수고였다. 그리고 어머니로 여기기로 한 그녀에게 가서 축복을 받았다. 그녀는 내가 바른 길을 가고 있으니, 가슴 깊이 기도하겠다고 말했다. 나의 여정이 안전하도록 항상 나를 축복할거라고도 말했다.

나는 1995년 1월 1일 코라만달Koramandal 호 기차를 타고 다음날 밤 폰디체리에 도착했다.

5. 폰디체리의 삶

나는 호텔에서 밤을 보낸 후 오로빈도 아쉬람의 비서를 만나 나에게 어떤 일을 줄 수 있는지 물었다. 비서는 나를 슈리 라빈드라지Sri Ravindrajee에게 보냈는데 그는 직설적으로 내게 어떤 일자리도 없다고 말했다. 그의 표정을 봤을 때 예상한 바였다. 그 뒤에는 성모의 사진이 있었고, 나는 그녀를 보고 웃었다. 내게 돈이 없는 한 결코 일자리를 구할 수 없으리라는 걸 알았다. 그곳에서 나와 아쉬람 서점에 가서 수중에 2루피만 남기고 800루피의 책을 샀다. 그곳에는 아쉬람에서 운영하는 게스트하우스가 있었다. 음식 값을 포함한 약간의 돈을 내면 머물 수 있었다. 그래서 그곳에 갔지만 게스트하우스 매니저 일자리는 쉽게 구할 수 없었다. 충전소 여성이 나를 개인 게스트 하우스의 주인에게 데려가, 소개하기 전에 안에서 기다리라고 했다. 그곳에 앉아 서점에서 사온 프랑스 여성의 자서전을 읽기 시작했다. 그녀는 알제리에서 한 요기에게 명상을 배위 마스터한 위대한 여성이었다. 남편과 인도에 와서 슈리 오로빈도를 만났을 때, 그녀는 오로빈도가 진정한 구루임을 인정했다. 그녀는 아쉬람에서 한동안 머물다가 프랑스로 돌아갔지만, 다시 돌아왔을 때 인도에서 제대로 수행하기 위해 영구적으로 머물렀다. 그녀는 빠르게 진보했고 아쉬람에 위대한 영적인 기여를 했다.

이 책을 다 읽었을 때, 게스트하우스의 주인인 슈리 아쇽 모한티Sri Ashok Mohanti가 왔다. 길게 자란 수염을 보고 나를 성인으로 여겼는지 나에 대한 모든 것을 물었다. 그는 4채의 게스트하우스를 관리하는 일을 내게 맡기고 키를 주었다. 그리고 그는 "당신은 이곳에서 영적인 수행을 할 수 있습니다. 누구도, 어떤 일도 당신을 방해하지 않을 겁니다." 그건 내게 축복이었고, 나는 즉시 일을 하기로 했다.

슈리 아쇽 모한티는 아쉬람에서 똑똑하고 유명한 학생이었다. 아쉬람 측은 인도의 영적인 삶을 전하기 위해 미국으로 그를 보냈는데, 그곳에서 병에 걸렸다. 그러나 그는 산디야지Sandhyaji의 정성 어린 간호로 빨리 회복되었다. 산디야지는 그보다 연상이었지만 그의 인생 파트너가 되었고 후에 비즈니스 파트너도 되었다. 사람들은 대개 인생에서 너댓 가지의 집착을 갖고 있는데, 아쉬람에서 중요한 일을 맡으면 그런 집착을 채울 수 있었다. 그러나 나는 그런 이점에 조금도 신경 쓰지 않았고, 오직 나의 영적인 일에만 집중했다.

1995년 1월 6일 새벽 4시에 폰디체리에 있는 캘커타 건물의 지붕 위에 앉아 집중명상을 시작하고 있었다. 명상 시의 요가자세인 연화좌로 앉아서 차크라 다르산(요가의 일종)으로 집중을 시작했다. 곧 깊은 집중에 빠져들어 물라다라 차크라의 진동을 느끼기 시작하며 다른 모든 느낌을 잊었다. 점점 나의 집중은 의지대로 스와디스타나, 마니푸라, 아나하타 차크라로 확장되었다. 그리고 게스트하우스의 일을 위해서 자리에서 일어서야 했다. 두 번째 날에 같은 장소 같은 시간에 앉았을 때 일어난 일을 언급하고 싶다. 평소처럼 모든 차크라에 집중하여 비슏디 차크라에 들어갔을 때 나는 진리의 실제 가치를 발견했다. 어떤 사람이 진리를 말할 때 얼마나 신적인 축복이 주어지는지, 그리고 진리가 아닌 것을 말할 때 얼마나 자신을 속이게 되는지를 말이다. 이어서 두 번째 아즈냐 차크라에 들어가자 나는 내 앞의 부드러운 빛을 발견했고, 세 번째인 사하스라라 차크라에서 사지가 묶여 바다로 던져진 느낌을 받으며 빛의 회오리에 빨려들었다. 그곳에서 나오려 애쓴 지 몇 분이 지나자 나는 빛을 즐기기 시작했고 빛은 점점 사라졌다. 이전에는 느껴본 적 없는 굉장한 경험이었다. 그러나 나는 이 경험을 통해 신이 가리키는 것이 무엇인지 아직은 이해하지 못했다. 명상에서 깨어났을 때 지붕 구석에 하얗게 빛나는 꽃을 발견했다. 건물 근처 어디에도 나무가 없었기 때문에 그것은 정말 놀라운 일이었다. 더 놀라운 건 지붕 전체가 눈으로 완전히 젖어있었는데 꽃에는 한 방울의 물도 묻어있지 않았다. 그것은 기적이라고밖에 말할 수 없다. 이 사건은 내게 크나큰 감동을 주었다.

　어느 날, 나는 어머니께 집을 떠난 이후의 사정을 상세히 편지에 적어 보냈다. 그리고 디벤두에게도 자세한 정보와 함께 무의식적으로 영적인 자극을 담은 편지를 썼다. 나는 폰디체리에 2년간만 있을 거라고 말했다. 실제로 나는 정확히 2년 후에 폰디체리를 떠났다.

형은 답장 편지에 어머니에게로 돌아와 세속적인 삶의 포기를 제대로 허락받고, 영적인 삶에 더 몰두하도록 축복을 받으라고 부탁했다. 그는 내가 오래전 1991년에 이미 그녀의 허락뿐 아니라 축복도 받았다는 것을 모르고 있었다.

1991년 9월 12일에 대학교에서 귀가했을 때 어머니가 눈물을 흘리고 계셨다. 나는 어머니의 가련한 얼굴을 보고 마음이 무너져 갑작스런 슬픔의 이유를 물었다. 어머니는 집안 사정이 최악일 때도 어려움을 토로하지 않았던 강인한 여성이었다. 긴 설득 끝에 그녀가 슬픈 이유를 말했다. 어머니는 자식들 모두 교육을 받아 적은 돈 정도는 벌수 있게 되었지만, 종교적이고 영적인 것은 조금도 가르쳐줄 수 없어 슬펐던 것이었다. 그녀 자식 중 누구도 종교적 교육을 받지 못했기에 그것이 그녀의 가슴을 아프게 했다. 어머니는 그토록 영적인 분이셨다. 그날 밤 나는 깊이 생각에 잠겼다. 그리고 그녀를 위안하기 위해 영적인 삶에 나를 헌신하기로 결정했다. 바로 다음날 나는 알 수 없는 죽음의 삶을 소비하는 대신 성자가 되고픈 열망을 말씀드렸다. 어머니는 나를 영적인 삶으로 이끈 첫 번째 인도자가 되었음을 확신하셨다. 그러나 나의 첫 구루인 어머니는 내가 결혼하기를 바라셨다. 나는 모든 사람과 모든 가족이 더 큰 가족과 연결되어 있기에 나 역시 큰 가족의 일부라고 말씀드렸다. 내가 모든 남자를 나의 형제로, 모든 여자를 어머니로 여기는 것은 우리 모두 큰 가족의 일원이기 때문이다. 그때 어머니는 나를 연화좌로 앉게 하고 명상에 드셨다. 명상에 몰입하고 몇 분이 지나자 그녀의 아즈냐 차크라에서 빛줄기가 나의 아나하타 차크라로 들어왔다. 천천히 눈을 뜨면서 그녀는 "너는 큰 행운을 얻었구나. 대화신 바바지Babaji가 몸소 내 앞에 나타나셔서 너를 영적인 삶으로 이끌라고 하셨단다." 나의 심장은 기쁨으로 뛰었다. 나는 어머니께 내 삶의 마지막 날까지 세상에 헌신하며 사회의 악을 뿌리 뽑는 데 바칠 거라 말했다. 그러자 그녀가 자신의 아들이 사회의 귀한 존재가 되어 자신에게도 월계관을 씌워주는 건 모든 어머니의 소망이라고 말하셨다. 그렇게 나는 그녀에게 세속적 삶을 포기하고 영적인 삶에 들어가는 축복을 받았다. 나의 어머니, 다른 말로 여신의 화신이신 그분은 그녀의 모든 힘과 자유를 내게 주셨다. 그녀는 '그렇다면 좋다'는 뜻의 "타스투tastu"라 말하셨다. 나는 형이 모르는 것을 설명하기 위해 고향으로 돌아갈 필요가 없었기에 이 이야기를 편지에 적었다.

여기 폰디체리에서 내 수행은 공식적인 나의 임무와 함께 어김없이 지속되었다. 오로빌의 어머니인 마(프랑스 여성)의 생일을 기념하는 1995년 2월 21일은 성대한 잔치가 있었다. 수천 명의 인도인과 외국인 제자들이 모임에 참가했다. 나 역시 그곳에 참가하여 신성한 만남을 가졌다. 모든 게스트 하우스와 다른 숙박 시설이 가득 찼다. 페드라 호와라Pedra Howara의 가족이 우리 게스트 하우스에 왔고, 아쉬람 신문사에 근무하는 슈리 아쇽 파트라Sri Ashok patra도 이곳에 왔기에 그들을 소개받았다. 아쇽 파트라는 정말 친절하고 정직한 신사였다. 그는 정말 진실해서 그에겐 어떤 비밀도 없었다. 아쉭 파트라는 내게 신입 채용이 진행되고 있으니 다음날 신문사에 오라고 했다. 다음 날 신문사에 가서 내 차례를 기다렸다. 그런데 놀랍게도 아주 가까운 거리에서 몇 분간 나를 보고 웃고 있는 살아있는 비슈누신의 이미지를 보았다. 비슈누신은 인도 신화에 따르면 우주 전체의 창조자이자 주재자이다. 문 앞에는 프랑스 여사인 마더와 슈리 오로빈도의 사진이 걸려있었다. 그리고 초상화를 보자마자 그녀의 손이 물리적으로 내게 다가오듯이 움직이는 것을 느꼈다. 내 심장은 기쁨으로 두근거렸다. 나는 신을 바로 현시할 수 있었던 신성한 경험으로 바람에 날아갈 듯 기뻤다. 물론 곧 면접실로 불려갔고, 나의 모든 것과 계획을 설명했다. 담당자인 슈리 랑가나트Sri Ranganath는 나를 잘 이해하며 인쇄부서의 일자리를 제공했다. 또한 아쉬람의 규정에 어긋나지 않는 한도 내에서 아쉬람에서 지낼 수 있도록 주거와 음식의 모든 편의를 도모해줬다. 그러나 나는 수면 매트를 제외하고 돈 지갑을 포함한 모든 것을 되돌려줬다.

다른 사람들은 8시에서 8시 30분 사이에 신문사에 왔는데 나는 7시 30분에 출근했다. 그리고 남은 1시간 30분을 더 잘 쓰기 위해서 바닷가로 가서 요가를 수련했다.

어느 날 돌 위에 서 있는데 바다 표면에 반사된 태양빛이 내 눈에 떨어졌다. 그 빛은 마치 거울이나 라이트 같았다. 눈에 들어온 뜨거운 태양빛 때문에 눈과 몸이 불타고 있었다. 갑자기 뉴턴의 제3의 법칙이 떠올랐고, 이 고통을 견디고 의도적으로 노력하여 반사된 태양빛을 응시하면 새로운 체험이 생길 거라는 확신이 들었다. 그렇게 수련하자 강렬한 빛이 점차 부드럽게 느껴졌고, 평소에 다른 사물을 보듯이 자연스럽게 보기 시작했다. 그리고 내 시력이 괜찮은지 확인했는데, 큰 문제는 없었지만 당연히 예전과 똑같지는 않았다. 이렇게 며칠간 수련을 지속하자 초대형 현미경이 아닌 실제 육안으로는 볼 수 없는 물의 원자를 보게 되었다. 자연의 과학은 정말 경이로웠다. 이것이 혹시 꿈은 아닐까 의아해 눈을 비볐지만, 나는 실제로 두 눈으로 물 원자를 보고 있었다. 태양빛을 바라보는 수련 때문에 이 모든 것을 볼 수 있었다.

그리고 그날 밤 깊은 명상 속에서 나는 모든 바다를 스크린처럼 볼 수 있었고, 우리 뇌의 부분들이 얼마나 조직적으로 기능하는지도 볼 수 있었다. 심지어 갈릴레오가 망원경을 발명하기 전에 그의 생각이 어떻게 그의 정신력을 움직이고 자극했는지도 볼 수 있었다. 그리고 모든 사건이 어떻게 마음에 기록되는지 알게 되었다. 보통 사람들은 전방의 비전vision이 닫혀있어서 그것을 볼 수 없다. 명상을 통해 이 한계를 극복하면 대뇌와 결합됨으로써 이 기록을 볼 수 있다. 이는 우리의 눈이 어떤 현미경보다 더 강력하다는 것을 의미한다. 그리고 그것이 바로 내가 물 분자를 본 방법이다. 이 체험은 이 경험 속에 숨겨진 힘이 무엇인지 더욱 탐구하고 집중하는 자극이 되었다. 그래서 나는 반사된 태양빛이 아니라 태양을 직접 응시하기 시작했다. 며칠간 나는 태양에서 빛을 보지 못했지만 수련을 해나가면서 태양 주위에 확산된 빛이 동전처럼 보인다는 걸 알았다. 동전의 가운데에는 하늘같이 작은 푸른색이 있었다. 나의 갈망은 더 강해져서 그것을 관통하여 더 많은 것을 발견했다. 때로는 태양이 내게 가까이 온다고 느꼈고, 때로는 내가 태양에게 간다고도 느꼈다. 나는 태양 같은 푸른 동전 속의 블랙홀을 볼 수 있었다. 그 크기는 더 커졌다가 더 작아졌다.

이러한 보답을 받은 뒤로 자연의 위대한 과학에 대한 나의 열정은 날마다 강해졌다. 더 노력한 끝에 그 구멍에서 나오는 7가지 빛을 볼 수 있었다. 그것은 태양 주위를 돌다가, 어떤 날은 원에서 벗어나 나에게 내려와 닿았다. 그날 밤 명상 속에서 나는 태양에서 내려와 송과체를 통해 내 몸으로 들어와 에너지로 변하는 빛을 봤다. 이 에너지는 5대요소로 나뉘어 나의 대뇌로 들어왔다. 그러자 대뇌가 모든 에너지를 신체의 모든 기관과 세포로 보냈다. 우리 몸의 기관들은 자신을 위해 필요한 각각의 요소들을 저장할 수 있다. 위와 비장은 땅의 요소, 신장과 방광은 물의 요소, 그리고 간과 쓸개는 공기의 요소, 심장과 소장과 뇌와 삼초는 불의 요소, 그리고 폐와 대장은 허공의 요소이다.

점점 나는 아쉬람 사람들에게 미친 사람이 되어갔다. 신문사에서 나의 근무시간은 8시간에서 17시간으로 늘었다. 나는 표지 등을 다루는 다른 부서에서 저녁 8시까지 일해야 했는데 성인 남자 3명이 하루에 일할 양을 나 혼자 정해진 시간 안에 모두 끝냈다. 나는 나도 모르게 아주 빨리 일하고 있었다. 내게 들어온 광선은 작업을 위한 에너지뿐 아니라 신체에 충분한 영양분도 제공했다. 나는 허기를 느끼지 않았기 때문에 아침과 저녁 식사를 끊었다.

한번은 기도할 때 내 아즈냐 차크라에서 나오는 밝은 빛 속에서 살아있는 다리가 나타나고서, 내 아즈냐 차크라의 아름다운 빛이 밝은 빛과 연결되어 가는 것을 보았다. 4일 후에 내 아즈냐 차크라에서 멀리까지 빛이 나가고, 그것이 아름다운 원과 연결되었다. 그날 나는 생생하게 빛나는 웃는 얼굴이 신성한 진동으로 수많은 메시지를 전하며 나를 바라보는 것을 보았다. 그것은 내가 아는 어떤 다리나 얼굴과도 비교할 수 없었다. 갑자기 천상의 목소리가 들렸다. "너는 알고 있다. 네가 여기에 머물고 싶다면 너는 머물 수 있지만 돌아가거라." 그리고 곧 세 번 "돌아가거라." 말하자마자 눈 앞에서 모든 것이 사라졌다. 화산이 폭발한 듯한 기쁨을 주체할 수 없어 미친 사람처럼 거닐었다. 나는 파라마함사 라마크리슈나가 사마디(신체를 떠나 영혼을 위대한 지복에 집중한 상태) 속에서 어떻게 희열에 몰입했는지 이해할 수 있었다.

4월 26일부터 30일까지 나는 음식을 완전히 끊었다. 5일간 어떤 허기도 느끼지 않았지만, 5일째 되는 날엔 약간의 피로를 느껴서 소량의 음식을 먹었다. 이 날은 내게 정말 놀라운 날이었다.

1995년 5월 1일 나는 오래전 아버지의 질문에 대해 분명한 답을 얻었다. '너는 너의 진짜 아버지와 어머니를 어떻게 확인할 수 있는가' 나는 암벽에 앉아 깊은 명상에 잠겼었는데, 바다 전체가 스크린처럼 보였고 인류 전체 중에 극소수만이 새로운 다른 삶을 살고 있었다. 내 앞에서 광대한 빛을 발견했을 때 나는 빛에게 물었다. 그 질문에 대한 바른 답이 무엇인가? 곧 심장 가까이에 있는 아나하타 차크라에서 광대한 빛의 파동이 터져 나오고 서서히 잠잠해지자, 또 다른 새로운 신선한 빛줄기가 나의 몸으로 들어와 점점 밝아졌다. 빛이 나간 곳은 아버지였고, 빛이 안으로 들어간 곳은 어머니였다. 자연의 자명한 진리를 끊임없이 탐구하는 방법으로 나는 최상의 영적인 힘을 얻을 수 있었다. 그러나 평범한 영혼이 물질적 기쁨에서 느끼는 일상적인 행복에 대해서는 무지했다. 이 영적인 열망은 가슴 깊이에서 솟아나야 한다. 사람들을 선동하기 위해 겉으로 영적인 행동을 한다면 궁극적으로 자신을 기만하게 된다. 영적 수련에 어느 정도 도달하면서 영적 행복을 느꼈지만 한편으로 주위 사람들의 고통을 함께할 수 없는 내가 이기적으로 느껴지기도 했다.

어떤 날은 요가 호흡인 프라나야마를 매우 진지하게 시작하자 몇 초 만에 7가지 밝은 빛이 내 얼굴과 머리에 20센티 정도 둘러싸였다. 그리고 신성한 소리 '옴'이 들렸다. 또 다른 나선형의 원이 나를 둘러싸고, 내가 앉은 바위에서 공중으로 3피트 상승하는 최초의 스릴 넘치는 경험을 했다. 그리고 어머니 지구가 나를 그녀의 무릎으로 들어 올리자 의식을 잃었다. 이날이 내가 첫 니르비칼파 사마디(일상 의식을 초월한 삼매 경지)를 경험한 날이었다. 나는 무거운 짐을 지고 15피트 깊이의 해저에 가라앉은 나를 발견했다. 천천히 의식이 돌아오자 나는 일어날 수 없었다. 갑자기 두 마음, 하나는 누군가의 도움을 구하라는 마음, 다른 하나는 '아직도 믿지 않느냐'는 마음을 발견했다. 그 순간 나는 일어나서 물 밖으로 나왔고, 내 몸은 물에 젖지 않았다. 자연은 매우 평온했다. 그날 나는 세 분의 정신적 스승을 만났다. 하나는 나에게 진리를 주는 태양, 둘은 그녀의 무릎에 날 올려주신 어머니 지구, 셋은 사마디 속에 있는 사트-치트-아난다(존재·의식·지복)의 속성을 지닌 스승이다.

이러한 놀라운 경험을 하면서 선 요가 수련이 점점 깊어짐에 따라 한동안 음식을 완전히 끊었다. 어떤 피로도 느끼지 않았고, 더욱 활력이 넘쳤으며, 신문사 업무도 매일 평소와 다름없이 참여했다.

어느 날 큰형에게 어머니의 두 번째 눈도 시력을 잃었다는 편지를 받았다. 첫 번째 눈도 이미 시력을 잃었는데 이제 남은 눈도 그렇게 된 것이다. 나는 그녀 곁에 있지 못해서 슬프고 안타까웠으며 급기야 우울해졌다. 우울한 내 모습을 보고 란가지Rangaji가 이유를 물었다. 있는 그대로 모든 것을 말하자 그가 즉시 위층으로 올라가 마두라이Madurai에 있는 오로빈도 눈 병원에서 어머니의 눈 수술을 할 수 있도록 모든 것을 준비하고, 지체 없이 어머니를 데려올 수 있는 여행 경비 1200루피까지 제공했다. 나는 어머니를 모셔왔고, 수술은 성공적이었다. 어머니는 나와 함께 잠시 머문 후에 큰형과 함께 라치푸르로 되돌아가셨다. 나는 슈리 랑가지에게 받은 이 도움에 너무나 감사한다.

나는 어머니가 떠나신 뒤, 1995년 8월 15부터 아침 식사를 끊었고, 1996년 2월 2일부터는 저녁을 끊었으며, 1996년 8월 17일 이후부터는 모든 음식을 끊었다. 아쉬람 사람들은 내가 죽을까봐 걱정했고, 많은 사람들이 영적 논의를 위해 그리고 내가 어떻게 아무 음식도 없이 살고 있는지 알기 위해 방문하곤 했다. 그들은 나의 형에게 이 문제로 편지를 쓰기도 했다. 나의 형제들은 그들의 편지를 통해 내가 자살하지 않으리라 확인했다. 나는 일상적인 의무를 다하고 있었고, 선 요가는 업무 이외의 시간에 수련했다. 늦은 시간에 바닷가에 가서 아침 6시까지 명상을 하곤 했다. 나는 이 물리적인 세계를 서서히 벗어나고 있었다.

그러나 선 요가 수련과 명상을 성공적으로 완성한 후에, 나는 인도 전역을 맨 발로 다니기로 결심했다. 시작 날은 1997년 2월 2일로 정하고, 나의 임무를 완성하기 위한 기간을 6년 3개월로 잡았다. 예정된 1997년 2월 2일 나는 첫 여정을 아쉬람 사람들과 라치푸르에서 온 큰형과 여동생 앞에서 시작했다. 내 손에는 미리 준비해 둔 짐도, 단 한 푼의 돈도 없었다. 나는 두 장의 천으로 몸을 덮었을 뿐, 무일푼의 맨손과 맨발로 폰디체리를 떠났다.

제2부 6년간의 맨발 순례

1. 맨발의 인도 순례

이 순례의 목적은 오직 자기 확신, 그리고 이론적 사변이 아닌 실제의 물리적이고 과학적이며 철학적인 이해에 있었다. 이 목적을 위해 6년 3개월간 전 인도를 맨발로 다니는 임무를 완수했다.

이 임무는 쉬운 일이 아니었다. 나는 매우 위험하고 두려운 고난들을 겪고 통과해야 했다. 그것은 신에게 모든 것을 맡긴 채 끔찍한 결과를 무릅쓰고 강과 산, 그리고 울창한 밀림을 건너는 모험적인 임무였다. 미지의 장소에 가고, 모르는 사람들을 만나며, 예상할 수 없는 위험에 직면하는 것은 임무의 일부였다.

나는 천천히 폰디체리를 지나 타밀나두로 들어갔다. 그리고 폰디체리와 멀리 떨어진 어느 모래사장에서 어머니 지구의 무릎에 기대 3일 밤을 보냈다. 나는 태양과 비와 추위 속의 이 열린 세상에서 사람들이 얼마나 가난하고 궁핍한지, 자연이 그들을 어떻게 둥지로 데려가는지 이해하고 싶었다. 여정의 매순간마다, 모든 나무와 식물과 소통하며 우정을 느꼈고, 열린 자연에서 직접 전해지는 근원적 기쁨을 느꼈다. 해변과 정글, 산과 강변 같은 고독한 곳에서 시간을 보내면서 경험하는 자만이 자연에서 나오는 지복의 감로를 맛볼 수 있는 것이다.

2. 타밀나두Tamilnadu

사흘이 지나 해변가를 걷자, 여정을 계속하려면 건너야만 하는 강에 당도했다. 산에서 흘러나온 강은 높이 범람하고 있었다. 나는 물속에 어떤 위험이 있는지, 살아날 수 있을지, 다른 강둑에 가닿게 되는지 도저히 알 수 없었다. 그러나 1㎞ 정도 폭의 범람하는 강물에서 헤엄치는 것 외에는 달리 방법도 없었다.

자신감을 갖고 스승들의 축복을 간직하고서 곧 강으로 들어가 헤엄을 쳐 안전하게 타밀나두의 카달루르Kaddalur에 들어갔다. 나는 늘 큰 도로로 걷는 걸 좋아했는데 그러면 가까운 도시나 마을에 대해 물어볼 필요가 없었다. 왜냐면 나는 그 지역어를 몰랐고, 영어조차도 너무 형편없었기 때문이다. 나를 기다리는 어떤 목적지도 사람도 없었다. 아무도 낯선 사람을 환영하지도 두려워하지도 않았다. 많은 유명한 사원들이 있었지만 수행자나 승려가 머물 수 있는 곳은 드물었다. 나는 맨발로 걸어본 적이 없었기 때문에 하루에 겨우 20km 정도 걸을 수 있었다. 아침 시간에 절반 정도의 거리를 걸은 후 나무 밑에 앉아 선 요가와 명상을 하고, 다시 해가 질 때까지 남은 거리를 걷곤 했다. 그리고 도착한 마을에서 머물렀다. 사람들이 나를 반사회적 분자나 도둑으로 보는 걸 피하기 위해 낮에 걸었다. 어느 날 작은 마을에 도착해서 그날 밤을 보내려 했다. 타밀나두 주에는 약탈이나 절도가 매우 드물었다. 선 요가를 하는 나를 보자 사람들이 나를 무슨 생각에서였는지 마을에서 쫓아냈다. 나는 걸어서 밀림 쪽으로 가고 있었는데, 스쿠터를 탄 남자가 와서 사람들이 나를 쫓고 있으며 날 죽일 수도 있다고 경고했다. 그곳에 있는 칼리 사원에서 머물고 싶었는데, 어머니로부터 힌트가 전해졌다. 그녀가 거기서 떠나라고 손을 흔들고 있었다. 그때 날 폭행했던 사람이 가까이 오고 있었고, 허술한 건초더미 속으로 몸을 숨겼다. 그들이 와서 날 찾았고, 한 남자가 내 옆에 서 있을 때는 정말 고통스러웠지만 이 야만인들에게서 목숨을 구하기 위해 어떤 소리도 낼 수 없었다.

다음날 아침까지 나는 건초더미 속에 숨어있어야 했고, 아침에서야 다시 순례를 시작했다. 그날 지역 파업이 진행되고 있어 도로는 텅 비어 있고 가게들은 문을 닫은 마을에 도착했다. 한 남자를 만나 대화하게 되었는데 나에게 어디로 가려느냐 물었다. 나는 나구르Nagur를 통해 나가파트남Nagapatnam에 가려했다. 그는 내게 저 방향으로 가지 말라고 했다. 왜냐면 그 쪽은 강경한 이슬람교도들이 밀집한 곳이라 죽을 수도 있기 때문이었다. 그러나 내가 한 종파나 단체를 외면한다면, 평화를 전하는 나의 사명을 어떻게 완수할 수 있을까 생각해봤다. 우리의 적은 바로 우리 자신이었다. 인간의 적은 오직 인간이다. 만일 내가 정말 모든 사람을 나의 형제로 여긴다면, 나를 해칠 사람은 아무도 없을 것이다. 내가 정말로 그렇게 여기지 않는다면, 여기에서 나의 위선이 죽어도 좋았다. 나는 나를 시험하기 위해 나구르를 향해 갔고, 저녁 6시에 그곳에 도착했다.

나구루 다르가Nagur Darga는 유명한 다르가이다. 다르가는 영적 안식처인 다르마살라로서 이슬람 순례자를 위해 무료 숙박시설이 제공되는 곳이다. 다르가에서 '다르'는 문, '가'는 주거지를 뜻하는데, 여기서는 알라신에게로 가는 문을 의미한다. 나는 다르가로 가서 기둥 가까이에 앉았다. 너무나 피곤해서 가능한 한 빨리 잠들고 싶었다. 다르가의 사제 모울비가 나를 심각하게 쳐다보고는 가버렸지만 아무 말도 하지 않았다. 나는 조심스럽게 '깨어있다면 두려움은 없어진다'를 뜻하는 산스크리트 주문 '자구르테 바야흐 나스티Jagrute Bayah Nasti'를 외고 있었다. 내 생각대로 칼과 단도 같은 치명적인 무기를 든 4명의 남자가 내게로 왔다. 어릴 때부터 나는 눈앞에 문제가 생겼을 때 빛 같은 것을 보고 해결책을 얻곤 했었다. 평소처럼 섬광을 보았다. 나를 구하기 위한 시험이었던 빛에게 말했다. 다른 사람에게는 보이지 않는 내 앞에 보이는 빛의 도움으로 나는 그들을 내게로 불렀다. 그들은 경직된 상태였고 반복적인 질문으로 나를 흥분시키려 했지만, 나는 몇 가지 질문에 대답한 후 침묵을 지켰다. 그들은 공격에도 미소 짓는 나를 보며 놀라서 물었다. 괴로운 상황에서도 어떻게 그리 평화롭고 고요하느냐고. 그들은 교양 있는 사람들이었다.

나는 그들에게 모든 것을 말했다. 나는 형제의 마을에 왔다. 내가 만일 형제의 손에 죽는다면 이 지구의 모든 생명체에게 죽음이 필연적일지라도 그것은 믿을 수 없는 일이다. 그리고 또한 나의 모든 고통도 끝날 것이라고 말했다. 그때 그들은 칼을 거두고 내게 힌두교도인지 재차 물었다. 나는 비록 힌두 가정에서 태어났지만, 나의 목적은 인종과 종교를 뛰어넘는 우주적 평화라고 답했다. 왜냐하면 나는 오직 한 종족 즉, 인류에 속하며 인류의 목적은 오직 신적인 지식을 얻어 신과 합일되는 것이기 때문이다.

3시간의 종교적 토론 후 그들은 내게 음식과 돈을 제공했지만, 나는 사실을 말하고 거절했다. 그러자 그들은 '쿠다 하피즈Khuda Hafiz(굿 나잇, 신의 축복을 빕니다)'라 말하며 떠났다. 나는 그들의 전통과 문화, 삶의 양식, 그리고 그들이 직면한 어려움을 알기 위해 마을과 소도시와 도시를 다녔다. 그들의 고통 깊이로 들어가지 않는다면 어떻게 해결책을 찾을 수 있겠는가. 이어서 나가파팀에 도착했고, 도시를 한눈에 보고 나서 바다니얌Vadaniyam에 도착했다.

타밀나두는 수백 에이커의 방대한 지역에 20~25층의 돌로 건축된 역사적 사원으로 매우 유명하며, 전통 춤과 음악으로도 유명하다. 쉬바사원에서 하룻밤을 보낸 후 나는 베다라미예슈와라veda-ramiyeswara사원에 갔다. 평소처럼 다르샨을 한 후, 선 자세로 선 요가를 수련했다. 사원 경내에서 한 남자가 와서 무엇을 하느냐고 조심스럽게 물었다. 선 요가를 하고 있다고 답하자, 그는 "아, 당신은 수리야 요기군요!"라고 답했다. 나를 수리야 요기로 부른 것은 그 남자가 처음이었다. 이후에 그는 나를 사원의 모든 관계자에게 소개해 주고 나에게 경의를 표했다. 그리고 자신의 집에 데려가 나를 신처럼 대하며 기도했다. 그의 이름은 아차리야 라자 데시갈Raja Desigal이었다. 그는 타밀나두와 스리랑카에서 유명한 사람이었다. 그는 교수이자 탁월한 점성학자였다. 그가 나를 수리야 요기로 처음 불렀고, 그날부터 나는 수리야 요기 우마 상카르(surya는 대부분 인도어에서 태양과 관련된다)로 불렸다. 그래서 선 요기 우마상카르라고 번역된 것이다.

아차리야 라자는 나를 마을의 유명인사들에게 소개했다. 그들 중에는 남부의 간디로 알려진 남부간디소금운동의 회장인 사르다 베다라트남의 손자 슈리 베다라트남Vedarathnam도 있었다. 그의 사무실에 들어갔을 때, 그는 정중하게 맞이하며 구루쿨람(전통학교)에 데려갔다. 이 학교는 그의 할아버지 사다르 베다라트남이 특별히 1946년에 고아 소녀들의 고등 이차 학교를 위해 설립한 학교였는데, 지금은 출판 표지, 전자 출판, 요가 트레이닝 센터가 있는 3,000명 학생들의 직업학교가 되었다. 나는 수리하지 않아 작동이 멈춘 오프셋 인쇄기를 발견하고 고쳤다. 그곳에서 학생들에게 선 요가를 가르치며 머물러 달라는 부탁을 받고, 1달간 머물렀다. 나는 가르침 뿐 아니라, 구루쿨람의 상황과 어려움이 무엇인지 알기 위해 머물렀다.

이후에 은퇴한 경찰관 스리 나마시바야Sri Namasivaya가 인도 신화나 영적 체계에 대한 견해를 교환하는 영적 토론을 위해 많은 여러 지식인을 데리고 나에게 왔다. 나바 시바야의 아들인 카란Karan은 나중에 선 요가 책을 쓰기도 했다.

베다라니얌에서 모두와 작별 인사를 하고, 그곳에서 30km 떨어진 라메슈와람Rameswaram으로 떠났다. 규칙적인 수련 덕분에 나는 하루에 40km씩 걸을 수 있었다. 나는 마을과 소도시를 방문하는 순례를 지속했다. 갈라진 발바닥으로 피가 나서 다음 날에는 길 위에 피가 묻은 발자국을 보곤 했지만, 마을에 저녁까지 도착하기 위해 상처 난 채로 걸었다. 내겐 수건도, 칫솔도 없었고, 위아래 걸친 천으로 그럭저럭 꾸려나갔다. 그리고 라메슈와라에 도착했다. 라메슈와라에 도착하기 직전에 차를 탄 누군가가 내 손에 "500이요"라고 말하며 지폐 두 장을 쥐어주고 갔다. 나는 M.O.를 통해 그 돈을 구루쿨람에 보냈다.

나는 라메슈와람에 벵갈인이 운영하는 바라트 세바샤람Bharat Sevasharam아쉬람에 도착해서 3~4일 머물 수 있는 숙소를 얻었다. 그러나 걷지 않는다고 휴식을 취하지 않았고, 아쉬람에서 일을 했다. 하루는 누군가가 서사시 라마야나 이야기를 강연하고 있을 때 많은 청중들이 라메슈와람으로 쪽으로 돌아섰는데, 그때 게스트하우스 계단을 청소하는 나를 보고 나에 대해 알게 된 사람들이 부끄러움을 느껴 그때부터 바닥을 깨끗이 청소하겠다고 말했다. 나는 600여 개의 집에 분유를 나누어 주러 갔고, 나중에 쉬바신의 가장 유명한 사원에 갔다.

이 사원에는 전설이 있었다. 힌두 신화에 따르면 신의 화신인 슈리 라마Rama는 자신의 가장 사랑하는 제자인 슈리 하누만Hanu-man을 나르마다Narmada 강으로 보내서 라메슈와람(중요한 순례지 중하나)에서 쉬바링가(쉬바의 상징)를 구하기 위해 경배하도록 했다. 그러나 하누만이 늦어져 시간이 촉박해지자, 부인인 시타가 길상한 순간이 지나가기 전에 그녀의 손으로 쉬바링가를 들고 준비하여 경배를 잘 마쳤다. 그리고 곧 하누만이 쉬바 신상(링가)를 들고 나타났다. 경배는 끝났기 때문에 하누만은 완전히 실망하여, 신상을 바다에 던져버리고 싶었다. 그때 주 라마가 그를 제지하며, 그의 어머니인 마타 시타에게 신상을 버리라고 말했다. 그때 하누만은 자신이 무슨 짓을 하려했는지 깨닫고 라마 앞에 무릎 꿇어 용서를 빌었다. 라마는 두 신상을 축성한 후에 신상을 같이 안치하여 하누만을 기쁘게 했다. 라메슈와람에 온 순례자들이 이 두 신상에 기도하는 방법은 우선 시타의 신상에 기도하는 것이다. 그리고 사람들은 위대한 성자 파탄잘리의 사마디(삼매)가 이 사원에 깃들어 있다고 믿는다.

라메슈와람에 머문 어떤 날은 다누쉬-쿠티, 즉 인도와 스리랑카 사이에 지었다고 전해지는 다리를 보러 갔다.

라메슈와람에서 6일을 머문 후 칸야쿠마리Kanyakumari로 나갔다. 나는 티루날벨리Tirunalveli 가까이 가는 동안 툭툭쿠티Thuthukuti라는 작은 마을을 지나고 있었다. 한 소년이 영어로 그날 밤 자기네 마을에서 지내라고 말했다. 그곳의 다른 사람은 그 소년이 정상이 아니라고 귀띔했는데, 그날 밤 정말로 그는 광분하면서 소리를 질러댔다. 그 소년은 예전에 그런 적이 없었는데 나중에 실수로 여러 실패를 겪은 뒤 갑자기 정신적 균형을 잃었다고 했다. 그날 밤 나는 그곳에 앉아 눈(eye) 명상을 통해 어느 신경이 문제인지 관찰했다. 그는 고래고래 소리 지르다가 잠자리에 들었다. 그가 깊이 잠들었을 때 손바닥으로 그의 특정한 신경을 건드려 혈액 흐름이 원활해지도록 했다. 갑자기 그가 일어나 괴로워하며 소리를 지르다가 다시 잠들었다. 나는 잠들어 있는 척 했다. 다음날 그가 일어나요 며칠 머리가 너무나 무거웠는데 오늘은 가벼워졌다고 말했다. 그는 정상으로 돌아왔고, 나와 작별인사를 했다.

내 상처는 극심해져서 피가 줄줄 흘렀고, 타는 듯이 아팠다. 칸야쿠마리에서 트리푸라Tripura 출신의 남자가 수공예품 가게를 운영하고 있었다. 나는 상처를 보여주면서 도보 여행을 쉬기 위해 열흘 정도 일할 자리를 부탁했다. 나중에 선 요가에 대해 이해하게 된 이 남자는 자신이 심각한 알코올 중독자이며 이미 사업에도 영향을 끼쳐 악마 같은 술 때문에 큰 손실을 입고 있다고 고백했다.

나는 그를 선 요가로 단련시켰고, 6일 만에 그는 완전히 정상으로 돌아왔다. 그는 눈물을 흘리며 내게 "당신을 언제 다시 만날 수 있을까요?"라고 물었다. 몇몇 사람들의 요청으로 나는 매년 2월 22부터 24일까지 스피릿추얼 콘퍼런스를 만들기로 결정했다. 그래서 6년 3개월간의 임무 기간 동안 가끔은 고향으로 돌아가야 했다. 그때 나는 기차를 타고 가서, 돌아오는 길에 내가 멈췄던 곳에서 다시 걸어서 출발했다.

나는 걸어 다니는 데 익숙해져서, 내 뒤를 따르는 차들을 추측할 수 있었다. 한번은 작은 사고를 당했다. 차의 유리는 깨졌지만, 작은 긁힘 외에 아무 일도 없었다. 모든 사람들이 내가 죽었는지 확인하러 왔다. 나는 운전사에게 사람들이 당신을 안 보낼 수도 있으니 여기에서 바로 떠나라고 말해줬다.

3. 케랄라Kerala

칸야쿠마리에서 10일 정도 머문 후 타밀나두와 케랄라의 경계에
있는 마을인 수친다람Suchindaram을 지나 트리벤드람Trivendram으로
걸어갔다. 수친다람에는 시바신의 전설적인 사원이 있었다. 시바는
칸야쿠마리와 결혼하기로 되어 있었지만, 몇몇 신화적인 예언 때문
에 그만두었다. 케랄라의 입구에는 외국인 요기가 운영하는 아쉬람
이 있었다. 그는 내가 사람들을 지도하도록 그곳에 2~3일 머물도록
했고, 요청대로 지도한 후 다시 트리반드람(지금은 티루반타푸람Tiruvan-
thapuram)으로 떠났다. 그곳에는 비슈누신을 모시는 유명한 파드마
나브하Padmanabha사원이 있었다. 그곳은 케랄라에서 가장 큰 사원
이었고, 모든 승려와 성자들은 그곳에 머물 수 있었다. 그래서 그곳
에서 하룻밤 자고 코발람Kovvalam을 통과해 코치Kochi로 향했다. 나
는 길에서 다양한 종류의 사람을 만났는데, 심지어 나를 공격하던
술 취한 이슬람교도도 나중에는 내게 안식처를 제공해줬다.

그리고 어떤 갑작스런 사고에서 차의 문이 휘어졌지만, 나는 조
금도 다치지 않았다. 그곳에서 나는 케랄라의 말라야람어Malayalam
를 조금 배웠다. 가는 길에 큰 도로 안쪽에 있는 작은 아므리타나
다마예Amritanadamayee사원을 발견했다. 이 아쉬람은 전 세계에 많
은 센터를 가진 유명한 아쉬람이다. 아쉬람에 들어가려면 순례자
들이 타는 배를 타야했지만, 나는 수중에 돈도 없었고 아무도 내게
기부하지 않기 때문에 강을 헤엄쳐서 건너야 했다. 아쉬람에 들어

가자 사람들은 내게 행운이라고 말했다. 왜냐면 아므리타난다마예 Amrtananamaye가 2~3일 내에 아쉬람으로 방문할 예정이기 때문이었다. 그들은 그녀가 올 때까지 내가 머물 수 있게 해주었다. 그녀가 오자, 군중들과 함께 다르샨을 가졌고, 밤 12시에 개인적으로 그녀와 만날 기회를 얻었다. 그녀는 나를 어머니 같은 애정으로 아들처럼 포옹했고, 나와의 만남을 기뻐했다. 나는 또 다른 마하트마(위대한 인간) 슈리 나라얀 스와미Sri Narayan Swamy에게 갔다. 90세가 넘은 그는 영적인 영역에서 최고의 단계에 도달했으며 싯다가 된 분이었다. 나라얀 스와미의 아쉬람에서 조금 머문 후 코친에 들어갔다. 코친은 산업 도시이다. 코친을 돌아다닌 후 에르나쿨람Emakulam을 경유해 칼리쿠트Calicut로 들어갔다. 이 길은 내가 지금까지 여행한 것처럼 수월하지 않았다.

그곳은 언덕과 정글로 이뤄진 힘든 지형이었다. 나는 폭우 속에서 저녁에 마스지드Masjid에 도착했다. 그들은 나에게 작은 거주처를 제공했지만 기도 시간에 그들에게 젖은 옷으로 밖으로 나가겠다고 말했다. 나는 비에 완전히 젖었다. 그날 밤은 내 머리만을 겨우 덮는 가게의 은신처 아래에서 보냈다. 비는 계속 내려서, 내가 걷는 15~20일간 지속되었다. 낮에 걷는 모든 지역은 침수되었고, 밤에는 옷을 말리곤 했다. 이슬람교도 소녀의 도움으로 범람하는 물을 건넜고 경사로를 따라 걸었다. 구루 바유Guru Vayur에는 크리슈나신의 유명한 사원이 있었다. 나는 그곳에서 다르샨을 갖고 라이나두Rainadu로 움직이기 시작했다.

나는 언덕길을 걷고, 구름 속을 지나며, 빗속에 온 몸이 젖는 것에 익숙해졌다. 산 정상에 도달했을 때, 기독교 교인들의 기도 소리가 들렸다. 그곳에는 사람들을 기독교로 개종시키는 교회가 있었다. 교회에 가자 장로는 나에 대해 알게 된 후에도 내가 머물기를 원했다. 옷을 말릴 시간을 낼 수 있어서 허락했다. 점점 교회 신도들이 나에게 모여들었고, 나를 기독교로 개종시키려고 했다. 심지어는 개종시키기 위해 금과 은으로 날 유혹했다. 그러나 나는 그들에게 우주의 실재와 진리를 알려주고서 그곳을 떠나 울창한 숲, 백단나무의 왕국을 지나 카르나타카로 갔다. 밀림은 야생동물로 가득했다. 나는 단지 야생의 죽음에 직면해야 하는 불확실한 운명을 맨발로 통과했다. 물론 신은 나와 함께 있었다. 죽음이 운명이라면, 나는 벌써 준비되어 있었다. 그러나 운 좋게 나는 정글을 안전하게 지났고, 카르나타카에 들어갔다.

4. 카르나타카Karnataka

나는 걸어서 마이소르에 갔다. 마이소르는 악명 높은 악마를 죽인 두르가Durga를 딴 이름에서 유래한다. 800계단 높이에 있는 역사적인 유서 깊은 궁전과 사원을 방문했다. 그곳 신상과 다르샨을 가진 후 현대 기술로 지어진 지하 저장고를 통해 물을 공급하는 크리슈나라야 댐Krishnaraya Dam으로 갔다. 그리고 가장 유명한 정원 중의 하나인 근처의 브린다반Brindhavan가든에 방문했다. 가는 길에 나는 동굴에 사는 한 요기를 만났다. 그의 요청으로 그곳에 한동안 머물렀다. 그는 진화된 영성가이며, 진실하고 이타적인 요기였다. 마을로 가는 길에 유명 인사들, 말하자면 성자들을 만났다. 그 마을에는 약물에 중독된 사람들이 30여 명 정도 있었다. 그들은 어떤 영적 수행도 하지 않았다. 그들에게 잠시 이야기를 하려 하자, 내게 홍분제를 섞은 과일 주스를 줬다. 그들의 그릇된 의도를 알고 있었기 때문에 강렬한 프라나야마를 행했고, 홍분제는 나에게 거의 작용하지 않았다. 다음으로 나는 슈리 랑가파트남Sri Rangapatnam을 방문하여, 18세기 유명하고 용감한 황제인 티푸 술탄Tippu Sultan의 강력한 요새를 봤다. 당시의 군사체제를 이해하기 위해서 볼만한 가치가 있는 곳이었다. 마이소르를 떠나 방갈로르Bangalore로 가는 중에 내게 선 요가를 배워서 수련한 한 외국인의 또 다른 아쉬람을 발견했다. 후에 나는 방갈로르에서 요가캠프로 갔는데, 그곳에서 나는 하산Hassan(카르나타카의 한 타운)에 있는 브라만 가족에게 소개시켜준 당시 총리인 슈리 데베 고우다Sri Deve Gouda의 사촌을 만났다. 그곳에서 그들은 나를 대상으로 중요한 시험을 했다. 그들은 내 마음에 소녀에 대한 삿된 욕망이 남아있는지, 아니면 정말 세속적 욕망에서 벗어난 진짜 요기인지 확인하기 위해 집에 어린 소녀만 남겨두고 가족 모두 집을 비웠다. 이것은 사실 나의 인격을 시험한 것이었다. 그들은 완전히 실패했는데, 왜냐면 나는 모든 여성을 나의 어머니로 대했기 때문이다. 소녀에게 한두 마디를 했지만, 나는 밤새 명상에 잠겨있었고, 아마 소녀도 나를 진짜 요기로 여겼을 것이다. 이것은 정말 기이한 경험이었다. 방갈로르에 도착했을 때, 당시 주州 수상인 슈리 쿠라마 스와미(슈리 데베 고우다)를 만났고 그와 짧은 시간 동안 영적인 문제로 토론한 뒤 그린 시티 관광을 떠났다. 그리고 벵갈리클럽에 머물다가 금광으로 유명한 콜라르Kolar타운을 거쳐 안드라 프라데쉬로 들어갔다. 왜냐면 모두들 카르나타카에서 유명한 두르가(힌두 신화에서 강력한 여신)축제로 바빴기 때문이다.

5. 안드라 프라데쉬Andhra Pradesh

나는 카르나타카에서 콜라Kalar를 경유해 치토르Chittor에 도착해서 그곳 사원에서 하룻밤을 보냈다. 이곳은 당시 안다라 프라데쉬의 주지사인 슈리 찬드라바부 네이두Sri Chandrababu Naidu의 출생지였다.

그리고 슈리 나이부의 가족 중 한 사람을 만났을 때, 그는 내가 노동하는 삶을 회피하기 위해 성자인 척하는 사람인지 의심하며 내게 농장 일을 통해 증명해보라고 요구했다. 나는 농장 일에는 이미 익숙했기 때문에 그의 농장 인부들보다도 더 빠르고 쉽게 일했지만 오래전에 농장을 떠났기 때문에 나의 손은 예전처럼 협조적이지 않아 고통스러웠다. 심지어 종기가 생겨 다음날에는 피가 났다. 다음날 다른 친지가 피가 흐르는 손을 보고 성자를 일꾼으로 부린 것에 분노했다. 그러나 나는 차분했고, 내가 위선자가 아님을 증명했다. 그리고 농장에서 일하면서 치토르의 땅이 검고 비옥하다는 것을 알았다.

그리고 나서 세계적으로도 유명한 벤카테슈와라Venkateshwara신의 7봉우리 사원에 가서 3일간 머물렀다. 이 사원은 지구상에서 하루에 입장료로 천만 루피를 벌어들이고, 홀리 다르샨을 가지려면 5~6시간을 서 있어야 하는 곳이다. 사원에는 많은 신화와 전설, 역사적인 이야기가 있다. 오늘날까지도 하티 바바Hati Baba사원이라 불리는 곳의 이야기가 있다. 바바라는 지고한 헌신자가 있었는데, 그의 헌신을 질투하는 사제가 왕을 통해 어떤 인간이라도 불가능할 일을 명령했다. 밤새 수소가 끄는 큰 마차에 담긴 사탕수수를 먹어치우는 것이다. 헌신자는 신에게 기도하며 잠들었다. 헌신자(바바)는 빨리 잠들어 있었고, 보초들이 어떤 소리에 잠에서 깨니 거대한 코끼리가 모든 사탕수수를 먹고 있었다. 그 코끼리가 어디서 왔고, 어떻게 굳게 잠긴 철창 안으로 들어왔는지 아무도 몰랐다. 왕과 사원의 사제들은 바바의 진정한 헌신에 충격을 받아, 바바의 제자가 되었다. 바바는 길상한 날에 신에게 합일되어 해탈을 얻었다. 그때부터 사원은 그의 이름을 따서 그를 기리며 운영되었다.

다음에 나는 안드라 프라데쉬의 매우 유명한 곳인 푸타 파르티 사트야 사이 바바Putta Parti Satya Sai Baba라는 유명한 성자의 성지에 갔다. 가까이 갈 기회가 없었기 때문에 멀리서 다르샨을 가지고, 사트야 사이 바바와 개인적 인터뷰를 가졌다. 아쉬람의 특별한 사람들과 토론을 했는데, 그곳은 인종과 종교의 어떤 구별과 차별도 없이 모두가 평등하게 존중받는 곳이었다. 아쉬람에는 정교한 최첨단의 장배를 갖춘 큰 병원이 있었는데, 비싼 치료비를 낼 수 없는 사람들을 위해 무료로 심장, 뇌 등 여러 중증질환을 치료하는 곳이었다. 근방의 많은 마을에 깨끗한 식수를 제공하기도 했다. 남녀를 불문하고 외국인을 포함한 방문하는 헌신자들로 아쉬람은 항상 바빴다. 영적인 신자들, 경배, 바잔(신적인 구절을 반복해서 암송함)이 정기적으로 이뤄지는 그곳은 부탈라 스와르감(지구의 천상)처럼 보였다. 푸타 파르티에서 안드라 프라데쉬의 중심 구역인 안안타푸람으로 떠났다. 타밀나두와 카르나타카의 접경을 통과하여 고아로 이동했다.

6. 고아 Goa

안드라 프라데쉬처럼 고아의 방문도 짧았다. 안드라 프라데쉬로 떠나 고아의 수도인 파나지Panaji에 도착했다. 이 도시는 작지만 매우 아름다웠다. 그곳에서 고대의 매우 유명한 마하락슈미Mahalakshmi사원을 방문했다. 사원에서 돌아올 때 오토바이를 탄 갱단 소년들을 만났던 이야기를 하고 싶다. 그들은 내게 "당신은 여기서 뭘 하고 있느냐"고 물었다. 그들은 서서히 나를 에워쌓는데, 나는 이 소년들에게 상담이 필요하다고 느꼈다. 분명 그들은 도둑이거나 밀수범이었다. 그때 그들을 자세히 살펴보고서, 이 세계에 평화를 전하는 나의 사명과 나에 대해서 설명해 주었다. 그들은 평화가 아니라 돈이 필요하다고 말했다. 그들은 내가 아무 쓸모없다는 걸 알고 나를 놀리기 위해 계속 장난스런 질문을 해댔다. 비록 그들이 쉽고 빠르게 그들의 삶의 진로를 바꿀 수 없더라도, 나는 그들이 손에 묻히려는 독이 무엇인지, 그들이 어떤 도덕성을 위해 자신 앞의 인생에서 불멸과 영원성을 추구해야 하는지 말해줘야 했다. 나는 그들이 일시적인 쾌락을 위해 얼마나 그릇된 길, 가시밭 길을 가고 있는지 깨닫고 영원한 행복인 신적인 길을 가라고 설명했다. 한두 시간 동안의 나의 설교로 어린 시절부터 왜곡되어 온 그들을 쉽게 바꿀 순 없었다. 그들은 나를 술집에 데려가서 내게 술을 권했다. 나는 술을 거절하고 탄산음료를 조금 마셨다. 그들은 강제로 나에게 보시금인 다크쉬나를 250루피 주면서 술집을 떠났다. 추측컨대 그들은 국제적인 밀수업자들이었다. 그리고 또 한 가지 사건은 갱단의 일원이 내 목에 칼을 들이대며 나를 죽인다면 어떻게 할 거냐고 물은 일이다. 그때 나는 죽음은 두 번 오지 않으며, 나는 이미 언젠가 죽기로 결정되었다고 답했다. 그러나 "우리 모두 인간이기 때문에 당신은 나를 죽일 수 없습니다."라고 답하자, 그는 칼을 거뒀다. 정말 좋은 경험이었다.

다음으로 나는 구舊고야로 갔다. 한 외국인의 사원이 있었는데, 그곳은 매우 아름다웠다. 그곳에서 이틀 밤을 지냈고 해변에 가서 저녁에 선 요가를 하곤 했다. 일몰이 매우 늦어져서 저녁 7시 40분에도 태양은 밝았다. 잠자리에 들기 전 우리는 영적인 토론을 하곤 했다. 그곳에는 오래된 유서 깊은 교회(세인트 프란시스 와시버Saint Francis Xavier교회)가 있었다. 그 교회는 지금도 보존되는 500년 된 성부(프란시스 와시버)의 미라를 보유하고 있었고, 12년에 한 번씩 대중에게 공개했다. 놀라운 건 지금도 미라의 몸을 베면 피가 난다는 것이다. 이로써 고아 순례는 끝났고, 발걸음은 마하라스트라로 향했다.

7. 마하라스트라Maharastra

나는 솔라푸르Sholapur를 거쳐 마하라스트라에 들어가서, 슈리 차트라파티 시바지 마하라지Sri Chatrapati Sivaji Maharaj의 탄생지를 방문했다. 그리고 근방에 있는 솔라푸르의 유명한 요기인 마하라지 가간 기리Maharaj Gagan Giri아쉬람으로 갔다. 아쉽게도 마하라지는 없었는데, 아쉬람 사람들은 정신적으로 매우 뛰어난 자들이었다. 이 현자들과 다르샨을 가지고서 푸네로 걸어갔다. 푸네에는 아쉬람이 아주 많은데, 그중에서 내가 묵었던 인디라 간디Indira Gandhi여사 구루의 아쉬람은 아주 유명한 곳이었다. 다음 방문지인 우다시Udasi수행자의 아카라에는 몇몇 산야시들이 있었는데, 모두들 대마초에 중독되어 있어 어떤 영적인 경건한 분위기도 느낄 수 없었다. 그들은 내가 반反 영적인 행위에 걸려들도록 흡연을 강요했다. 나는 그들을 바라보면서 당신들은 영적인 길에서 당신들을 따르는 자들의 자신감을 망치고 있다고 말했다. 모든 것을 포기하고 삶의 신성한 궤도에 들어선 사람은 진지해야 하고, 모든 행동에 모범이 되어야 하며 매순간 자신과 신도들을 이끌어 신 가까이에 있어야 한다. 그곳에서 배울 것은 아무것도 없었기에 시간을 낭비하지 않고 그 자리를 떠났다. 산야시들은 흡연과 약물중독이 영적인 생활의 일부라고 느꼈다. 그러나 어떤 철학도 그렇게 말하지 않는다. 일반적으로 이 산야시들은 매우 오만하고, 사람들에게 친절하지도 자비롭지도 않았다. 이들은 자신들이 원하는 것을 얻지 못한다면, 사람들을 저주하는 것도 마다하지 않을 것이다. 물론 그것은 아무 효과도 없지만 말이다. 이는 그들이 모든 창조물에서 신을 보지 않는다는 것을 의미한다. 그들에 따르면 신은 그들을 제외하고는 어디에도 깃들지 않는 셈인데, 이는 영적인 가르침에 완전히 위배되는 것이다. 그러나 모든 산야시가 그렇다는 것은 아니다. 우리는 그들을 비난할 수 없고, 그들은 여전히 온전한 길로 인도되어야 한다. 영적인 영역에서 지고의 목적을 추구하는 많은 산야시들이 있다. 초자연적인 힘을 갖고도, 그들은 사람들의 이익을 위해 그 힘을 사용한다.

　푸네에서 나는 로나왈라Lonawala에 가서, 카이발야담Kaivalyadam으로 알려진 요가연구소를 방문했다. 그러나 곧 그곳에 요가에 대한 어떤 체계적인 연구도 없음을 알았다. 나는 한 스와미를 만났는데, 그는 나를 센터로 데려가도록 한 소년을 보내주었다. 소년은 그 장소를 몰라서 나를 도서관에 데려갔기에 15분 정도 걸은 뒤, 센터에 도착했다. 센터 사람들을 만나서 나의 방문과 임무에 대해서 설명했다. 갑자기 소위 연구원이라는 무리들이 나에 대한 그들의 엉터리 연구를 시작했다. 그들은 내가 인내심을 잃는지 확인하기 위해 나를 자극하기 시작했다. 여기에서 연구란 내가 진짜 요기인지 확인하기 위해 나를 화가 나도록 자극하는 것이다. 그것이 그들이 영적 정신적 역량을 측정하는 척도였다. 나는 그들의 연구 방법에 회의가 들었다. 여기에서 나는 그들이 누구인지 일깨워야 할 필요를 느꼈다. 나는 그들에게 당신들 중 누군가 지금까지 자신의 영혼에 대한 내적 통찰을 얻은 자가 있느냐고 물었다. 자신이 무엇인지 이해하는 누군가가 있나요? 그들의 혀는 움직이지 않았다. 단순한 학문적인 교육은 그들에게 우주와 자연에 대한 진리를 주지 않는다고 말했다. 그들은 자신의 내적 인간을 이해하기 위한 풍부한 지혜를 가져야 한다. 과학은 단지 관찰과 실험이다. 그러나 신은 오직 지혜이다. 그 지혜는 독서로 얻어지는 것이 아니라 자기 실험을 통해 경험되어야 한다. 오늘날의 과학은 단지 빵과 버터를 얻기 위해 활동하지 자연 밑바닥에 숨겨진 진정한 지혜를 추구하지 않는다. 온도계로 온도를 잴 수는 있지만, 뇌의 지혜는 측정할 수 없다. 교육은 학교 시험을 통과하여 벽돌과 석공 등의 자격증을 따기 위한 것이 아니다. 인도는 막대한 실제적 지식을 가진 지구의 제단이며, 그것은 구루들에 의해 고대의 구루쿨람Gurukulam에 담겨있다고 말해진다. 그들은 최상의 목표를 위해 철저하게 수학, 과학, 베다, 우파니샤드, 성전, 신화, 그리고 철학, 법, 윤리, 처세술 등의 모든 주제를 망라하는 지식으로 학생들을 훈련했기에 제자들이 구루쿨람을 떠날 땐 전문가가 되어 있었다. 그들은 자신의 무한한 지혜로 스스로 신과 겨룰 수 있는 힘을 얻기도 했다. 신은 우리에게 위대한 지식의 근원을 주었고, 우리는 영혼의 해탈을 위해 그것을 자유롭게 꺼낼 수 있다고 믿어진다. 우리는 외부의 침략과 우리의 부주의로 신성한 기록이 담긴 막대한 문헌을 잃었다. 지식을 깊이 탐구하지 않고, 우리가 하는 행위로는 자연의 신성한 비밀을 가늠할 수 없다. 만들어지고 태어난 모든 것은 언젠가 허물어질 것이다. 우리는 많은 전장에서 싸워왔지만 모든 인간과 자원을 물질적 안락을 위한 파괴에만 사용했지 이상적인 사회 건설을 위해 사용하지 않았다. 과학은 창조자이자 파괴자이며, 인간은 자신 안에서 내부자를 발견했다. 예전의 인간은 '질투 속에' 있지만, 지금은 '질투'를 마주하고 있다. 지금까지 우리가 얻은 지식 너머의 지식이 있다. 그것은 영적인 지식이다. 그것을 얻어야 한다. 그러면 인간은 자기 기만에서 정점으로 솟아난다. 나는 내 설교의 반향으로 센터의 분위기가 무거워진 걸 알았다. 연구원들과 잠시 시간을 보내고 나는 구자라트로 떠났다.

8. 구자라트Gujarat

순례하면서 내 발은 매우 단단해져서 인도 너머 먼 거리까지 걸을 수 있다는 큰 자신감이 생겼다. 나는 달리는 경주마처럼 하루에 거의 50km를 걸어서 디아Dia와 다만Daman을 경유해 수라트Surath에 도착했다. 구자라트에서는 가정이나 사원에 초대받았기 때문에 단 하루도 노숙을 하진 않았다. 어느 날 다리를 건너려는데, 그 자리에서 조금도 움직이지 말라는 내부의 목소리를 들었다. 그래서 나는 다리로 들어가지 않고 다리 근처 돌 위에 앉아있었다. 갑자기 반대편에서 오는 큰 짐을 실은 트럭이 사고를 냈다. 자전거를 탄 사람은 공중으로 날았고, 트럭은 200미터 정도 떨어진 나무를 들이박고 멈췄다.

트럭의 운전사와 청소부는 안전했지만 두려워서 도망갔다. 그러나 자전거 탄 사람은 심각한 부상을 입어 과도한 출혈로 죽음을 눈앞에 두고 있었다. 많은 사람들이 모여들었지만 아무도 사법 절차나 경찰 조사를 두려워하며 그를 병원에 데려갈 준비를 하지 않았다. 나는 그를 그곳 사람들 도움을 받아 책임을 지고 병원으로 데려갔지만, 불쌍한 그 사람은 도중에 죽었다. 우리는 사건 접수와 증거 진술 때문에 경찰서로 가야했다. 경찰서에서 아무도 내 말을 들으려 하지 않았다. 경찰의 홀대로 좌절한 나는 책임자에게 가서 소리쳤다. 당신들 경찰과 FIR(초기정보조사국)이 괴롭혀 사고 이후 의료진의 도움을 받지 못하고 피해자가 목숨을 잃었다고 말이다. 그는 즉시 대응하여, FIR에 편지를 보내 트럭 운전사의 잘못이 기계적인 고장 때문이었다는 유일한 진술을 밝혔다.

그 후 나는 바루치Bharuch에 있는 나르마다Narmada 강둑과 바로다(지금은 Vododhara, 두 타운 모두 구자라트에 있다)로 갔다. 바로다는 유명한 역사적 장소이고, 특히 슈리 스와미나르얀Sri Swaminaryan사원이 있었다. 나는 신의 축복을 받았을 뿐 아니라, 그곳에서 영적인 마음을 지닌 많은 사람들을 만났다. 거기에서 나의 바퀴인 발로 아메다바드로 향해 움직였다. 가는 길에는 편리한 숙박시설을 가진 유명한 사원이 있었는데, 이곳은 응급 상황에서 필요하다면 돈과 의료까지 지원하고 제공해줬다. 사원은 지고의 영적 지식과 놀라운 신적 힘을 얻은 인간인 싯다이자 위대한 영혼인 마하트마인 샨타람 바푸Shantaram Bapu의 것이어서 그의 이름을 땄다. 오래전 가뭄이 들어 아무리 우물을 깊이 파도 물 한 방울 나지 않았다. 그때 싯다 샨타람 바푸가 우물의 입구에 손을 넣자, 우물 바닥에서 물이 솟아나와 물이 가득 찼다. 그런 위대한 성인이 많은 인도땅의 모든 섬들은 신성했다. 그러나 인도는 점차 진리에는 무관심하고 그저 물질적인 왜곡된 욕망으로 기뻐 날뛰어 세계를 어지럽히는 사람들로 오염되고 있다. 아쉬람 당국에 그곳에 며칠간이라도 머물러 달라고 요청했고, 성스러운 편안함 속에서 머물렀다.

    3일간 머문 뒤에, 나는 나디야드Nadiyad를 거쳐 아메다바드Ahmedabad로 떠났다. 많은 사람들이 내게 그곳에 가지 말라고 충고했는데, 그곳에 가는 길이 어떤 숙소도 구하지 못할 나에게는 너무나 위험하기 때문이다. 그러나 늘 준비해 왔던 죽음 외에 또 어떤 위험이 있을까. 그래서 나는 위험을 직면하고, 경험하며 배우기 위해 같은 방향으로 이동했다. 저녁 5시쯤에 작은 마을에 도착해서, 몇몇 사람들을 만났는데 그들은 내 귀에 대고 조용히 말했다. 3명의 남자가 내게 말을 걸자 4번째 남자가 내 등에 날카로운 칼을 들이댔다. 나는 웃는 얼굴로 그들에게 말했다. 당신들을 막지 않을 테니 숨기지 말고 나를 공개적으로 죽이라고 말했다. 내가 그들 손에 죽을 운명이라면, 아무도 그것을 막을 수 없을 것이다. 왜냐면 그것은 신의 뜻이므로. 이 말을 들은 그들은 멈춰서 내게 물었다. "당신은 좋은 성자 같은데 수행자라 칭하는 자들이 우리 마을에 와서 도둑질을 하거나 다른 나쁜 짓을 한다. 그래서 우리는 그들을 배려하지 않는 것이다." 내가 느끼기에 그들은 나쁜 사람이 아니었다. 그릇된 자들이 그들의 믿음을 깨트린 것이다. 나중에 그들은 나에게 정중하게 앞으로 2km 앞에 호텔이 보일 것이고, 호텔 지배인이 모든 편의를 돌봐줄 거라고 말했다. 만일 우리가 선하다면, 전 세계가 선하다는 사실은 여전했다. 그래서 그들이 알려준 대로 안칼레슈와르Ankaleshwar에서 더 걸어가 편안하게 준비된 호텔에 도착했다. 나르얀 초크Naryan Chowk에서 호텔 지배인은 비 오는 한밤중에 우연히 호텔에 방문한 경찰에게 이 모든 사건을 말했다. 경찰은 나에게 걱정하지 말라고 했고, 다음날 사진과 함께 모든 것이 신문에 공개되었다. 나는 정말 놀랐고, 아메다바드에 2~3일 머문 후 나르마다 강둑을 걸어서 바루치로 다시 떠났다. 강둑에는 2~3km마다 많은 사원이 있었다. 나는 가는 곳마다 나를 도울 수 있는 기회를 달라고 부탁하면서 그곳에 머물기를 정중하게 요청받았다. 나는 마타 아나도마예Mata Anadomayee아쉬람에 머물렀다. 이 아쉬람에 아주 가까운 맘레쉬와르Mamleshwar라는 마을이 있었는데, 그곳 사람들은 모두 영적 수행자였다. 그들 모두가 나를 기쁘게 받아들였다. 그들 속에서 나는 큰 기쁨을 느꼈다.

다른 강둑에 있는 지역인 반대편에는 카비르 밧Kabir Bat(카비르는 15세기경에 구원을 추구한 비슈누신의 헌신자이다)이라 불리는 유명한 역사적 성지가 있었다. 나는 강을 건너서, 원래의 줄기를 확인할 수 없을만큼 광대한 지역에 퍼져있는 거대한 반얀나무를 보았다. 그곳은 카비르Kabir 시인이 반얀나무로 만든 칫솔 막대를 심어 이뤄진 곳이라고 전해진다. 이 거대한 전설적인 나무가 있는 곳은 마드야 프라데쉬Madhyapradesh로 들어가는 경계점이었다.

9. 마드야 프라데쉬Madhyapradesh

전국을 도보로 순례하는 동안 1998년에 나의 임무를 중단해야 했다. 나는 베다라니얌 구루쿨람의 국제평화회의에 참가해야 했다. 그곳부터 하리드와르Haridwar로 가서 마하쿰바Mahakumbha에서 신성한 목욕을 했다. 나는 슈리 람 샤르마지Sri Ram Sharmaji의 샨티 쿤즈Shantikunj아쉬람에 머물렀다. 그곳 사람들은 내가 선 요가를 수련했다는 걸 알게 되어 디디지Didiji와 판디지Pandeyji는 브라흐마바 츠바Brabhmavatsva연구센터의 요가 연구의 일환으로 실험을 시도했다. 그 기간 동안 빌라시멘트회사Birla Cement Company의 감사였던 프라모드 프라사드Pramod Prasad 신사는 맨 눈으로 직접 태양을 응시하는 걸 믿지 못하여 내가 그 앞에서 선 요가를 하기를 요구했다. 그는 자신이 보지 않은 것은 믿지 않는 부류의 사람이었다. 평소처럼 나는 프라사드씨를 포함한 모든 사람들 앞에서 정오의 태양을 응시했다. 선 요가를 한 지 15분 후에 그는 내게 그만하라고 부탁했다. 그리고 요가에 이러한 힘이 있다는 사실에 고무되어 바로 나의 제자가 되었다. 요가에 대한 그의 모든 오해는 바로 풀렸고, 그날 밤 바로 선 요가에 대해 배웠다. 왜냐면 그는 일 때문에 알라하바드Allahabad로 떠나야했기 때문이다. 나는 그가 시간을 낭비하지 않고 기차 객차coach에서 선 요가를 수련했다고 들었다. 그는 사무 업무 때문에 매우 바빴지만, 1998년 22일~24일 라치푸르에서 열린 회의에 참석했다. 프라모드 프라사드는 지압 테라피에 정통한 사람이었다. 이 테라피는 환자를 기적적으로 치료할 수 있는 마술적인 치료법이다. 비록 인도에서 거의 잊혀 사장되었지만, 중국과 일본에는 아직 보존되어 있다. 이는 베다와 고대 문헌에 분명히 언급되어 있다. 한번은 거의 걸을 수 없는 사람을 보았는데, 단지 10분 정도 시술을 하자 걷기 시작했다. 그래서 프라사드 씨도 설득되어 라치푸르에 머물러 사람들을 훈련했다. 나는 그의 힌디어를 벵갈어로 통역해줬다. 그래서 나의 스케줄도 연장되었다. 나는 이 대단한 테라피를 배웠을 뿐 아니라 많은 환자들을 열심히 치료하여 성공적으로 놀라운 결과가 나타났다. 서로 다른 지역에서 온 라치푸르의 회의에 참가한 모든 사람들이 진심어린 감사를 표현했고, 이 회의를 매년 열자고 요청했다. 나는 동의했지만 개최 비용이 비쌌다. 첫 번째 회의는 나의 형제들이 주최했다. 그들은 그들의 돈을 영적 행사에 쓸 수 있어서 행복해 했다. 다행히도 더 나아가 우리 마을과 옆 마을 사람들이 힘을 쏟아 부어 회의는 어려움 없이 진행되었다. 지금은 예정된 6월 대신 매년 2월 15일~17일에 회의가 열린다. 이미 말했듯이 나르마다 강둑에는 편의시설을 갖춘 머물기 좋은 많은 아쉬람이 있지만, 울창한 숲을 지나야만 한다. 도보로 순례하는 사람들은 '나르마데이 하르Narmadey Har'라고 불린다. 한번은 밀림을 지나다가 사람들을 공격하고 약탈하는 빌Bheel 종족 무리를 만났다. 그들은 화살, 검, 창 같은 치명적인 무기로 사람들을 위협했다. 나는 상황을 알아채고, 그들을 향해 걸어가며 '니르마디 하르'라고 말하자, 그들이 무기를 내려놓고 '시타람Sitaram'(환영 인사)이라면서 환영했다. 나 역시 '시타람'이라 말하고 계속해서 걸었다. 그들은 어쨌든 나를 해치지 않았다.

가는 길에 나는 사원을 발견했고, 사원의 지도자는 나에게 특정한 방향을 알려줬다. 정글은 너무 커서 정글 끝의 작은 마을에 도달하기까지 정글에서만 이틀 밤을 보내야 했다. 그곳 사람들도 빌종족이었다. 종족의 우두머리는 나를 초대하여 내가 거절해야 하는 그들 관습대로 나를 접대했다. 오랜 설득 끝에 그곳을 떠날 수 있었다. 밀림의 여정은 내게 충분한 지식을 주었다. 내가 욕심이 있어 귀중품들을 소지했더라면 희생당했을 것이다. 마음이 자연스럽게 부패한다면, 몸도 부패하여 우리 진정한 정신은 죽게 된다. 우리는 신을 구하는 열망에서 너무 멀리 떨어져 있다. 신은 잘못된 기도는 절대 듣지 않을 것이다. 나는 나르마다 강둑에서 많은 경험을 하고 자발푸르Jabalpur에 도착했다. 이곳은 마드야 프라데쉬의 산업 도시이다. 자발푸르의 몇몇은 내게 나의 카만달Kamandal을 물었다. 나는 그들에게 우리는 카만달과 함께 태어나지도 죽지도 않는다고 답했다. 카만달은 인간에게 특별한 특징을 주지 않는다. 신성한 헌신자인 하누만사원에서 나에게 이것은 조사할 가치가 없는 것이었다. 그곳 사람들은 모두 나의 대답에 불쾌해 했고, 덕분에 추운 밤에 사원 밖으로 쫓겨났다. 추운 밤에 더 걷는 것 외에 달리 갈 곳은 없었는데, 다행히도 바자나Bhajana를 행하는 사람들을 만나 그곳에서 하룻밤을 보냈다.

자발푸루를 떠난 후 한 중년 남성이 나를 집으로 초대했다. 나는 그의 집에 가는 것이 위험할 수도 있음을 직감했지만, 하룻밤을 그와 보냈고 다음날 아침 나의 순례를 계속했다. 그날 밤에 그는 나에게 주술을 걸려고 했다. 여기서 말하고 싶은 것이 있다. 그가 우리 가족들에 대해서 말하려고 할 때 나는 요가를 시작했고, 내 앞의 빛을 보았다. 곧 그의 탄트라적인 주술의 힘은 내게 영향을 끼치지 못해, 그는 더 이상 아무것도 말하지 못했다. 이것은 그가 자신의 주술의 힘이 나의 요가의 힘을 압도할 수 있는지 시험한 것이었다. 나는 이 주술의 힘은 결코 신성한 힘을 대체할 수도 넘어설 수도 없다고 말했다. 신은 악과는 완전히 다른 무엇이다. 『요가수트라』의 「비부티(초자연력)」장에서 말하듯이, 요가 수행 단계에서 요기가 초자연력을 얻을 수는 있지만 그 환영에 넘어가면, 그런 환상에 쉽게 이끌리는 대중을 현혹하는 저차원의 힘에 기뻐하게 될 것이다.

그러나 그는 신의 현현인 비슈와다르샨Viswadarshan이라는 진정한 결실은 얻지 못할 것이다. 이 탄트리카는 그들이 얻는 작은 힘에 기뻐하고서, 더 귀한 깨달음을 잃는다. 그들이 진정한 요기에게 장난을 친다면 그들의 힘조차 잃을 것이다. 나에게 주술을 걸었던 남자에게 일어난 일이 그것이었다. 그는 미래를 보는 수단을 잃었다. 주술의 힘은 그것이 아무리 강력하더라도 요가와 신성한 힘 앞에서는 견딜 수 없다. 차이점이 있다면, 이들은 반쪽짜리 지식으로 그들의 힘을 파괴하기 위해 사용하고, 완전한 영적 지식을 지닌 요기는 그들의 힘을 우주적 선善에 사용한다.

이 시험 후에 나는 옴카레슈와르Omkareswar사원으로 이동했다. 이곳은 전 인도에 퍼져있는 12개 조티르 링가Jyotir Linga 중 한 곳이다. 옴카레슈와르 사원은 특정한 곳에 위치했다. 니르마다 강은 두

갈래로 나뉘어 그 사이에 섬이 하나 형성되었는데, 섬 안에 사원이 위치했다. 대부분의 사람들이 영적이었고, 신에 대한 헌신자였으며, 강둑에 있는 아쉬람의 신도들이었다. 일반적으로 그들은 자기 수입의 10~15%를 이 요기들에게 아쉬람의 운영을 위해 기부했다. 나르마다 강은 이 섬이 형성된 뒤에서 다시 합쳐진다.

순례의 길에서, 완전히 술에 취해 길가에 누워있는 사람을 보았다. 바로 그에게 다가가 깨우자, 그는 내가 자기 집으로 가야 한다고 우겼다. 나는 무슨 일이 일어날지 예감했지만 마지못해 승낙했다. 그는 나를 의자에 앉아 있도록 하면서 집안으로 들어가 나를 찍을 도끼를 가져왔다. 나는 그가 나를 해칠 수 없으리라는 것을 알았다. 그래서 그의 눈을 바라보며 웃자, 그가 도끼를 땅에 떨어뜨렸다. 나를 전통적인 희생제의 제물로 쓰려던 그의 어리석음에 놀라며 그곳을 떠났다. 그곳으로부터 나는 아마르칸탁Amarkantak과 베라쿤드Berakund에 도착했다. 나르마다는 건조한 지역에서 시작된 곳이어서 얼음 같은 것은 없는데, 그렇게 많은 물이 어디에서 흘러나오는지 정말 자연의 신비였다. 나는 다시 밀림을 지났다. 그곳은 거대한 동물보호구역이었다. 보통 밀림에서 쉬기 전에 나는 명상을 위해 좋은 돌을 고르곤 했다.

하루는 밀림을 걷고 있을 때 나는 콘크리트길을 보았고, 그것이 밀림에서 나가는 더 빠른 길이라고 판단하고 걸었는데 완전한 오산이었다. 그곳은 밀림이었기 때문에 매혹적인 지름길에 욕심이 난 것이다. 나는 길을 잃어 밀림에서 줄곧 헤매기만 했다. 석양을 본 후에야 원래 방향을 찾아 그 길로 걷기 시작했다.

나는 언덕과 큰 나무로 둘러싸인 장소에 도착했다. 정말 두려웠지만 계속 걷자 언덕 사이에 강이 나타났다. 헤엄을 쳐서 그곳을 건너자 두 번째 위험이 나타났다. 곰이었다. 나는 갈갈이 찢겨질 운명이었다. 보통 곰들은 인간을 살려두지 않기 때문이다. 그때 나는 구원자 내면의 빛을 부르며, 15~20분 정도 계속 곰의 눈을 바라봤다. 곰은 마치 경례를 하듯이 땅에 머리를 대고는 떠났다. 나는 다시 한 번 자비한 신이 어디에나 편재하다는 것을 증명했다. 당신이 신에게 진정으로 바치면 그는 당신이 어디에 있든, 어떤 어려움에 처해있든 늘 당신을 보살펴줄 것이다. 이제 나는 신이 언제 어디서 무엇이든 만들어낼 수 있을지도 모른다고 생각하기 시작했다. 이 밀림 한가운데에서 만일 실제로 불가능하지만 나를 위한 식량이 생긴다면, 그땐 이 의심도 완전히 사라질 것이다. 10분간 아무 응답이 없었다. 그때 나는 신을 시험하는 건 어리석음이라고 생각했다. 그러나 신이 나의 소리를 들었는지 어디선가 인간의 음성을 들었다. 나는 빨리 그 방향으로 갔고 한 남자와 여자아이 그리고 200~250마리의 소를 끄는 목동 소년들을 발견했다. 나는 그토록 깊은 숲 한가운데에 그들을 보고 정말 놀랐다. 다가가자 그들은 다이아몬드 모양의 큰 잔에 따뜻한 우유를 담아주었다. 그리고 금박접시에 맛있는 음식을 담아줬다. 밀림에서 일어난 이 일은 나의 상상을 초월했다. 나는 정말 편안해졌다. 내가 씻고 있을 때, 나에게 끝까지 가라고 말해주었다. 나중에 그들은 목동 소년에게 나를 멀리 데려 가라고 말했다. 소년은 내게 오른쪽으로 가면 밀림의 끝에 도착할 거라고 말해줬다. 그렇게 걷고 나서 좋은 길을 찾았는데 사람들의 자취가 없었다. 물소들의 자취조차 없는 이곳에서 누가 내게 음식을 주었는가? 잠시 후 내 앞에 곰 한 마리가 나타났다. 그러나 곰은 나를 조금도 해치지 않았다. 나는 오른쪽 방향으로 한동안 걸어가서 몇몇 경찰관들을 보았다. 그들에게 갔을 때 그들은 "결국 왔군요. 이제 왼쪽으로 가세요, 3km 뒤에 마을이 보일 겁니다."라며 마치 나를 기다렸다는 듯이 말했다. 이 모든 이야기는 믿기 힘들 정도로 경이로우며 신이 항상 함께 한다는 것을 보여준다. 그게 아니라면 울창한 밀림 속에 있던 그들은 누구란 말인가?

3시간을 걸어 마을에 도착하자 모두들 내가 정글에서 나오는 150km길을 건너서 어떻게 살았는지 놀라워했다. 그들은 철저한 장비를 갖춰도 힘든 길을 통과해온 나를 보통 사람이 아니라며 신기해 했다. 그들은 음식을 준비해 주고 편안하게 해주었다. 다음날 나는 빌라스푸르Bilaspur로 출발하여, 라이가르Raiga를 경유해 오릿사로 들어갔다. 마드야 프라데쉬의 순례는 내게 정말 놀라운 경험이었다. 이 모든 경험을 회상하면서, 앞으로 내게 남은 경험을 기다리며 오릿사로 갔다.

10. 오릿사Orissa

마하나디Mahanadi에 있는 거대한 헤라쿠드Heerakud 댐을 방문한 뒤 잠발푸르Jambalpur를 경유해 쿳타크Cuttak에 도착했다. 가는 길에 나는 마음의 평화 외에 모든 것을 가진 엔지니어로 유명한 마하트마를 만났다. 마음의 평화를 찾기 위해 명상 수련을 하러 이 언덕에 온 그는 나를 3일이나 떠나지 못하도록 붙잡았다.

오릿사는 역사적이면서도 영적인 고장이다. 나는 쿠탁을 거쳐 브후바네슈와르Bhubaneshwar에 도착했다. 오릿사의 방문이 불완전하지 않도록 오릿사의 모든 신성한 곳을 방문하고 싶었다. 그래서 링가라즈Lingaraj, 우다이기리Udaygiri, 그리고 칸다기리Khandagiri사원에도 갔다. 나는 자이나교의 마하비라Mahavira가 고행한 많은 동굴을 방문했다. 다음은 다왈기리Dhawalgiri였는데, 그곳은 아쇼카왕이 많은 사람들을 죽인 처참한 칼링가Kalinga전투 후에 성인으로 변모한 곳이었다. 다음에 나는 어린 시절 방문했던 푸리 자간드에 방문했다. 이곳은 힌두의 가장 유명한 4성지 중 한 곳이었다. 나머지는 라메슈와람Rameshwaram, 바드라이나트Rameshwaram, 드와라카Dwaraka이다. 나는 공물인 프라사드를 사러갔지만 돈이 없었다. 천천히 사람들이 일반적으로 가지 않는 느리트야살라Nrityasala(댄싱홀)에 도착했다. 나는 프라사드가 가득 담긴 토기 항아리를 발견했다. 이 사원은 손님뿐 아니라 사제도 밤 12시부터 새벽 4시에는 들어갈 수 없으므로 나 역시도 사원에 머물 기회가 없었다. 그렇게 생각하며 일단 사원 구석에 앉아 명상을 시작했는데 사원 안에 사람이 앉아 있는 걸 모르는 문지기가 문을 닫았다. 그렇게 신은 그 밤에 그의 사원에서 나에게 안식처를 주셨다.

박티요가의 화신이었던 슈리 차이탄야 마하프라부흐Sri Chaitanya Mahaprabhu는 그의 마지막 18년을 아주 작은 방에서 지냈다. 베다와 인도 신화에 따르면 칼리유가 시대에는 영혼이 해탈하는 두 근원이 언급된다. 첫 번째 근원은 나마상키르타나Namasankeerthana(신의 이름을 부르는 것)이다. 이 세계에서 해탈하여 신에게 합일되기까지 수차례의 환생이 필요하다. 여기에선 신의 이름을 불러야 하고 다른 엄격한 제한은 없다. 두 번째는 브라흐마루프Brahmaroop로서, 여기에선 엄격한 사회적 영적 금욕을 행하며 금욕적 명상을 해야 한다. 요가에 따르면 인간 신체에 7개의 차크라가 있는데, 이 차크라를 하나씩 개화해 나가면, 그는 '옴' 소리를 듣게 될 것이다. 이어서 그는 브라흐마 란드라Brahma Randhra에 들어간다. 그것은 이 우주에 다시 환생하지 않고 신에게 합일하는 것을 의미한다. 이 모든 자세한 내용은 이 다음번 책에서 설명할 것이다.

슈리 차이탄야 마하프라부흐는 첫 번째 나마 상키르타나를 하며 지복을 경험했고, 나중 18년간은 고립된 곳에서 앉아 영적 수련을 행했다. 오늘날 그의 무덤 주위에 많은 집이 있지만, 한때 그곳은 밀림이었다. 나는 발레슈와르를 포함한 다른 몇 군데를 방문한 후, 잠술Jamsul을 통해 비하르로 들어갔다.

11. 비하르Bihar

지금의 비하르는 2개의 주로 분리되었지만, 내가 방문했을 때는 그렇지 않았다. 이 주는 붓다 재세 시에는 위하르Vihar로 알려졌지만, 최근에 와서 발음이 비하르Bihar로 바뀌었다. 나는 타타Tata 댐과 잠쉐드푸르Jamshedpur로 알려진 타타 나가르Tata Nagar에 있는 타타 철공장을 방문했다.

란치Ranchi의 무덤가에서 시신을 태우는 탄트리카를 한 번 더 만났다. 나는 조용히 앉았고, 탄트리카는 주술을 읊기 시작했다. 그리고 가방에서 4개의 뿔이 달린 염소 머리를 꺼내 그 속에 공기를 불어넣고서 나의 손에 쥐어주며 이것으로 무엇이든 할 수 있다고 말했다. 그때 나는 "내겐 아무 소용없소." 라고 말했다. 내가 자신의 위대한 주술에 전혀 영향 받지 않는다는 걸 안 그는 술을 조금 마시기 시작하더니 그 자리를 떠났다. 나는 견디기 힘든 악취를 풍기는 시신들의 무덤가에서 그 날 밤을 지냈다.

다음날 라이가르드Raighad를 향해 떠났고, 나중에 하자리바그Hazaribhag에 갔다. 하자리바그 주변에는 광물 광산이 많았는데, 나는 고대의 역사적인 날란다 대학을 방문했다. 한때 그곳은 수천 명의 인도와 외국의 학생들로 번성했지만, 지금은 유적만 남았다.

다음 방문지는 한때 파탈리푸트라Pataliputra로 불렸던, 마우리야 왕조의 수도였던 파트나Patna였다. 불운하게도 비하르는 가난한 주여서, 도시와 도로는 작은 마을처럼 열악하고 더러웠으며 관리되지 않았다. 이 주에는 어떤 발전도 진보도 없었다. 이 도시를 돕기 위해 내게 무언가 할 일이 있기를 기원했다.

기원전 2세기 마우리야의 찬드라굽타왕이 통치하던 시기에, 이곳은 최고의 문명으로 번성했다. 사람들은 소박한 삶을 영위했고, 범죄는 거의 없었다. 정의는 투명했으며, 사람들은 평화롭게 지내며 그곳에 어떤 두려움도 없었다. 예술은 후원을 받았고 전통과 문화는 모두가 엄격하게 전승했다. 파트나에서 나는 1999년의 선 요가 콘퍼런스에 참가하기 위해 라치푸르로 가야했다. 라치푸르의 모든 사람들과 마을 주위의 다른 사람들이 서로 완전히 협동하여 콘퍼런스를 성대한 성공으로 이끌었다.

지면 관계상 자세히 밝힐 수 없지만 라치푸르의 콘퍼런스 개최를 돕고 후원해주신 수많은 분들께 존경과 감사의 마음을 전하고 싶다.

콘퍼런스를 성공적으로 마치고, 나는 다시 파트나로 돌아와 임무를 시작했다. 파트나에서 나는 사사람Sasaram과 무갈Mugal을 방문하고, 웃타르 프라데쉬로 들어갔다.

12. 웃타르 프라데쉬Uttarpradesh

나는 베나레스Benaras에 도착하여 유명한 카시 비슈완트Kasi Vishwanth사원에서 다르샨을 가졌다. 베나레스는 원래 화장터(카시)로 알려진 곳인데 나중에 바룬Varun신의 성지인 바라나시Varanasi가 되었다. 그리고 사원에서 개최되는 가면극을 관람했다. 또한 갠지스 강변의 어머니 안나푸르나 여신의 사원도 방문했다. 저녁 시간에는 신들을 기쁘게 하는 신성한 불꽃의 푸자가 매일 성대하게 거행되었다. 위대한 역사적 도시인 베나레스는 인도 예술 특히 춤과 음악으로 유명하다. 이 예술은 베다의 지시대로 행해질 때 영혼을 신성한 상태로 이끈다. 사람들은 그 속에 합일될 것이다. 춤과 음악 모두 신성한 『사마베다』Samaveda에서 유래했다. 그것은 많은 이들이 신을 느끼도록 해주는 신성한 매개이다. 서양의 베토벤처럼 스와미 하리다스Haridass는 인도 고전 음악의 가장 뛰어난 스승이었다. 그들은 최고 경지에 이른 예술가이면서 위대한 영적인 수행자였다. 베나레스에 대해서는 말할 것이 너무 많으니 차후 베다에 관해 말할 때 전반적으로 설명하겠다.

라하리 바바Lahari Baba라는 분의 큰 아쉬람이 있었다. 바바는 위대한 요기였다. 그는 가장이었는데, 대화신 바바지가 그를 개인적으로 불러 영적인 길로 인도했다. 그는 신적인 힘을 지닌 위대한 성자가 되었다. 그에 관한 많은 이야기들이 전해진다. 나 역시도 바바지에게 직접 축복을 받았으며, 나의 어머니는 내 영적인 길을 허락했다.

브린다반Vrindavan을 방문한 뒤, 갠지스, 야무나, 사라스와티 세 강이 합쳐진 트리베니 산가맘Triveni Sangamam에서 신성한 목욕을 하기 위해 알라바드Allahabad로 갔다.

그리고 치트라쿠트Chitrakut, 굽타 고다바이Gupta Godavai, 칸푸르Kanpur, 아그라Agra, 브린다반Vrindavan을 거치면서 라자스탄에 들어갔다.

웃타르 프라데쉬는 모든 신성한 강이 웃타르 프라데쉬로 모이듯 성자, 사두, 그리고 영적인 인간의 고향이었다. 사람들은 베나레스에서 임종을 맞이하면 바로 천상으로 갈 수 있다고 믿는다.

13. 라자스탄Rajasthan

라자스탄에서 나의 첫 방문은 카마Kama, 쿠메리Kumeri였다. 이 주의 거의 모든 지역은 사막이지만 나머지 땅은 아름다운 도시로 가득했다. 이곳은 여행자의 고장이었고 경치가 빼어났다. 이 지역은 이슬람 침략으로부터 노예가 되지 않고 자신을 지키기 위한 수많은 전투가 있었다. 그래서 대단히 용맹한 전사와 맹렬한 투사들을 낳았다. 이 맹렬한 전사들에 대한 전설적인 이야기들이 많이 전해진다. 또한 이곳에서는 남편의 장례식에 산 채로 불타죽는 사티sati라는 관습이 성행했었다. 이 관습은 벤틴크Bentink 총독에 의해 법적으로 금지되어 범죄로 규정되었는데 그때 영국총독부를 설득한 것은 람 모한 로이Ram Mohan Roy였다. 이 지역인들은 카스트로 인한 범죄가 공식적으로 단죄되는 오늘날에도 여전히 카스트를 굳게 따른다. 라자스탄에서는 여전히 어린 아이의 결혼(조혼)과 엄격한 도우리(여성 지참금 관습)제도가 실행된다.

아즈메르 샤리프Ajmer Sharif의 아즈메르 다르가Ajmer Darga(사원과 기도를 위한 무슬림의 지역)는 이슬람교뿐 아니라 다른 종교에게도 유명한 순례지이다. 그들은 크와자 가리브 나와즈Kwaja Gareeb Nawaz에게 위대한 경배를 올리기 위해 그곳에 간다. 나는 이 성지를 방문한 뒤 브라흐마의 성지인 푸쉬카르Pushkar로 갔다.

라자스탄뿐 아니라 전 인도에서 유일한 브라흐만 사원이 이곳에 있다. 나는 이 사원에 방문해서 브라흐마신께 경배를 올렸다.

브라흐마Brahma신은 아내인 사라스와티Saraswati의 저주로 지구상에서 이 푸쉬카르에서만 경배를 받을 수 있다. 이야기에는 부인이 자신의 남편을 저주한 이유가 있다. 오래전 고대에는 모든 신들에 의해 우주적 평화를 위한 위대한 기도가 행해졌었다. 비슈누와 쉬바는 그들의 부인을 데리고 왔지만, 브라흐만은 혼자 왔다. 이 의식은 배우자가 모두 없이는 혼자서 행할 수 없어 그들은 브라흐만의 부인 사라스와티를 기다렸다. 그녀가 늦어서 길상한 순간을 놓쳐서 의식을 치룰 수 없게 되자, 브라흐만은 가야트리Gayatri 소녀와 결혼하게 되었다. 의식은 잘 끝났지만, 곧 도착한 본 부인 사라스와티는 자신의 자리에 앉은 다른 여자를 보고 극도로 분노하여 자신의 남편이 지구에서 누구에게도 경배 받지 못할 거라고 저주했다. 그러나 나중에 그녀는 자신이 늦어서 의식을 치르기 위한 명목상의 결혼이 거행된 것을 이해하고 참회했다. 그리고 저주를 바꿔 브라흐만이 푸쉬카르에 있는 이 장소에서는 경배 받도록 했다. 브라흐만은 지금도 단 한 장소, 이곳 푸쉬카르에서만 경배를 받는다. 이것이 이 사원의 전설이다.

우리가 푸쉬카르를 요가와 신체에 대입해 보면 그것은 우리의 위장이고, 배꼽은 야즈나쿤다이다. 아즈냐 차크라와 아나하트 차크라는 각각 브라흐만과 비슈누의 자리이다. 스와디스타나 차크라는 쉬바의 자리이다. 그러므로 자연의 진정한 진리를 찾고자 하는 사람은 순서대로 요가를 수련하고 신의 본성에 관한 진정한 지식을 얻게 해주는 명상을 수련함으로써 자신의 몸에서 쿤달리니를 일깨워야 한다. 이 세계는 신비롭다. 대부분의 인간은 눈에 보이는 세계의 그릇된 즐거움을 추구하여 즐거워하고, 가장 가치 있는 축복받은 인간 삶의 이유와 진실을 모른다. 그는 심지어 이 모든 창조 뒤에 있는 초월적인 자연의 힘도 모른 채 음식과 그릇된 부를 쥐는 데에만 바쁘다.

그곳에서 나는 살아생전 신과 합일된 위대한 헌신자 미라바이 Meerabhai의 출생지인 메르타Mertha로 가서 많은 곳을 돌아다닌 후 비카네르Bikaner를 경유하여 하르야나로 들어갔다.

14. 하르야나Haryana

나는 곧 하르야나로 들어갔다. 그곳에서 훌륭한 영적 수행자면서 큰 농장을 가진 온화한 시크교 신사를 만나 많은 영적 토론을 했다. 그리고 처음으로 노동력을 절감하기 위해 논에서 자른 벼의 외피를 벗겨 컨테이너에 담아내는 자동 기계를 보았다.

파니파트Panipat를 경유해 로타크Rotak에 도착해서 나는 작은 마을 아산콜라Asankola로 갔다. 이곳은 파리 대학의 교수였다가 영적인 삶에 강렬하게 이끌려 폰디체리의 오로빈도 아쉬람에서 연구하는 마헨드라Mahendra의 고향이었다. 그는 신에 대한 헌신자이지 더 이상 교수가 아니지만 프랑스 여성인 오로빈도 마타에 대해 연구하고 있었다. 나는 마헨드라지의 어머니를 만나 존경을 표하고 나서 카르날Kamal로 걸어갔다. 그곳에서 웃타르 프라데쉬의 샤하란푸르 나쿠드Shaharanpud Nakud로 가서, 나쿠드에서 선 요가와 지압 테라피 15일 프로그램을 지도했다.

타고르 비드야페트Tagore Vidyapeeth의 프로그램에 참가한 많은 자들은 찬드라 세카르 미탈Chandra Sekhar Mittal의 사람들이었다. 여기서 말하고 싶은 놀라운 사건이 있었다. 오랫동안 암으로 고통 받고 편잡의 병원에서 수술을 받은 한 환자가 내게 와서 선 요가가 자신에게 어떻게든 도움이 될지 물었다. 나는 그에게 태양은 모든 에너지의 근원이니 바르게 수련한다면 분명히 도움이 될 거라고 말해줬다. 그에게 인공적인 광선과 자연적 광선의 과학적 차이에 대해서도 설명했다. 인공적 광선은 신체의 병든 세포뿐 아니라 건강한 세포까지 파괴하지만, 태양의 자연 광선은 오직 병든 세포만을 파괴할 것이다. 모든 것이 그의 성실한 수련에 달려있으며, 궁극적인 결과를 얻을 수 있을 거라고 말했다.

그는 그날부터 선 요가 수련을 시작했고 서서히 통증이 줄어들었다. 그의 TLC수치는 내려갔고, 복용약도 줄었다. 그는 더 열정적으로 수련하기 시작했고 완전히 치료되었다. 그는 정말 행복해 했고 6년간 건강하게 살다가 이후에 자연사했다. 의학은 그의 고통을 덜어주지 못했지만, 선 요가는 그를 몇 년간 죽음에 이르는 질병의 악몽에서 완전히 구해주었다. 이것은 그를 통해 주어진 영성과 과학 사이의 도전이었다. 나쿠드에서 그는 훌륭한 선 요기가 되어 많은 이들에게 영감을 주었다.

그리고 나와 선 요가에 대해서 아무도 모를 때 나를 세상의 밝은 양지로 이끈 것은 시얌 선더 밧트Shyam Sunder Bhatt 씨였다. 큰 사랑과 애정을 보여준 후, 나쿠드의 사람들은 내가 떠나는 것을 허락했고 나는 쿠루크셰트라Kurukshetra로 떠났다.

쿠루크셰트라는 『마하바라타』Mahabharata에서 카우라바족과 판다바 형제가 악명 높은 전투를 했던 신화적 공간이다. 전투 시기가 문헌에는 확실히 표기되지 않지만, 역사에 따르면 두 사촌간의 영토 쟁탈을 위한 싸움이 기원전 14세기경에 있었던 것 같다.

다른 의미로 쿠루크셰트라는 우리의 신체이고, 카우라바Kaurava는 악한 정신, 판다바Pandava는 선한 정신이다. 선한 정신이 어떻게 악한 정신을 극복하여, 우리의 삶이 평화롭게 정신적으로 변모할 수 있는가의 문제이다. 여기에서 모든 인물은 세계에 대한 배움을 나타낸다. 신에 말한 신성한 가르침들은 실제로 『바가바드 기타』Bhagavad gita에 통합되어 있다. 『마하바라타』의 전쟁 서사시는 자연과 신의 많은 진실을 이야기 한다. 인간이 얼마나 탐욕에 빠져서 육체의 쾌락을 추구함으로써 눈이 멀어 자신 안에 있는 내적인 인간을 잊어버리는지, 그리고 마침내 어디로 가는지, 삶의 마지막에서 어떻게 깨닫는지, 후회하기에 너무 늦은 건 아닌지, 자기실현의 변형을 위해 무엇을 해야 할지, 무엇을 위해 누구와 왜 싸우고 있었는지 등을 말이다. '나의 할머니가 짐승 같은 적의 총에 맞아 수도꼭지에서 물이 흐르듯이 피를 흘렸다.'는 구절의 이 '적'에는 정의가 없다. 잔인함의 일상적인 사례인 것이다.

『바가바드 기타』는 신적 지식을 지닌 위대한 철학자이며 요가와 명상의 스승인 비야사Vyasa가 지었다. 또 다른 서사시 『라마야나』는 위대한 성자인 발미키Valmiki가 명상을 통해 모두가 인정하는 신적 지식을 얻은 후에 지은 것이다. 『마하바라타』와 『라마야나』

는 우리 삶의 선과 악의 반복적인 투쟁을 표현한다. 인도의 신화와 서사시에 대한 이야기는 이 지면으로 너무나 부족하다.

쿠루크셰트라에서 나는 암발라Ambala로 가서 찬디가르Chandigarh를 통해 편잡에 들어갔다.

15. 편잡Punjab

편잡어로 'punj'는 5, 'ab'는 강을 뜻하는 이 지역 편잡에는 실제 5개의 강이 있다. 나는 루디야나Ludhiyana, 잘란다르Jalandhar, 라다 스와미Radha Swami아쉬람을 거쳐서 암리트사르Amritsar로 가서 발을 멈췄다. 람리트사르는 세계적으로 시크교의 골든사원으로 매우 유명하다. 암리트amrit는 넥타를 뜻하고 소로와르sorowar는 거대한 물탱크를 뜻해서 이 도시는 암리트사로와르, 줄여서 암리트사르로 불린다. 이 탱크의 물은 넥타로 여겨진다. 골든사원을 방문한 뒤 나는 파탄코트Pathankot로 떠났다. 파탄코트에 도착하기 전에 나는 시크교의 창시자인 구루 나낙Guru Nanak의 구루드와라Gurudwara를 방문했다. 이곳은 시크교의 성지이다. 파탄코트를 돈 후에 나는 어떤 작은 읍과 작은 마을에 도착했다.

그곳에서 나는 교양 있어 보이지만 누추하게 차려입은 신사 한 분을 만났다. 그는 내게 어디서 왔고 어디로 가느냐고 물었다. 나는 나의 임무와 나에 대한 모든 것을 설명했다. 그는 나를 큰 빌딩의 작은 방으로 데려갔다. 그 방엔 작은 테이블과 2~3개의 의자와

고장 난 의자가 놓여있었다. 나를 고장 난 의자에 앉히고 그들은
내게 같은 질문을 반복했다. 나는 그들에게 그들의 시간이 지닌 가
치를 알고 있는지, 이렇게 반복된 질문을 하는 게 무슨 의미가 있
는지 물었다. 그러자 그들이 내게 캘커타에서 왔다는 증거 문서가
있는지 물었다. 나는 웃으면서 나의 과거·현재·미래의 범죄 기
록이 그 종이에 적혀있느냐고 물었다. 그때서야 그들은 자신들이
범죄수사국에 속한 집단이라고 말했다. 나도 예상했던 바라고 말
하고, 선 요가에 대해서 설명했다. 그리고 태양빛과 열기가 머리에
강하게 내리쬐는 정오 시간의 선 요가를 입증해 보여줬다. 그들은
매우 흥미로워했고 진실한 요기에게 그들이 한 행동을 사과했다.
그때 나는 "당신들은 제대로 일해야 합니다. 그렇지 않으면 당신
은 이 의자에 어울리지 않으며, 앉을 자격이 없습니다. 이곳은 범
죄 수사부서이니, 당신은 부서뿐 아니라 국가에 대해서도 부당함
이 없도록 전체적으로 신원 등을 조사해야 합니다."라고 말했다.
그들은 나의 말에 동의하며 내게 신분증을 만들라고 권했다. 그렇
지 않으면 또 곤경에 처할테니 말이다. 나는 잠무 카쉬미르에 도착
하면 그렇게 하겠다고 말하고, 떠나기 전에 위대한 성자 다야난다
사라스와티Dayananda Saraswathi의 아쉬람에 갔다. 그는 인도를 노예
화한 카스트제를 약화시키고 사람들을 통합으로 이끄는 힌두 사회
조직인 아르야 사마즈Arya Samaj의 창시자이다. 그곳에서 나는 신을
사랑하는 많은 사람들을 만나 행복한 순간을 보낸 후 파탄코트를
경유해 잠무 카쉬미르로 걷기 시작했다.

16. 잠무 카쉬미르Jammu Kashmir

잠무에 도착해서 신분증을 받았다. 그리고 2000년 8월, 사람들과 합류하여 아마란트Amaranth로 갔다. 전 세계가 알고 있듯이, 극단주의자들이 많은 사람들을 무차별적으로 발포하여 참혹하게 죽이는 끔찍한 참사가 일어났다. 이 무의미한 발포로 많은 영적 인간들, 성자, 수행자들이 숨을 거뒀다. 이 대학살 이틀 전 푸리Puri와 기리Giri지역 간에 분쟁 중에 폭발 사건이 있었고, 순례도 중지되었다. 그렇게 멀리까지 오랜 어려움 끝에 도달한, 자연적으로 형성된 쉬바링가Shivalinga의 다르샨을 포기하고 싶은 순례자는 없었다.

이러한 상황 때문에 나는 아마란트사원에 갈 대안이 없어져 바이슈노 데비Vaishno Devi사원으로 돌아가야 했다. 100야드마다 경비가 배치되어 있었다. 나는 매번 나의 임무를 설명해야 했다. 바이슈노 데비사원은 언덕의 동굴에 자리 잡고 있었고, 모든 순례자들은 언덕까지 기어 올라가서 다르샨을 가져야 했다. 사원에 방문해 다르샨을 가진 후에 언덕을 내려와 카쉬미르로 향하기 시작했다. 카쉬미르로 들어가기 전에 나는 자와하르Jawahar터널을 지나야 했다. 세계에서 가장 긴 2.5km의 이 터널은 경비가 너무 엄격해서 어떤 범죄자도 이 터널을 통해 카쉬미르로 도망갈 수는 없다.

나는 그들에게 다른 길을 알려 달라고 요청했다. 상부 담당자와 상의한 뒤 한 군인을 선별해 나를 그쪽으로 호송하게 했다. 우리가 이동하려 할 때, 한 육군 장교가 오더니 자진해서 그 군인 대신 나를 이송하겠다고 했다. 그래서 우리는 함께 이동했고, 그는 나를 자신의 텐트로 데려가서 나에 대해 더 알고자 했다. 그는 내게 존경의 뜻으로 기부금을 보시한 후에야 내가 떠나도록 허락했다. 나중에 나는 이슬람 사제인 모울비Moulvi를 만났는데, 지난 20년 동안 이 길을 걷는 사람을 처음 봤다며 매우 놀랐다. 그는 국적이 없는 그들의 무기력한 상황을 설명했다. 그들은 파키스탄인도 아니었고 인도인도 아니었다. 그들은 사과 장사 외에는 다른 생활수단도 없었다. 관광 사업이 완전히 망해서 관광객들이 없기 때문에 그들은 사과를 지역 구매자들에게 팔아야 했지만, 그것은 전혀 수익이 되지 않았다. 그런 비참한 처지에 몰린 그들에게 지금까지 어떤 구원자도 오지 않았다.

게다가 또 다른 비참한 일은 그들이 서로를 감시하기 위해 이웃집에 가서 신분증을 챙겨야 한다는 것이다. 2차 세계대전 때의 유대인이 떠올랐다. 유대인의 지위에 대해 구 신분증에 '유대인Jew'이라고 쓰여 졌듯이 말이다. 그들은 직업도 집도 허용되지 않았다. 작은 마을들도 방문했는데 어디나 상황은 같았다. 그들은 행정당국과 극단주의자들 사이에 빈랑나무 열매처럼 끼였다고 한탄했다. 그들은 나를 당국과 극단주의자들 간의 밀사로 오해했다고, 그들의 부인들은 군인들의 성폭행으로 안전하지 않다고 눈물을 흘리며 말했다. 그런 상황을 안 후, 나중에 델리에 갔을 때 내가 할 수 있는 것은 그저 정부에 말로 표현하고 호소하는 일뿐이어서 우울했고 참담했다. 나는 정부에 속해있지도 않았고, 선거로 선출된 인물도 아니었기 때문에 어떤 일도 할 수 없었다. 우리의 훌륭한 압돌

칼람Abdul Kalam의 임기 동안 선거는 평화적으로 치러졌으나, 경제적 궁핍 상태와 공황에 가까운 공포는 여전하다. 나는 도보 중에도 총알이 발사되고 폭탄이 터지는 소리를 종종 들었다.

스리나가르Srinagar로 들어간 후 나는 천국에 온 기분이었다. 지금까지 순례를 거치면서 이토록 아름다운 자연을 본 적이 없었다. 이곳은 인간의 언어로 설명 할수 없으며 경험되어야 알 수 있다. 영혼과 신은 다르지 않고 하나임을 선언한 7세기의 성자 상카라차리야Sankara Charya가 세운 사원이 있었다. 사원에 방문하여 성스러운 인격자를 만났고, 그곳에 3일간 머무르면서 스리나가르를 모두 둘러본 뒤 카르길Kargill로 떠났다. 대부분의 밤에는 주거처를 얻었지만, 나머지는 군대의 텐트에서 머물렀다. 언덕에는 꺾인 길이 여럿 있었는데, 모두 전투원의 길, 대장의 길 같은 명칭이 있었다. 이 추운 곳을 맨발로 걸어서 구흐마리Ghumari에 도착했다.

눈덩이가 굴러 떨어지고 있었고, 죽을 수도 있다고 느꼈지만 그것들은 매우 가볍고 감촉은 상쾌했다. 아마란트 동굴의 반대편에 있는 이곳의 이름은 조질라Jojilla이다. 이곳은 지구에서 두 번째로 추운 곳이라고 한다. 군대 캠프로 가서 묵을 곳을 요청했다. 나는 눈으로 뒤덮인 산악지역에 있는 민간인이었다. 그들은 지독한 추위 속에서 맨발과 두 장의 천만 걸친 나를 보고 매우 놀랐다.

규율에 따르면 그 캠프에 머물 수 없었지만, 간단한 대화 후에 그들은 나를 고위 장교 샤르마 씨에게 데려갔다. 그는 나를 자신의 텐트로 데려가서 말하길 그의 아버지도 들어올 수 없는 곳에 내가 머물게 된 건 예외적이라고 말했다. 그는 나를 지독한 추위에서 보호하기 위해 모든 편의를 제공해 주었다. 따뜻한 차와 불등을 제공해 주었고, 우린 자정까지 영적인 대화를 나누었다. 그는 드라스Drass에 있는 친구에게 소개하는 편지를 써줘서 내가 불편을 겪지 않도록 신경썼다. 다음날 비가 내리자, 그는 비가 그친 오전 11시에 나가도록 했다. 격전이 벌어졌던 카르길Kargill은 드라스로 가는 길에 있었다. 드라스에 도착한 후, 소개 편지에 쓰인 사람을 찾아갔다. 그는 나를 계속 기다리다가 내가 늦자 나를 찾기 위해 수소문하러 분갈로Bungalow에 다녀왔다. 그는 치안판사였으므로 부탁을 받았을 때 공직자의 자리에서 약속을 했다. 그래서 그는 나를 보호하기 위해 그날 밤 머무르고 정중하게 다음날 떠나라고 부탁했다. 그는 그런 추위 속에 입고 있는 나의 옷을 보고 크게 놀랐다.

나중에 나는 잠무 카쉬미르의 이슬람 율법학자 회장을 만나 3시간 동안 대화했다. 그는 나를 매우 반겼다. 종교적 문헌과 평화에 관한 모든 것들을 토론했다. 다음날 나는 떠나야했는데 치안판사는 내가 며칠 더 머무르길 바라며, 내게 다른 지역을 보여주었다. 다시 내가 먼 곳으로 떠나려할 때 내켜하지 않는 그의 허가를 받아 히마찰 프라데쉬로 출발했다.

가장 먼저 군 장교인 샤르마 씨, 치안판사 모울라나 샤킬 라자누리Moulana Shakeel Rajanuri, 그리고 율법학자 사히브Sahib의 큰 도움을 절대 잊지 못할 것이다. 율법학자 사히브는 라치푸르의 평화회담에 참석하겠다고 했고, 약속을 지켰다. 제대로 된 교통편도 없어서 드라스에서 라치푸르에 오는데 5일이 걸리는 큰 어려움을 뚫고 회담에 참석해 주었다. 치안판사는 내가 목욕 후에 젖은 옷을 걸친 채로 그곳을 떠날 때 믿을 수 없다는 듯이 바라봤다. 나는 히마찰 프라데쉬로 가기 위해 레Leh와 라닥Ladak 쪽으로 갔다.

17. 히마찰 프라데쉬Himachal Pradesh

로탕Rohtang을 지날 때 따뜻한 옷을 전혀 걸치지 않은 나를 사람들은 낯설고 특별하게 쳐다봤다. 마날리Manali 근처의 바시슈타Vasistha에는 뜨거운 온천이 있어서 그곳에서 3일간 머물렀다. 대부분의 모든 마을에는 사원이 있었고, 사람들은 사랑과 애정으로 내가 그들과 하루라도 머물기를 원했다. 마날리와 쿨리우Kuliu계곡 사이에는 크리슈나Krishna사원이 있었다. 다르샨을 하러 그곳에 갔을 때, 사제가 한 영국인이 나를 만나고자 하니 만남을 위한 별도의 방을 준비했다고 말했다. 나는 그가 오기를 기다렸다. 마침내 그가 와서 자신이 런던 출신이며 인도에 아유르베다의 약용식물과 환경을 연구하기 위해 왔다고 말했다. 그의 이름은 벤 헤론Ben Heron이었다. 자연스러운 얘기를 조금 나눈 후 그는 나에 대해 완전히 알고 싶다고 말했다. 나를 인도의 진정한 요기라고 여겼기 때문이다. 나는 그에게 나의 사명과 선 요가에 대한 모든 것을 분명히 말해주었다. 그는 깊이 감명 받아 11일간 모든 것을 자세히 배운 후에 웹사이트를 만들고자 했다. 그는 사제의 아들딸과 함께 선 요가 수련을 시작했다. 그는 나를 위해 웹사이트를 만들었는데, 다음 달에 125개국의 사람들이 문의하여 답변했지만, 너무 많은 질문에 답할 수 없어서 나의 이메일 아이디를 만들어줬다.

전 세계인의 그러한 관심에 정말 놀란 나는 모든 질문에 대해 답변을 보냈다. 사람들은 나와 소통하고 선 요가를 수련하기 시작했다. 그들은 자신들이 바르게 하고 있는지 질문했고, 모든 단계에서 빠짐없이 지도받기를 원했다.

나중에 나는 마니차르니차Manicarnica에 가서 뜨거운 온천욕을 했고, 나니아 데비Nania Devi사원과 발락 나트Balak Nath사원을 방문하였다. 그리고 바르카 난갈Bakra Nangal댐을 보기 위해 갔다. 이 댐은 참으로 볼만한 가치가 있는 지상의 가장 높은 곳에 있는 웅장한 건축물이었다. 그리고 찬디가르Chandigarh로 돌아왔다.

나는 델리에 있을 때, 대부분의 시간을 기차 플랫폼에서 머물렀다. 델리에서 모든 사원, 특히 오로빈도의 아쉬람을 포함한 모든 성지를 방문했다. 3일 정도 머문 후 고락푸르Gorakhpur를 경유하여 접경지인 수팔리Supali로 가서 네팔로 들어갔다.

18. 네팔Nepal

나는 솟구치는 열정으로 불교의 창시자 붓다의 탄생지인 룸비니 정원으로 걸어가 경배를 올리고, 나라야니Narayani 강둑에 있는 목욕지인 나르야나 가트Naryana Ghat로 걸어갔다. 이곳은 7개의 강으로 이뤄져 있다. 데바Deva 다르샨을 마친 후에 네팔의 수도 카투만두Kathumandu로 갔다. 나는 유명한 파수파티나트Pasupathinath사원을 방문했다. 벵갈인 바바Baba는 여기에서 두니dhuni를 지키고 있었다. 그를 만난 후, 앞으로 15일간 개최할 선 요가와 지압 테라피 훈련 캠프를 조성했다. 많은 사람들이 이 프로그램에 만족했다. 벵갈인 바바도 많은 나라를 여행했고, 네팔에 음악학교를 세워 많은 학생을 이끌었다.

카투만두를 떠난 후 나는 자낙푸르Janakpur에 도착하여 라마시타Ramasita사원을 방문하였다. 그리고 인도의 북동쪽으로 들어가기 위해 시리구리Siliguri와 시타마르히Sitamarhi 같은 많은 지역을 지나야했다. 처음에 나는 시킴Sikkim으로 들어갔다.

19. 북동 인도North East India

북동인도를 통과하는 것은 내게 큰일이었다. 부탄의 강톡Gangtok, 후시마라Husimara같은 많은 지역을 걸어 다녔지만, 그곳에 거의 머물지 않고 아삼Assam으로 돌아왔다. 아삼은 어떤 땅보다도 크고, 비할 바 없이 유일하다는 것을 의미한다. 그것이 아삼으로 불리는 이유이다. 아삼의 많은 지역을 통과해서 아루나찰 프라데쉬Arunachal Pradesh로 갔다. 아루나찰 프라데쉬의 볼만한 곳을 모두 방문한 뒤 다른 경로로 다시 아삼으로 돌아왔다. 그리고 틴수키아Tinsukia를 경유해 디브루가흐Dibrugah로 갔다.

카쉬미르와 마찬가지로 이곳 사람들도 아삼 해방연합전선(ULFA)이라 불리는 극단주의에 사로잡혀 있어서 아삼 사람들은 정부를 지지할 수도 없고 정부의 도움을 받을 수도 없었다. 비록 인도정부에는 보이지 않는 약점들이 있지만, 어떤 위협도 어느 정도는 대처할 수 있을 만큼 강력하다. 정부의 개혁은 필요하다. 그리고 개혁의 힘은 지역마다 사람들과 그들의 문화 및 문제 상황에 따라 다를 것이다. 행정부에 부패가 만연하면 경제 성장도 후퇴한다. 정부에서 이 괴물이 근절되기 전까지 사회는 더 이상 밝아질 수 없을 것이다.

아삼에서 고산지대를 내려갈 때 한 젊은이가 내게 주려는 500루피를 거절하자 날 가로막고 신분증을 가져갔다. 그 돈은 나에게 속한 것도 아니고, 자선을 가장한 돈을 원하지도 않았기 때문에 내게 통하지 않았다. 나는 15km를 걸어 내려가 이 문제를 군부대에 보고했다. 군인들이 즉시 나를 마을로 데려가서 신분증을 되찾았다. 그날 밤은 사원에서 지냈고, 다음날 아침에 신부님이 나를 자신의 거처로 초대하여 영적인 대화를 나누며 선 요가를 배웠다.

나의 무쇠 발바닥은 여름과 겨울, 우기를 가리지 않고 충전하거나 수리하지 않고 계속 움직였다.

임팔Imphal 남쪽에서 약 60km에서 400km까지 모두 고산지대이면서 전기가 없는 부족 마을이었다. 임팔에서는 모든 사람들이 벵갈어를 읽고 쓰고 말할 수 있었지만, 이 부족 마을 주민들은 그들만의 언어를 쓰고 있었다. 이 지역에서 나는 많은 것들을 배웠다. 그들은 인도 다른 지역과 완전히 동떨어진, 아마 전 세계와도 다른 자신들만의 독특한 관습을 갖고 있었다. 모든 마을에는 부족장이 있었는데 그들은 선출되지 않고 특별한 과정으로 선택되었다. 거의 모든 사람들은 기독교인들이고, 그들은 오직 교회에서만 모든 교육을 받았다. 부족장은 모든 것을 팔고 있는 작은 슈퍼를 소유하게 되며 큰 마을이나 도시에 집을 소유하고 아이들은 좋은 교육을 받을 수 있다. 재산은 부인과 자식이 소유하고 그들은 경작을 하는데 신랑은 처가식구들과 집에만 있어야 한다. 그리고 정말 받아들이기 힘든 또 다른 중요한 관습은 손님이 하룻밤 머물 때는 결혼을 했든 안했든 그 집안의 소녀가 손님과 동침을 해야 한다. 그들은 자신들이 선택한 신에게 받은 이 관습을 내게도 제공하려 했다. 그러나 소녀에게 진지하게 나는 모든 여성을 어머니로 여기며 어떤 관심도 없다고 말해줬다. 그렇게 말해도 소녀는 관습대로 하려 했지만 기회를 주지 않았다. 이것이 내가 이 지역에서 본 가장 특이한 관습이었다.

어떤 교통수단도 없어서 그들은 사람과 물자를 수송할 때 정부 트럭에 의존했다. 이 지역에 왜 어떤 교통수단이나 버스도 제공되지 않는지, 민주주의의 그늘 아래 과학 발전과 이런 문명 수준에서 그들을 곤경에 처하게 하는지 도무지 알 수 없다. 이 고산지역에서 내가 경험한 위험하고 비참한 일들을 기록한다면, 지면이 부족하다.

강과 울창한 숲을 안전하게 지나서 미조람Mizoram에 도착했다. 이전에는 극단주의자들에 의해 가끔 통과되었지만, 새로 들어온 사람은 누구든 정부당국에서 철저히 조사한다. 어떤 사소한 위법도 죽음에 이를 수 있기에 구세주는 신분증뿐이다.

한번은 마을에서 몸이 거의 마비되어 오랫동안 고통 받았다는 여성을 보았다. 그 여성을 치료하기 시작했는데, 군 지휘관이 나를 찾아와 심문했다. 나는 여성을 치료하면서 질문에 답했다. 몇 분 후 여성이 팔을 움직이기 시작하자, 놀란 지휘관은 나를 집에 초대했다. 그의 집에 사흘간 머무는 조건으로 여성의 집으로 치료하러 갈 때 그가 차로 데려다주었다. 다음으로 나는 뇌졸중으로 쓰러진 한 병사를 치료하여 15분 만에 그가 숨을 쉬기 시작하여 15일 후에는 완전히 정상으로 돌아왔다. 병사에게 선 요가 수련법을 알려주고, 다시 트리푸라Tripura로 가기 위해 아삼으로 출발했다.

여정은 계속되었고, 쿠마르가트Kumarghat에 있는 바가바타리니 Bhagavatarini사원에 도착했다. 사원의 축제 기간이었다. 그 사원에는 전설이 있었다. 한 삼림 관리원이 바가바타리니 여신상이 흙더미 아래 묻혀있는 것을 보고 파내는 꿈을 꾸고서 사람들과 실제로 그 장소에 가서 아름다운 여신상을 발굴한 뒤에 사원이 지어졌다. 사원은 이 여신의 축복으로 유명해졌다. 축제는 매년 정기적으로 개최된다. 다행히도 나는 축제기간에 사원에 머물게 되어 여신의 다르샨을 갖고 축복을 받은 후에 트리프레슈와리Tripureshwari사원을 방문했다가 실차르Silchar로 돌아왔다.

다음으로 나는 인도 방글라데시 접경인 파드마바티Padmavathi 강 둑의 쿠마르 군즈Kumar Gunj에 도착했다. 이곳은 인도와 방글라데시 땅을 가르는 강이지만 사람들은 그렇지 않다. 사람들은 인도 땅에 와서 정기적으로 일을 보고 저녁에 돌아간다. 나는 '구름 위의 거주지'를 뜻하는 메갈라야Meghalaya에 들어갔다. 그런데 메갈라야에서 경찰서 유치장에 갇히는 최악의 경험도 했다. 나의 구루 디벤두는 내가 이번 여정에서 감옥에 갇힐지도 모른다고 했는데, 그 일은 메갈라야에서 이뤄진 셈이다.

마을 촌장과 함께 다른 큰 마을에서 그날 하룻밤을 머물기 위해 이동하고 있는데, 차 한 대가 내 옆을 따라오더니 우리에 대해 조사했다. 내 신분증을 보고는 경찰서로 데려가 나를 조사했다. 그러는 동안 벵갈 순경이 와서 날 데려가려 하자 담당 경찰이 거칠게 굴면서 나를 다시 경찰서로 데려갔다. 그날 밤은 너무 늦어 유치장에서 하룻밤을 보냈다. 더러운 바닥과 담요에서는 견디기 힘든 악취가 났다. 지금까지 여행하면서 많은 경험을 했지만 가장 쓰라린 경험이었다. 나중에 사람들이 와서 나를 유치장에서 꺼내주면서 아무 죄도 없는 무고한 수행자를 그런 곳에 가둔 것에 깊이 슬퍼하며 사죄를 했다. 나는 그들을 위로했다. 많은 자유운동가들도 나라의 자유를 위해 몇 년간 싸우다 감옥에 가곤 했다. 나는 그들이 인간 세포가 얼마나 비위생적이고 더러운 곳에서도 살아남을 수 있는지 알려준 기회에 감사해야 할 것이다. 다음날 그들은 내게 목욕과 아침 식사 등의 편의를 제공했다. 나는 그들에게 말했다. "당신은 제게 경찰관이 근무 중에 술을 마시고 무고한 사람을 괴롭히고도 아무 처벌 없이 모면할 수 있다는 것을 알려줬습니다."

그곳을 떠나 나는 치라푼지Chirapunji로 떠났다. 치라푼지는 지리학적으로 전 세계에서 가장 강우량이 많은 곳이어서 16km 거리쯤 다가갔을 때부터 비가 쏟아지기 시작했다. 서둘러 도착해서 스리 라마 크리슈나 맛Sri Rama Krishna Matt에 머물렀다. 그곳에는 자연적으로 형성된 두 개의 큰 산이 있었는데 두 산 사이에 둘을 가로막는 작은 언덕이 있었다. 바닷물이 수증기의 형태로 높은 고도로 올라가 더 많은 비를 내린다. 치라푼지에 짧게 머문 후 실롱Shillong에 도착했다. 다세라Dasera축제 기간 때문에 실롱의 벵갈인들은 내가 축제가 끝날 때까지 가지 못하게 하고, 내게 축제에서 할 일도 부탁했다.

여기에서 특이하고 믿을 수 없는 퍼포먼스를 언급하고 싶다. 그것은 고되고 엄격한 수련을 한 사람이 얻는 흑마술의 주술적 힘으로써 인간을 동물로 변환시키거나, 동물을 인간으로 변환시키는 것이다.

구와하티Guwahati 인근에 거대한 브라흐마푸트라Brahmaputra 강의 삼각주에 위치한 언덕 위에 카마루프 카마크야 데비Kamarup Kha-makhya Devi라는 이름의 고와티Gowhati사원이 있었다. 벵갈만에서 합류되는 강어귀의 폭은 7~8km이다. 사원으로 도달하는 육로와 수로가 있다. 사원에서 특정한 날에 시연되는 특별한 공연을 보러 간다는 말을 듣고, 그들과 함께 방문했다. 그런데 나를 본 구루는 제자에게 자기 대신 퍼포먼스를 하라고 했다. 제자의 공연을 보고 사람들은 깜짝 놀라고 있었지만, 나는 이미 알고 있는 흑마술 기법이었다. 그후 사원으로 돌아오자 한 남성이 무릎관절의 통증으로 고생하는 부인을 치료해 달라고 나를 집으로 초대했다. 나는 치유를 위해 그곳에 가서 치료를 시작했지만, 부인의 통증이 줄어들지 않았다. 바로 그때 나는 그녀가 원래 아무런 통증도 없는데 나를 겁박하기 위해 속임수를 쓰고 있다는 걸 알아차렸다. 그리고 몇분 후에 그녀가 나를 덮치려는 사자의 모습으로 변해 있는 걸 알았다. 그때 바로 프라나야마를 시작하자 그녀는 그 자리에 멈췄다. 그녀가 나를 덮치려 힘을 쓰지 못했으므로 나도 그대로 있었다. 이것은 신과 악의 시험이었다. 갑자기 그녀의 아들이 와서 그녀가 하려는 짓을 보고 소리를 지르자 정상으로 돌아왔다. 이것은 인정할 수밖에 없는 내게 일어난 실제 경험이다. 인도 신화의 문헌에서 그런 기법은 주로 악마의 신화에서 설명된다. 그러나 그런 현상들은 신적인 힘 앞에서 무력하며 그저 환상일 뿐이다.

이런 사례 배후엔 이 사원의 신화적 전설이 있다. 한때 쉬바신의 첫 부인인 사티 여신이 신성한 카야즈나Dakhayajna 의례를 올리는 동안 51조각이 되어 인도 땅으로 흩어졌다. 특히 그녀의 생식기 조각이 떨어진 곳은 카마루프 캄크야Kamarup Kamkhya로 알려져 있다. 그래서 그곳은 싯다피타(신과 여신이 사는 곳)가 되었고, 초월적인 흑마술이 성행하게 되었다. 내가 방문한 곳은 정확히 그 조각이 떨어진 곳이었다.

이 모든 체험을 겪고 나서, 다시 쿠츠비하르Coochbhiar를 통해 서벵갈로 들어갔다.

맨발로 인도의 거의 모든 주를 다니면서 몇몇은 놀랍고 흥미진진했지만, 때로는 너무나 위험하고 처참한 경험들이 내 심장을 강인하게 만들어줘서 미래 삶의 어떤 비극과 고난도 견딜 수 있는 힘을 주었다.

나는 모든 지역을 둘러보는 동안 몇 번의 심문도 받았지만 자주 레드카펫의 환영을 받곤 했다. 가는 곳마다 진심으로 환영을 받고 점차 이름을 알리게 되었다. 모든 걸음이 나에게 새로운 삶의 가르침을 주었다. 나는 75개월의 긴 여정 동안 타는 듯한 뜨거운 여름과 살을 에는 겨울, 폭우 속에서 두 장의 천과 맨발로 단 한 푼 없이 어떤 편의에도 의지하지 않은 채 돌아다녔다. 그리고 라치푸르에서 2003년 5월 1일, 나의 생일에 마침내 우주적 평화를 전하는 사명을 성공적으로 완수했다.

제3부 다시 산으로

히말라야의 명상

라치푸르에서 모든 프로그램을 끝내고 다시 나의 영성을 진보시키기 위해 평화로운 명상을 할 수 있는 먼 장소로 떠나기로 조용히 결정했다. 2007년 6월 23일 화창한 아침, 집에서 걸어 나와 북쪽으로 걸어갔다. 여정의 길에서 많은 성지를 방문하면서, 히말라야 근처의 성지인 강고트리에 도착했다.

나는 지고한 영적 단계인 진정한 신성을 얻을 때까지 명상하기로 결심했다. 처음에는 나를 숨기기 위해 옷을 입고 음식도 먹기 시작했다. 1995년부터 2007년까지 12년간 나는 규칙적인 식사를 하지 않았다. 나는 이 시기에 나의 영성이 내가 진정으로 원하는 단계까지 발전하지 않았다는 것을 알았다.

나는 그 당시 내게 가능한 영적인 체험들을 즐기고 있었다.

강고트리부터 네팔의 에베레스트로 갔다. 물론 교통수단을 이용해서 베이스캠프까지 갔다. 처음에는 그곳에서 3일간 명상하려 했지만, 그곳은 국립공원이므로 누구도 머물 수 없었다. 천천히 베이스캠프 꼭대기로 갔다. 타포반Thapovan으로 알려진 곳이었다. 그곳에는 해발 4,700미터의 오두막에 있는 심라바바Simla Baba라는 잘 알려진 노 성자가 있었다. 그에게 이 타포반에서 적절한 기간 동안 명상과 선 요가를 하고 싶다는 말고 함께 심라바바가 허락해 주시기를 바란다고 부탁했다. 심라바바는 흔쾌히 허락해 주었다. 사람들은 그곳에 5월에서 8월까지 여름 기간에만 머물 수 있었다. 남은 기간은 눈으로 뒤덮이며 영하로 내려간다. 이때는 낮은 지대로도 높은 지대로도 이동할 수 없다. 폭설로 인해 모든 교통은 끊길 것이다. 폭설이 시작되기 전에 8개월 동안 필요한 자원과 장작을 가져와서 저장해야 한다. 때로 눈보라가 심해지면 오두막 안에서 죽음을 맞이하기도 한다. 그래서 모든 명상 수행자들이 폭설이 시작되기 전에 타포반을 떠났다가 다음 여름에 다시 돌아오곤 한다. 타포반에는 3명의 명상 수행자들이 있었다. 나는 그들에게 별 다른 도움을 받지 못했고, 폭설이 시작되자 타포반에는 나 혼자 남았다. 그러나 방해 없이 홀로 명상을 지속할 수 있어서 나에겐 편안했다.

히말라야 고산지대의 생활은 내 생애 결코 잊을 수 없는 특별한 체험이었다. 내게 현신하신 대화신 바바지의 축복으로 영적인 힘을 진보시키는 몇몇 지도가 없었다면 나는 그곳에서 생활할 수 없었을 것이다. 내게 일어난 자연스러운 체험들을 말로는 다 설명할 수 없다.

나는 2년간의 명상을 성공적으로 마치고 2009년 6월 23일에 땅으로 내려와 지금은 당신들 속에 함께 있다. 만일 신이 허락하셔서 때가 도래한다면 명상하기 위해 그곳으로 다시 되돌아가게 될는지도 모르겠다.

선 요가의 정수

제1부 선 요가를 위하여

1. 소개

모든 존재가 삶의 여정에서 크고 작은 문제에 당면하지만 어떤 문제든 적절한 해결책이 있다. 이 해결책은 인생에서 성공의 가장 높은 정상에 이르는 열쇠가 된다. 정상에 오르는 길은 고되고 지루하지만, 내리막길은 균형을 유지하는 만큼 흥미롭고 아름다울 것이다. 당신이 균형을 잃지 않는다면 인생의 내리막길은 그다지 위험하거나 어렵지 않다.

그럼에도 여정이 험난해질 때는 신에게 점점 더 다가가고 있다고 생각해야 한다. 인생에서 생기기 마련인 문제들 때문에 너무 큰 압박감을 느끼지 않도록 마음의 균형을 유지하는 것이 좋다. 당신이 문제에만 초점을 맞춘다면 본래 자신의 목적을 잃을지도 모른다. 당신은 문제들을 침착하고 인내심 있게 다뤄야 한다. 그리고 자신의 세속적 욕망들을 포괄하는 더 높은 목적, 즉 내적 자아의 부름에 집중해야 할 것이다.

다른 모든 생명체처럼 인류도 먹이를 구하며 적자생존의 삶을 영위한다. 인간은 몸에 걸치는 옷부터 살아갈 집, 그리고 부모와 배우자, 자식과 형제자매, 더 나아가 이웃과 사회에 대한 책임을 감당하며 살아가야 한다. 게다가 개인의 성장 과정에서 오는 신체적, 정신적, 감정적, 경제적 문제들도 늘 함께 한다.

동물과 인간은 비슷한 감각을 가지지만 인간만이 의식을 지닌다. 그러나 인간의 성장은 맹목적 신념, 경쟁심, 이기심, 협소한 마음 등에 의해 매 단계마다 지체되기 십상이다. 그들은 최선을 다해 문제를 해결하려 하지만 대부분은 만족스럽게 해결하지 못한다. 왜 그러한가. 최상의 결과를 원하면서도 성공에 필요한 자질에 주의를 집중하지 않기 때문이다.

완전한 성공은 적절하게 계획하여, 욕심을 버린 비이기적인 마음으로 차분하고 용감하게 일에 임하는 능력에 달려있다. 이런 태도로 일에 접근한다면 어떤 것도 일의 성취를 막지 못할 것이다. 심지어 신일지라도 그러하다.

당연한 말이지만 당신이 무슨 일을 하든지 그것은 당신 자신의 삶과 관련되어 있다. 그러므로 일에 착수하기 전에 다음의 질문을 던지면 좋을 것이다.

나는 누구인가?
나는 무엇을 원하는가?
나는 왜 그것을 원하는가?

이번 생의 목적은 무엇인가?

내가 하고 있는 일과 원하는 것 사이에 무슨 연관이 있는가?

나는 무엇을 추구하는가?

이와 같은 과정에 따라 일을 해나가면 성공에 이르기까지 대답을 오래 기다릴 필요는 없다. 결국은 정신적 훈련에서 일어나는 내적 지혜와 의식이 당신에게 적절한 계획을 줄 것이다.

마음, 지성 그리고 감각은 우리의 주인이 아니라 하인이다. 그런데 주인이 하인에게 의지하면 하인이 운명을 지배하여 그 인생은 무너진다. 당신이 진정 인생의 주인이 되고 싶다면 하인을 몰아내고, 적극적으로 삶의 운영에 참여해야 한다. 그렇게 될 때 하인은 주인이 자신의 집을 효율적으로 운영하도록 도울 것이다.

인간으로서 우리는 그동안 마음, 지성과 감각의 노예가 되어 왔으며, 궁극적인 목적에서 이탈했다. 만일 우리가 이들을 제어할 수 있다면 궁극적인 목적에 도달하여 성공할 수 있을 것이다. 나는 이를 위한 과정을 명상이라고 부른다. 인생의 길과 우리의 궁극적 목적간의 결합을 창조하는 것을 요가라고 한다.

만일 성공하고 싶다면 문제의 원인을 제거하고 성공의 근원적인 원인을 심어야 한다. 예를 들어 사람들은 달콤한 망고를 먹고 싶어 하지만 정작 먹으려면 껍질을 까야 한다. 그리고 망고를 구하려면 시장에서 사거나 이웃의 나무에서 딸 수도 있다. 그러나 이는 일시적인 해결책이다. 영구한 해결책은 좋은 토양과 기후에서 씨앗을 심어 나무가 될 때까지 그것을 키우는 것이다. 일단 나무가 성장해 가지가 자라면 우리의 필요를 채워줄 뿐 아니라, 우리의 가족과 친구, 미래 세대까지 돌볼 것이다. 궁극적 성공의 씨앗은 깊은 배려와 인내를 지닌 마음이며, 그 마음은 더 위대한 목적을 향해야 한다.

영혼의 탐구를 도모하기 전에 우리는 세속적 욕구를 제어해야 한다. 그렇게 해야 천천히 궁극적 목적에 도달한다. 작은 묘목이 나무로 커가는 동안 많은 어려움을 겪듯이, 우리 또한 궁극적 목적에 다가가면서 낯선 도전과 시험을 맞닥뜨리게 된다. 만일 이 과정을 성공적으로 통과한다면 당신 안의 내적 자아를 깨달아 궁극적인 평화를 얻을 것이다.

삶의 여정을 지나는 동안 우리의 마음은 여러 방향으로 흩어진다. 마음을 한 가지에 집중하는 것은 매우 어렵다. 분주한 마음을 제어하려면 특정한 에너지의 힘 즉, 5대 요소[1]의 도움이 필요하다. 이 중 한 요소만으로는 충분하지 않을 것이다. 왜냐하면 신체는 5대 요소로 구성되어 있기 때문이다. 신체의 프라나[2]가 원활하게

---

1) 5대 요소(판차 탓트바pañca tattva)는 5가지 물질 요소 즉, 지수화풍공地水火風空의 땅, 물, 불, 공기, 허공이다. 우주 전개 과정의 최종 상태이므로 조대물질로 분류된다. 판차 부흐타pañcabhūta라고도 한다.

2) 프라나prāna의 원어는 '앞으로 내쉼(숨)'을 뜻하며 공기(風)를 가리키는데, 생명력을 의미한다. 『리그 베다』에서는 우주적 푸루샤puruṣa의 호흡과 일반적 생명체의 호흡 2가지를 구분했다. 힌두교의 문헌에서 프라나는 대체로 우주적 생기生氣를 의미하는데, 때로는 진동의 힘(스판다 샥티)이라고 정의한다. 개인의 프라나는 심장에 머물며 빨간색이지만, 온 몸을 순환하여 음식의 소화와 흡수를 담당한다. 프라나는 5종류로 분류되어 ① 프라나prāna: 배꼽이나 심장에서 발생하여 상승하는 숨. ② 아파나apāna: 신체 아래쪽의 숨. ③ 비야나vyāna: 몸 전체를 순환하는 숨. ④ 우다나udāna: 상승하는 숨. ⑤ 사마나samāna: 소화를 담당하는 복부의 숨. 여기에서 프라나는 들숨이고, 아파나는 날숨으로 보기도 한다. 이외에 5가지의 부가적인 숨을 포함한 10가지 프라나는 신체에 뻗어있는 7만 2천 개의 나디nādi(통로)를 따라 순환한다.

운용되기 위해서는 5대 요소가 조화로워야 하며, 이러한 조화는 아트만(영혼)[3]의 실현에 필수적이다. 만일 한 요소가 편중되면 남은 4대 요소가 우리를 끌어당길 것이다. 그리고 남은 요소를 하나씩 채우려 하면 한평생이 걸려도 부족하다. 그러나 만일 5대 요소의 근원인 태양을 이용하면 이 문제는 쉽게 해결된다. 요소들의 근원에서 바로 전 요소를 끌어와 모든 요소를 운용한다면 궁극적인 목적에 도달할 수 있다.

우리는 선 요가를 통해 에너지원인 5대 요소를 얻을 뿐 아니라 다른 많은 문제들에 대한 해결책을 찾을 수 있다. 이 책을 읽으면서 알게 되겠지만, 선 요가의 철학은 사회를 맑게 비추는 거울이 되어준다. 그리고 선 요가는 개인의 성장뿐 아니라 가족과 사회의 번영, 그리고 행성과 은하계 및 우주에 평화를 가져다준다고까지 말하고 싶다.

---

3) 아트만ātman은 자아, 영혼 혹은 순수영혼을 의미한다. 일반적으로 힌두 문헌에서 개인의 아트만은 일상적 자아뿐 아니라 초월적인 순수 자아(영혼) 두 가지를 가리킨다. 순수영혼으로서의 아트만은 일상적인 의식 수준에서는 감지되지 않는 범위에 있다. 순수영혼은 일상적 의식으로는 인식할 수 없지만, 무분별의 지혜에 의해 직관적으로 아트만 자신을 자각할 때 우주적 영혼(브라흐만)과 그 본성이 동일함을 깨닫게 된다. 선 요가와 같은 사다나(수련)을 통해 자기실현을 완성할 때 드러나는 상태가 순수한 아트만의 자각일 것이다.

2. 명상

　인내심을 갖고 잘 계획된 방식으로 문제에 접근할 때 인생의 성공은 분명하다. dhi와 yan의 합성어인 dhyan은 오감의 조화를 뜻한다. 신경과 생명력의 진동이 조화된 이 상태에서는 어디에서 무엇을 하든 존재의 완전한 조화를 이루게 된다.

　명상은 단순히 한 자리에 앉아 눈을 감거나 뜨고서 집중하는 일이 아니다. 어떤 일을 하든 전념하여 심장과 영혼에 머무는 것을 dhyan이라고 부른다. 일은 오직 일일뿐, 본래 비천한 일은 없다. 사회의 쓰레기를 정화하는 청소부의 작업은 꼭 필요한 일이며, 가정의 어머니는 아이가 성장할 때까지 씻고 닦아준다. 자신의 일을 신실하게 하는 그들이 적절하게 지도받는다면 영적으로 높은 곳까지 도달할 수 있다. 어떤 일이든 자신의 일에 전념한다면 분명히 성공하게 된다.

　오감五感은 서로 다른 5대 요소를 관장한다. 눈은 송과선과 연결되어 있으며 허공(空) 요소를 관장한다. 눈은 볼 수 있지만, 냄새 맡고 맛보며 감촉할 수는 없다. 귀는 우리가 듣도록 하는데, 이 역시 송과선과 연결되어 있다. 귀는 일련의 감각신경을 통해 청각적인 메시지를 받아들이고 전달한다. 그것은 불(火) 요소와 연결되어 있으므로 부정적인 것을 들으면 혈압이 상승한다. 코는 무언가를 냄새 맡게 하고, 공기(風) 요소에서 온 에너지를 받아들인다. 맛보도록 하는 혀는 물(水) 요소와 연결되어 있기에 음식을 씹어 건조해지면 타액이 분비되어 촉촉하게 된다. 피부는 감촉할 수 있고 물질적 표면을 느낄 수 있는데 이것은 땅(地) 요소와 관련되어 있다.

오감은 뇌에 메시지를 전달하고, 마음은 감각을 인식한다. 만일 물리적 환경이 아무리 더럽고 시끄러우며 냄새나더라도 마음이 현실과 먼 아름다운 경험이나 신성에 몰두하면, 감각은 물리적 환경을 결코 더럽고 시끄러우며 더러운 것으로 경험하지 않는다. 오히려 반대로 좋은 냄새를 실제적으로 경험하는데 이는 감각이 우리의 마음과 연결되어 있기 때문이다.

사회적 의무나 일상적인 일에 종사하는 사람들, 공부에 열중하는 학생들도 때로 초월적 의식 상태에 빠진다. 그들은 그 상태에서도 자신의 일을 물리적으로 완벽히 처리하는데, 우리는 그 누가 어떻게 일을 이뤄내는지 알지 못한다. 그렇게 행해진 일은 잠재의식에 영원히 아로새겨져, 그 일을 하는 동안 일종의 신성한 지복과 안식을 느끼게 된다. 신성한 지복과 안식의 변성의식을 체험하기 위해서는 특정한 방법과 규율을 따라야 한다.

파탄잘리 『요가수트라』[4]의 8지 요가[5]는 8단계로 이뤄진다. 우리

---

4) 『요가수트라』yoga-sūtra는 대략 AD.400~450년경에 고대부터 전해진 인도의 요가사상을 파탄잘리가 종합하여 편찬한 것으로 추정된다. 전체 4장 195게송으로 이뤄진 이 경전이 인도 요가사에 끼친 영향은 지대하다. 『요가수트라』의 1장 삼매품, 2장 수행품, 3장 초자연력품, 4장 독존품은 요가와 삼매, 깨달음, 해탈에 관한 백과사전적 내용을 담고 있어, 이후 하타 요가와 크리야 요가등 인도 요가의 근간이 된다. 선 요가 또한 『요가수트라』에 나온 8지 요가 체계를 수용하고 있는데, 8지인 사마디(삼매)는 이 장에서 다루지 않았다. 선 요가의 사마디 체계가 기존 고전요가의 사마디와 다른 매우 독특한 체계이기 때문에 뒤에서 자세히 다룬다.
5) 8지 요가(아쉬탕가 요가aṣṭāṅga-yoga)는 8가지로 이뤄진 요가를 뜻한다. 파탄잘리

는 각 단계를 따라야 한다. 8단계는 순서대로 야먀, 니야마, 아사나, 프라나야마, 프라티아하라, 다라나, 디야나, 사마디이다.

선 요가가 초창기 단계였던 1995년에 사다나[6]의 방법을 발전시키기 위해, 각 단계를 서둘러 정초하는 과정에서 다라나와 디야나의 순서를 뒤섞고 말았다. 그리고 히말라야의 타포반에서 은둔수행 중에 각 단계를 거치면서, 의식이 다라나에서 디야나로 진행함을 깨달았다. 그것은 "조대신체에는 7개의 차크라가 있지만, 미세신체[7]에는 29개의 차크라가 있다"는 것으로 드러났다. 차크라를 활성화시키는 방법에는 설명이 필요하다. 이제 8지 요가의 단계를 살펴보자.

1) 야마(금계)

야마(금계)[8]를 닦기 위해 다음 5가지를 수행해야 한다.

가 요가수트라에서 제시한 고전 요가의 단계로서 현대 크리야 요가에 이르기까지 인도 요가의 근본이자 정통으로 여겨진다. 요가의 왕(rāja)라고 하여 라자 요가라고도 불린다. 8단계는 각각 야마yāma(금계), 니야마niyama(권계), 아사나āsana(좌법), 프라나야마prāṇāyāma(호흡 제어), 프라티아하라pratyāhāra(감각 제어), 다라나dhāraṇā(집중), 디야나dhyāna(명상), 사마디samādhi(삼매)이다.

6) 사다나sādhana는 깨달음의 수단을 뜻한다. 영적인 성취siddhi를 완성하기 위한 방법으로써 요가, 하타 요가, 크리야 요가, 탄트라 요가 등 모든 수행 및 구체적인 수련법을 가리키는 용어이다. 수단, 성취법, 방법, 수행법, 수련 등으로 번역된다.

7) 조대신체가 우리의 물리적 신체를 가리키는 반면, 미세신체(수크슈마 샤리라 sūkṣma śarīra)는 물리적 신체의 영향을 받지 않는 심리적 정신적 실체이다. 일반적으로 미세신체는 죽음 이후에도 남는 중음신中陰身이자 미래에 환생하기 위한 조건적 신체로 여겨진다. 다른 말로 링가샤리라liṅgaśarīra라고도 한다.

8) 야마yama는 규제, 억제를 뜻하며 8지 요가에서는 금지해야 할 계율인 금계禁戒를 의미한다. 8지 요가의 첫 번째 단계로서, 일반적으로 꼭 지켜야 할 도덕적 관습이다. 『요가수트라』에 나온 야마의 5가지 항목인 불살생, 불투도, 진

아힘사ahimsa—불살생

사티야satya—진실

아스테야astheya—불투도

브라흐마차리야brahmacharya[9]—브라흐만의 자각에 머무름

아파리그라하aparigraha—무소유

이 5가지가 야마의 최종적 상태이다. 가정과 사회의 일원으로 생활하는 일반인이 이 상태에 머물면서 이를 철저히 수행하기는 쉽지 않다. 그러나 기초부터 차근차근 수행한다면 결국은 이 상태를 보다 쉽게 성취할 것이다.

위의 5가지 사항이 일반적인 요가에서 준수해야 할 야마의 사항들이라면, 이하 5가지 사항은 특히 선 요가에서 중시하여 추가로 제시하는 야마이다.

존경하는 스승과 선배 도반께 경배

딕샤(구루로부터의 입문식)

내면의 신에게 순복

실, 성적 금욕, 무소유는 위대한 서약(마하브라타)이다. 이후 인도의 많은 요가 문헌에서 야마를 다양하게 정의하고 제시하고 있지만, 선 요가에서는 마하브라타 이외에 '경배, 입문식, 순복, 진아 탐구, 목표 설정'를 추가로 강조했다.
9) 브라흐마차리야brahmacarya는 말 그대로 브라만의 행위를 뜻하며, 일반적으로 성적 금욕을 의미한다. 절대자인 브라만은 성별을 초월하기 때문이다. 『요가수트라』에서도 야마(금계) 중 하나로서 성적 금욕과 절제로 정의되어 있고, 불교 경전에서도 청정한 범행梵行으로 번역되는 용어이다. 브라흐마차리야를 철저히 지킨 수행자는 위대한 생명력을 얻는다. 엄격한 브라흐라차리야는 전문 수행자에게 적용되지만, 재가 수행자에게는 부부간의 절제된 성관계를 허용한다.

진아 탐구

목표 설정

경배

인도인은 관습적으로 하루를 시작할 때 깊은 존경심으로 우리의 첫 구루인 부모님 발을 만진 후 신의 발을 만진다. 아버지가 계신 곳은 천상과 같으며, 아버지는 신과 같다. 그러나 어머니가 계신 곳은 아버지보다도 더 높은 곳이다. 그녀는 9달 10일 동안 자궁 속에 아이를 품고 키웠기 때문이다. 아이는 어머니에게 자신의 존재를 빚지고 있다. 새의 알이 좋은 환경에 있으면 부화하지만, 나쁜 환경에서는 파괴되듯이 어머니는 우리 존재의 둥지이다. 어머니 그리고 어머니 지구는 천상보다 더 위대하다. 그런데 우리는 어머니가 우리를 세상에 데려올 때 태어났다고 생각하지만, 실제 진정한 탄생은 수행의 성취로 궁극적 자기실현을 이룰 때이다.

요즘 사람들은 실천하지 않고 행위의 결과를 알고자 한다. 부모의 발을 만진다고 무엇을 얻겠느냐고 묻는다. 대답은 이렇다. 사실 부모님은 도구로서, 자석 같은 생명 에너지의 운명적 회로이다. 그분들의 발을 만지는 것으로 모든 부정한 에너지는 제거되고 긍정적 에너지를 받는다. 그분들의 축복을 통해 우리는 근원과 연결된다. 존경을 표하기 위해 엎드릴 때마다 우리의 에고는 해체되고, 상서로운 하루를 시작하는 힘을 얻는다. 어떤 아이들은 묻는다. 부모님이 자신을 전혀 돌보지 않는데 왜 그들의 발을 만지며 존경해야 하느냐고. 우리는 부모님을 통해 세상에 왔고, 그들의 보살핌을 받아서 이곳에 존재하게 되었기 때문이다. 당신이 높은 경지에 이르면 자신에게 질문해야 할 것이다. 과연 우리가 부모님께 완전히 순복하고 존경했는지를. 우리는 그분들께 깊이 감사해야 한다. 그분들이 우리를 이 세계에 데려왔기 때문이다. 부모님과 선생님과 선배뿐 아니라 카스트와 종교 및 교리와 상관없이 모든 생명을 존경해야 한다. 모든 생명체와 비생명체를 사랑하고 포용해야 하며, 결코 미워해서는 안 된다.

딕샤(구루로부터의 입문식)

딕샤(입문식)[10]를 받으려면 구루가 필요하다. 구루는 어둠과 무지를 몰아내는 분을 의미한다. 그렇다면 누가 진정한 구루이며 바른 구루인가? 그는 어디에 있는가? 그를 어떻게 알아 볼 수 있는가?

구루는 브라흐마이고, 구루는 비슈누이며 구루는 데바 마헤슈와라입니다.

구루는 샥크사트이고 파람브라흐마입니다. 세 분의 신성한 구루에게 귀의합니다.

---

10) 딕샤diksā는 입문식이다. 딕샤는 제자의 깨달음과 해탈을 위해 스승이 지혜나 힘(샥티)를 전하는 의식이다. 『아타르바 베다』Atharva Veda에서 "입문식은 마치 어머니가 자궁에 태아를 품듯이 스승 자신이 제자를 수용함으로써 일어난다. 3일간의 의례 후에 제자는 재탄생한다."라고 하였다. 딕샤는 제자에게 만트라를 전하는 만트라 딕샤, 스승이 제자의 쿤달리니 샥티를 활성화시키는 샥티 딕샤, 스승이 제자를 바라보는 것만으로 사마디로 이끄는 샴바비 딕샤 3가지로 나뉘지만 다른 문헌에는 7가지의 딕샤도 전한다. 여하튼 이러한 전승은 '샥티파타śaktipāta(힘의 하강)'라고 불린다.

일반적으로 인도에서 브라흐마, 비슈누 그리고 쉬바[11]는 구루로 여겨진다. 지고의 존재가 바로 실제 구루이므로 우리는 구루께 존경을 표해야 한다.

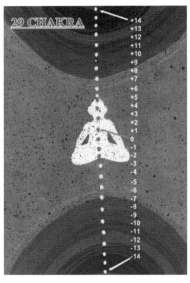

29 차크라[12]

+13 낙샤트라누사마 차크라	+14 브라흐만다누사마 차크라
+11 아마르 차크라	+12 그라하누사마 차크라
+9 파라마한사 차크라	+10 차이탄야 차크라
+7 지반묵타 차크라	+8 로그묵타 차크라
+5 사마디 차크라	+6 아므리트 차크라
+3 사하스라라 차크라	+4 디야나 차크라
+1 비슛다 차크라	+2 아즈냐 차크라
0 아나하타 차크라	
-1 마니푸라 차크라	-2 스와디스타나 차크라
-3 물라다라 차크라	-4 디야나로다크 차크라

---

11) 브라흐마Brahma, 비슈누Viṣṇu, 쉬바Śiva는 힌두교의 주요 3신神이다. 브라흐마는 창조의 신으로서 이 신은 우주의 절대정신인 브라흐만Brahman과 다르다는 것을 주의해야 한다. 비슈누는 우주를 유지시키는 신이며, 힌두교 바이슈나비즘에서 특히 널리 숭배된다. 비슈누는 크리슈나Kṛṣṇa, 라마Rāma 등의 화신으로 현현하는 신이다. 쉬바는 파괴의 신으로 수많은 신화에서 요기들의 신으로 추앙받는다. 쉬바의 힘은 파괴와 재생, 재창조의 근원이다.

-5 사마디로다크 차크라   -6 아므리트로다크 차크라
-7 지반묵타로다크 차크라   -8 로그묵타로다크 차크라
-9 파라마한사로다크 차크라 -10 차이탄야로다크 차크라
-11 아마르로다크 차크라   -12 그라하누사마로다크 차크라
-13 낙샤트라누사마로다크 차크라 -14 브라흐만다누사마로다크 차크라

신체에는 차크라[13]로 불리는 많은 에너지 센터들이 있다. 이 차크라 사이의 공간들은 브라흐마, 비슈누, 쉬바의 삼위三位에 대응된다. 베다는 절대적 지식이 바로 브라흐만brahman이라고 한다. 브라

---

12) 선 요가는 일반적인 7차크라가 아니라 29차크라를 말한다. 차크라의 중심점은 아나하타 차크라인데 이 지점은 우주의 블랙홀에 대응되는 신체내의 블랙홀이다. 이로부터 이하 3지점과 이상의 3지점의 차크라는 신체 내의 7차크라이다. 그러나 선 요가 수련을 지속하면 사하스라라 외부外部의 디야나 차크라와 밑으로 대응되는 디야나 로다크 차크라가 각성되기 시작하여 신체 밖의 모든 차크라가 열리는데 이는 정확히 지구 대기권 밖으로 우주의 각 영역에 대응된다. 각 지점이 각성될 때마다 수행자는 그 차원과 연결되어 확장된다. 29차크라가 각성되는 과정은 사마디가 깊어지고 대응하는 신체(샤리라śarira)가 획득되는 과정으로서, 기존 8지요가의 사마디보다 더 복잡하고 정교한 사마디 체계를 보여준다. 제1부 명상의 8지요가에서 마지막 사마디를 따로 더 설명하지 않은 이유도 이 차크라 각성과 함께 체험하게 되는 사마디의 다양한 차원이 기존 요가체계로서는 설명되지 않기 때문이다.

13) 차크라cakra는 요가에서 일반적으로 프라나로 구성된, 신체 주요 기관들을 형성하는 심령 에너지의 소용돌이를 뜻한다. 물리적 신체보다 정묘한 미세신체에 위치한 차크라는 일반적으로 7개의 센터가 있다. 1) 물라다라 차크라mūlādhāracakra는 항문에 위치. 2) 스와디스타나 차크라svādhiṣṭhānacakra는 생식기에 위치. 3) 마니푸라 차크라maṇipura cakra는 배꼽 부위에 위치. 4) 아나하타 차크라anāhatacakra는 심장(흐리다얌)에 위치. 5) 비슛다 차크라viśuddhacakra는 인후에 위치. 6) 아즈냐 차크라ajñācakra는 미간 뒤쪽 머리 중앙에 위치. 7) 사하스라라 차크라sahasrāra cakra는 정수리 혹은 그 위에 위치한다. 그러나 차크라의 개수에 관해 문헌에 따라 6개, 9개, 12개를 언급하기도 하고, 티베트 밀교에서는 5~6개의 센터(크라운, 미간, 인후, 심장, 배꼽, 생식기)만을 말한다. 차크라를 서양 생리학의 신경총과 연관시키기도 하고, 그 실제성을 부정하기도 하지만, 수많은 요가 문헌에 기술된 내용과 체험에 근거하여 접근해야 한다. 선 요가에서는 일반적인 신체 내의 7차크라가 개화된 후 차례로 신체 외부의 22차크라가 개화해 나간다고 본다. 22차크라는 머리 위의 11차크라와 발 아래의 11차크라가 차례대로 각성된다. 자세한 사항은 본서의 '차크라자가란'을 참조하라.

흐마[14]는 우주 창조의 신이고, 브라흐만은 내적 지혜이다. 바다와 물방울이 물이라는 속성은 같지만 다르듯이 지식과 지혜는 다르다. 사하스라라와 비슛디 차크라 사이의 영역은 브라흐마의 영역으로 볼 수 있다. 브라흐만의 형상인 구루는 내적 지혜인데, 그 지혜는 비슛디와 사하스라라 차크라 사이인 아즈냐 차크라에서 실현될 수 있다. 아즈냐 차크라는 지식의 화신인 브라흐마의 자리이다. 비슛디에서 마니푸라까지는 비슈누의 영역이다. 비슈누는 전형적으로 사랑과 헌신을 보여준다. 사랑과 헌신은 가슴에서 나타난다. 가슴의 차크라는 아나하타로 불린다. 마니푸라 차크라에서 물라다라 차크라까지는 쉬바의 영역이다.

'진리는 쉬바이고 아름다움이다'를 뜻하는 "사트얌 쉬밤 순다람Satyam Shivam Sundaram"라는 말이 있다. 쉬바는 진리와 아름다움의 화현이다. 진리는 무엇인가? 진리는 과거, 현재, 미래라는 시간의 흐름에 따라 소멸하지 않는 것이다. 나를 둘러싼 환경과 나는 100년 전과 지금이 다르고, 마찬가지로 10년 후에 어떻게 될지 아무도 모른다. 그곳에 진리라고 불릴 무엇이 있겠는가? 모든 것이 변화한다. 그렇기에 생성 즉, 창조가 진리이다. 왜냐하면 오직 창조가 있었고, 지금도 있으며 앞으로도 있을 것이기 때문이다. 생명체와 비생명체는 단지 창조의 현현이다. 생명체는 스와디스타나 차크라를 통해 번식한다. 쉬바의 상징은 창조이다. 진리와 창조 없이 자기실현은 있을 수 없다. 또한 지혜뿐 아니라 사랑과 헌신과 지식이

---

14) 브라흐만은 우주의 절대적 원리이고, 브라흐마는 우주를 창조한 힌두교의 신이다. 각주 11) 참조.

없으면 자기실현은 있을 수 없다. 그러므로 사랑, 헌신, 지식, 창조 모두가 우리의 구루이다!

삿트 구루란 진실한 구루를 의미한다. 진실한 구루는 모든 생명체와 비생명체 속에 작용하고 있다. 물론 그는 어디에나 있지만, 일단 우리는 내면에서 그를 찾아야 한다. 당신이 구루를 진정으로 만나면 모든 문제는 사라질 것이며, 내면의 지혜와 평화를 얻을 것이다.

그러나 오늘날 구루가 되는 것은 큰 산업이 되었다. 그들은 거대한 약속을 하며, 사람들을 끌어당긴다. 그들은 신을 보여주겠다고 약속하며, 구루 없는 인생은 무가치하다고 말한다. 물론 이것은 사실이다. 인간으로 태어나 지혜와 자기실현을 얻지 못한 인생은 참으로 무가치하고 소모적인 것이기 때문이다. 이 조대한 물질세계에서 신을 깨닫기 위해서는 구루가 필요하다. 진실한 구루란 신을 깨달은 자이다. 진실한 구루들은 자신들이 전체의 일부이고 전체가 그들의 일부임을 알고 있다. 그들은 사회 속에서 살고 있기에 다른 이들을 이끌지만, 자신을 구루로 여기지 않는다. 그러나 영적으로 새로 태어난 존재는 구루만으로는 불완전하다고 말한다.

지고의 존재인 파람브라흐만과 다르산[15]을 가질 때 구루가 된다. 자기실현이 일어날 때 인간은 저절로 겸손해지며 지고의 존재에게 머리를 숙이게 된다.

---

15) 다르산darśan은 '봄'을 뜻하는 dṛś에서 파생한 단어로 진리를 깨닫는 통찰을 일컫는다. 힌두교에는 신이나 신성을 일별하는 체험을 말하는데, 이외에 깨달은 스승에게 개인적 은총을 받을 경우에도 다르산을 가졌다고 말한다. 본서에서는 지고의 브라흐만이나 아트만을 깨닫는 통찰의 경험, 신성과의 접촉을 의미한다.

물질세계에서 무지를 떨치고 진실한 지식을 얻기 위해서 우리
는 구루가 필요하다. 그러나 때로 밖으로 찾아다니지 않아도 구루
가 나타나곤 하는데, 그럴 때 우리는 길을 보여주는 위대한 분들을
알아보고 경배해야 한다. 그리고 궁극의 구루는 우리 각자의 내면
에 있음을 기억해야 한다.

순복

우리는 누구에게 순복해야 하는가. 내면의 자아인 순수영혼에
순복해야 한다. 만일 그 외의 다른 것에 순복한다면 그것은 완전한
순복이 아니다. 예를 들어 술을 너무 많이 마시는 사람에게 한 친
구가 따뜻하게 자네가 그렇게 술을 마시지 않는다면 아주 훌륭한
일을 해낼 수 있을 거라고 격려하여 친구가 그 말을 따랐다고 하
자. 그러나 금주 이후에 오랜 술친구가 유혹한다면 다시 술에 굴복
하게 된다.

마찬가지로 그릇된 것에 순복해서는 결코 궁극의 평화를 얻지
못한다. 신에게 순복한다면 그때의 자기실현은 우리의 가장 큰 재
산이 될 것이다. 궁극 목표에 도달하기 위해서 내면의 자아에 순복
해야 한다. 그렇지 않으면 마음은 끝없이 방황할 것이다.

자기탐구

삶의 여정에서 행하는 어떤 일이든 대부분 우리의 삶과 연관되
어 있다. 이러한 일들을 제대로 완성하려면 적절한 계획이 필요하
다. 어떤 일에 착수하기 전에 우리는 다음과 같은 질문을 던져야

한다.

나는 누구인가?

나는 무엇을 원하는가?

나는 왜 그것을 원하는가?

이번 생의 나의 목적은 무엇인가?

지금 내가 하고 있는 일은 내가 원하는 것과 어떤 관련이 있는가?

이 질문을 내면의 자아를 향해 몇 번이고 물어야 한다. 대답은 오직 궁극의 목적을 막 성취하게 될 때 나타날 것이다. 예를 들어 운전을 시작할 때, 그는 자동차 키를 가지고 시작하지만 일단 시동이 걸리면 그의 관심은 키에서 다른 곳으로 옮겨간다. 그러나 목적지에 도달하기 전에 차에서 키가 빠지면 차는 멈춘다. 자기탐구의 질문은 삶이라는 우리의 차에 필요한 키와 같다. 우리는 궁극적인 목적에 도달하기 위해 계속해서 질문을 던져야 한다.

목표 설정

궁극의 진리를 실현하기 위해서는 필수적으로 목표를 정하여 위대한 결단을 내려야 한다. 자동차는 목적지에 도달하기 위한 스피드를 전적으로 기어에 의존한다. 마찬가지로 더 크고 강력한 결단력은 목표에 더 빠르게 도달하도록 한다.

당신의 모든 행동은 목표에 더 가깝게 가게 할 것이며, 결국 궁극적 목적에 도달하게 될 것이다. 당신은 완전한 완성을 이루기까지 추구를 포기하지 않을 것이다.

많은 사람들이 자신의 목적에 도달하기까지 얼마나 걸릴지 궁금해 한다. 더욱 헌신하고 더욱 결의할수록 목표에 빨리 도달한다. 궁극적 목적에의 도달은 당신이 살아온 나이나 쏟아부은 시간이 아니라 얼마나 성취를 갈구했는지에 달려있다.

이와 관련된 상카라 차리야[16]의 사례를 보자. 그는 8세의 어린 나이에 출가했다. 어느 날 밀림을 걷다가 밤이 되자 어둠 속에 아무 것도 보이지 않았다. 상카라는 어렴풋이 나무 한 그루를 발견하고서 나무 위로 올랐는데 무엇을 밟고 올랐는지 알 수 없었다. 아침에 그는 한 고행자 산야시가 깊은 명상에 잠겨 나무 아래 앉아 있는 것을 보았다. 그는 산야시를 밟을 수 없었기 때문에 어떻게 내려갈지 고민했다. 잠시 후 산야시가 목욕을 위해 자리에서 일어나 떠나자, 그제서야 나무에서 내려와 명상을 위해 그의 자리에 앉았다. 상카라는 깊은 명상에 빠졌다. 산야시는 돌아와서 깊은 명상에 잠긴 어린 소년의 머리 위에 거대한 뱀이 그를 보호하기 위해 또아리를 튼 모습에 크게 놀랐다. 상카라 차리야의 선정이 끝난 후 이 늙은 산야시는 그의 앞에 엎드려 "구루데브시여, 저에게 입문식을 베풀어 주소서"라고 말했다. 놀란 상카라 차리야가 이유를

---

16) 아디 상카라 차리야Adi Sankara carya(788-838)는 힌두교 중에서도 일원론 베단타파의 위대한 사상가이자 스승이다. 『베단타수트라 주석』, 『우파니샤드 주석』, 『바가바드기타 주석』 등 그의 저작을 통해 아드바이타(일원론) 베단타학파가 확립되었다. 범아일여梵我一如 즉, 개인적 순수영혼(아트만)과 우주적 절대영혼(브라흐만)이 동일(일원)하다고 해석한 것이다. 현대 인도의 라마나 마하리쉬Ramana Maharishi, 니사르가닷타 마하라지Nisargadatta Maharaji와 같은 성자들이 바로 상카라 사상의 실현자들이다.

묻자, 산야시는 12년하고도 하루 23시간 동안 그 장소에서 뱀[17]의 다르샨인 삿상[18]을 위해 명상을 해왔지만 성취하지 못했는데 샹카라 차리야가 1시간 만에 뱀의 보호를 받았기 때문이라 대답했다.

수행의 성취에서 결단만큼 강한 척도는 없다. 궁극의 목표를 세우기 위해서는 굳건한 토대가 필요하다. 야마와 이후의 니야마는 영적 목적을 성취하는 기초를 세우는 데 도움이 된다.

2) 니야마(권계)

니야마[19]는 수련 그리고 수련의 철저한 엄수를 의미한다. 정해진 '시간틀' 내에서 수행하는 것을 니야마라고 한다. 시간과 생명은 연결되어 있기 때문에 시간을 적절히 이용하면 생명과 삶의 정수를 깨달을 수 있다.

일반적으로는 일 초가 시간의 가장 작은 단위이지만 실제로는 다음과 같다.

한 원자의 진동은 팔pal이다

---

17) 인도에서 뱀은 요가 수행의 상징으로 쿤달리니, 파탄잘리를 상징한다.
18) 삿상satsaṅga는 '실재와의 접촉'을 뜻한다. 일반적으로는 요가 수행자와 사두 sādhu 등과 친교하는 수행이다. 함께 어울리며 친교함으로써 정화되고 고양되어 영적 발전이 촉진되기 때문이다.
19) 니야마niyama는 절제, 억제를 뜻하며 『요가수트라』에서는 8지 요가의 두 번째 단계로서 권장되는 계율 즉, 권계勸戒이다. 권계는 청정, 만족, 고행, 자기 학습, 자재신에 대한 경배 5가지이다. 『트리쉬키브라마나 우파니샤드』에서는 니야마를 '궁극적 진리에 대한 지속적인 애착'이라고 본다. 선 요가에서는 『요가수트라』의 5가지 권계는 언급하지 않고, 자기 훈련과 시간 엄수를 니야마로 강조하였다.

두 원자의 진동은 아누팔anu-pal이다.

세 분자의 진동은 트리아누팔tri-anupals이다.

여섯 트리아누팔은 무후르탐muhurtam이다.

두 무후르탐이 1초를 만든다.

아누(원자)는 세포의 아주 작은 부분이다. 팔, 즉 진동의 법칙은
생명체와 비생명체에 모두 적용된다. 생명의 진동에서 시간의 척
도가 시작된다. 시간을 적절하게 관리한다면 목적에 쉽게 도달할
수 있다.

매 순간의 팔이 너무나 소중하다. 사회생활을 하는 수행자가 시
간을 효율적으로 쓰는 것은 쉽지 않지만, 엄격한 훈련을 통해 시간
의 경영법을 배워야 한다.

자기 훈련

매일 아침 우선적으로 하고자 하는 일의 목록을 작성하고, 일의
우선순위를 따라 기입한 후에 각각의 항목에 시간을 분배한다.

친구와 가족, 이웃들 그리고 전화 등으로 인해 시간이 허비되기
에 목록을 충실히 이행하기 어려울 것이다. 일을 다 완수하지 못했
을 때 낙담할 필요는 없지만, 모두 성취했을 때는 기뻐할 일이다.

자기 전에 일들의 성취 정도를 체크하면서 성취하지 못한 것들
을 살펴보고 차후에는 어떻게 원만하게 성취할지 성찰한 뒤 잠든
다. 우리가 잠들 때 외부 감각과 연결된 의식적 마음은 잠들지만
미세한 마음인 잠재의식은 깨어있다. 뇌에서 데이터를 찾아오고,

잠재의식 속에서 어떤 오류나 잘못을 비디오처럼 명확하게 보여주는 것은 바로 '영적인 마음'이다. 우리는 잠속에서 답을 구하고 있어서 종종 깨어나면서 문제를 풀게 된다.

자신을 단련하면서 긍정적 태도로 살아간다면, 삶의 모든 순간을 가치 있게 만들 수 있다.

시간 엄수

엄격하게 자신을 단련하더라도 주어진 시간에 맞춰 수행을 완수하기 어려운 경우가 많다. 이는 무기력함이나 나약한 마음 때문이다.

'브라흐마 무흐르타(브라흐마의 시간)'인 새벽 4시에 일어나기로 결정했어도 막상 일어날 때 게을러져서 5분씩 미룬다면 결국 일정이 늦춰지게 된다. 그러므로 계획을 엄격히 준수하여 모든 것을 정해진 시간에 해내야 한다. 시간을 엄수하는 자기 수련을 통해 모든 것을 성공적으로 행하는 것이 삶의 규칙이다.

3) 아사나(좌법)

정해진 자세로 한 자리에 앉는 것을 아사나[20]라고 한다. 요가나 명상을 하는 동안 적절한 자세로 앉는 것은 수행을 용이하게 한다. 공부할 때 바른 자세는 배움을 쉽게 한다. 명상할 때는 필수적으로 특정 아사나를 이용하여 신체를 이완하면서 등과 척추를 곧게 펴야 한다.

선 요가에서는 연화좌(파드마 아사나), 달인좌(싯다 아사나), 소머리좌(고무카 아사나), 그리고 금강좌(바즈라 아사나)를 추천한다.

명상이나 공부에 깊이 집중할 때 사하스라라 차크라에서 빛이

---

20) 아사나āsana는 원래 '앉기', '자세'를 뜻하는데 『요가수트라』에서는 요가 수행을 위한 앉는 방법(坐法)을 의미한다. 후대 요가 문헌들은 아사나를 병을 예방하고 치료하는 만병통치약으로써, 그리고 세계를 정복하는 수단으로써까지 찬양하는데 이 경우의 아사나는 좌법 이외의 다양한 체위를 가리킨다. 『요가수트라』에서 아사나는 더위와 추위 같은 상반된 상태의 영향에 요기들이 영향을 받지 않도록 한다고 언급한다. 일반적으로 제시하는 4가지 아사나(좌법)을 살펴보면 우선 ① 연화좌(파드마아사나padmāsana)는 오른발을 왼발 허벅지에, 왼발을 오른쪽 허벅지에 두고서 손을 등 뒤에서 교차하여 양쪽 엄지 발가락을 잡는다. 턱은 가슴으로 당기고, 시선을 코끝으로 고정시킨다. ② 달인좌(싯다아사나siddhāsana)는 완성된 자세를 뜻한다. 왼쪽 발꿈치는 항문 아래에 다른 발꿈치는 생식기 위에 놓고, 턱을 가슴에 얹고서 미간 지점을 응시한다. ③ 소머리좌(고무카아사나gomukhāsana)는 엉덩이 아래에 발꿈치를 교차하여 발을 바닥에 놓고, 몸은 소의 얼굴과 비슷하게 하기 위해 안정되게 유지되어야 한다. 오른쪽 발목을 왼쪽 엉덩이 옆에, 왼쪽 발목을 오른쪽 엉덩이 옆에 둔다. ④ 금강좌(바즈라아사나vajrāsana)는 벼락처럼 허벅지를 단단하게 죄고 항문 아래에 다리를 두는 자세이다. 이는 초자연력을 낳는 좌법이다. 체위로서의 아사나에 관해 후대 요가 문헌 『고락샤파다티』(1.9)에서는 84가지, 『게란다 상히타』(2.2)에서는 32자세를 열거한다. 현대 하타 요가 문헌에서는 200여 가지에 이르는 아사나를 기술한다. 선 요가에서는 현대적인 요가들이 체위로서의 아사나 수련에 치중하는 것이 본래의 아사나와도 다르며, 아사나는 명상과 삼매 수련을 위한 보조로써 의미 있음을 강조하고 있다.

생성되고 진동하는 것을 느끼게 될 것이다. 척추를 곧게 하면 이 진동이 물라다라 차크라로 내려가 신체를 정화한다. 그러나 척추가 곧지 않으면, 정화가 이뤄지지 않는다. 척추는 항상 곧게 유지해야 한다.

선 요가의 아사나와 현대의 요가 수련은 다르다. 요가 아사나는 조대신체(물리적 신체)와 미세신체(에너지 차원의 신체)의 균형을 유지하는 반면, 현대의 요가 수련은 물리적 신체의 웰빙만 가져올 뿐 마음과 미세신체의 웰빙은 가져오지 못한다. 오늘날 요가 수련을 지도하는 대개의 요가 지도자들은 스스로를 요기로 내세우지만, 그들의 아사나는 8지요가의 한 단계인 아사나에 지나지 않는다. 그러나 선 요가의 아사나는 명상에 필요한 집중력을 계발시킨다.

야마, 니야마, 그리고 아사나는 삶이라는 건물의 기초를 이룬다. 당신이 더 집중할수록 삶이라는 건물은 굳건해질 것이다. 일단 건물이 들어서면 이 기초는 없앨 수 없다. 그러므로 목표에 이르기 위해 이것들을 신실하게 수행해야 한다.

4) 프라나야마(호흡 제어)

프라나prana는 생명력, 아얌ayam은 안정을 뜻하므로 프라나야마 pranayama[21]는 생명력이 안정된 상태를 의미한다. 사마디 상태에서

_____

21) 프라나야마prāṇāyāma는 호흡 조절을 뜻한다. 8지 요가의 4번째 단계인 프라나야마는 그 목적이 마음 작용을 억제하는 것이다. 호흡 조절을 통해 숨(prāṇa)이 안정되고 연장(āyāma)되어 숨이 멈추는 쿰바카kumbhaka(止息)의 상태에 들어선다. 쿰바카 상태에서는 감각과 마음 작용을 제어하는 명상에 진입하는 환경이 조성된다. 후대 하타 요가와 크리야 요가에서 프라나야마는 특히 중

조대신체와 분리된 아트만은 아스트랄체인 미세신체로 우주로 이동한다. 이 상태가 되면 물리적 신체에 감각이나 감정이 소실되기 때문에 의사들이 의학기계로도 심박 진동을 측정할 수 없다. 이 상태에 도달하거나, 지고한 지식으로 깨달음을 얻을 때 평화의 신성한 감로로 축복받아 궁극적 목적에 도달한다. 프라나야마를 수행해야 궁극적 성공의 씨앗이 뿌려진다.

그러나 야마와 니야마, 그리고 아사나로 적절한 환경이 조성되어도 씨앗이 정화되어야 한다. 불멸의 감로(넥타)라는 열매의 씨앗은 완전히 제어된 전념하는 마음이다.

호흡과 관련된 영역은 심장, 즉 아나하타 차크라이다. 파탄잘리의 『요가수트라』에는 쿠타스타[22]에 명상하라는 언급이 있다. 쿠타스타는 아나하타 차크라에서 아즈냐 차크라에 이르는 길이다. 쿠타스타는 아나하타 차크라에서 위쪽을 향해 있는데 우리 내부에서 영적인 전자기 에너지를 생성한다. 비슛디 차크라와 아즈냐 차크라에서 쿠타스타는 아래쪽을 향하는데, 그것은 영적인 전자기 에너지를 물리적 신체의 각 부분에 보내고 정화한다. 프라나야마의 단계에서 이 열매의 씨앗이 뿌려져야 한다.

프라나야마 단계의 수행을 통해 3가지 나디[23]를 제어하여, 5대

요한 기법이 된다. 프라나야마를 통해 쿤달리니의 힘이 중앙 통로인 슈슘나 나디로 들어가 머리로 상승하기 때문이다. 크리야 요가를 병행하는 선 요가에서는 이 프라나야마가 더욱 쉽고 빠르게 진행된다.
22) 쿠타스타kūṭastha는 본래 '정상에 머묾'을 뜻하는데 『요가수트라』 주석서 4장 33송에서는 불변성, 영원성을 의미한다.
23) 나디nādī는 통로, 맥관, 정맥, 동맥을 뜻한다. 혈액을 운반하는 통로이거나, 프라나가 운행하는 미세한 통로이다. 나디는 일반적으로 7만 2천 개, 심지어 35만 개까지 이른다고 언급되는데 일부 문헌에서는 72개 정도가 특히 중요하

요소들의 에너지를 활용할 수 있다. 왼쪽의 이다 나디는 달, 오른쪽의 핑갈라 나디는 태양을 상징하는데 두 나디의 제어를 통해 수행자는 공기 요소로 슈슘나 나디를 일깨운다. 슈슘나 나디는 아누로마빌로마 호흡(교호 호흡)을 통해 각

성될 수 있다.

프라나야마

프라나야마에서 숨을 깊이 쉬고, 숨을 참고, 내쉬거나 이완하는 단계를 각각 푸라카(들숨), 쿰바카(멈춘 숨), 레차카(날숨)[24]라고 한다. 호흡 전체의 비율은 1(들숨):4(멈춘 숨):2(날숨)이다. 들숨 동안 1을 세었다면, 참을 때 4를 세고, 날숨에 2를 센다. 16:64:32까지 셀 수 있다면 호흡을 제어할 수

며, 10개, 12개, 14개 정도의 주요 나디를 언급한다. 그중에서도 3개의 중심 나디가 바로 이다iḍā(왼쪽), 핑갈라piṅgalā(오른쪽), 슈슘나suṣumṇā(중앙)이다. 이다 나디는 편안함의 통로로써, 중앙의 슈슘나 나디를 휘감아 왼쪽에 위치한다. 이다는 내적인 달의 차가운 음陰 에너지와 관련된다. 한편 슈슘나 나디의 오른쪽에 위치한 핑갈라 나디는 태양과 연관되어 신체를 뜨겁게 만드며 양陽 에너지와 관련된다. 이다 나디가 부교감 신경계, 핑갈라 나디가 교감 신경계와 상응하지만 그것과 똑같지는 않다. 슈슘나 나디는 가장 성스러운 통로라는 뜻으로서 물라다라 차크라부터 사하스라라 차크라까지 관통하는 중앙의 통로이다. 이 나디는 태양과 달에 의해 만들어지는 시간을 삼키는 나디로서 모든 나디의 왕이다. 슈슘나 나디는 좌우의 이다 핑갈라 나디의 양극적 대립을 초월하여 불멸의 순수영혼을 깨닫는 비밀의 문이 된다. 그래서 슈슘나 나디는 해탈의 길이라고도 불린다.

24) 푸라카pūraka는 들숨으로서 프라나를 신체로 끌어당기는 호흡이다. 레차카 recaka는 날숨으로서 프라나를 신체 밖으로 흐르게 하는 것이다. 쿰바카kum-bhaka는 멈춘 숨으로서 프라나를 보유한 채 참는 호흡이다. 온 몸에 프라나를 항아리처럼 담고 들숨과 날숨이 정지할 때 마음도 안정되며, 쿤달리니 샥티를 슈슘나 나디로 끌어올리는 중요한 수단이다.

있게 된다. 쿰바카에서는 필요한 시간만큼 숨을 참음으로써 심장 판막을 닫고 호흡을 제어할 수 있다. 프라나야마로 숨을 제어할 수 있을 때 공기 요소의 전자기력을 이용할 수 있다.

이 크리야를 행하기 위해 수행자는 스승이나 구루에게 미리 입문식을 받아야 한다. 어떤 수행자는 프라나야마를 수련하기 위해 물 요소의 전자기력을 이용한다. 천을 물에 담가서 콧구멍이나 입에 넣어 통과시켜 위장과 신체의 모든 부정적 요소를 정화하는 것이다. 불 요소의 전자기력을 사용하는 수행자는 뜨거운 불 가까이 앉아 열을 견디며 사다나를 행하거나 주위에 빙 둘러 불을 피우고 그 가운데 앉아 수련하기도 한다. 어떤 수행자는 정해진 자리에 앉아 눈을 감고서 '나는 그 어떤 것도 아니다'라는 뜻의 "네티 네티 neti, neti"를 계속 읊조리면서 허공 요소를 이용한다. 많은 수행자들이 몇 달 몇 년에 걸쳐 물이나 눈 속에 한쪽 다리를 넣거나 머리 위로 손을 올린채 묶어 땅 요소를 이용하기도 한다. 다양한 크리야 하나하나가 유용하지만, 숙련된 구루의 지도하에 수행해야만 그 이치를 바로 알 수 있다. 바른 지도 없이 수행한다면 오랫동안 완전히 집중할지라도 바른 성취를 이루지 못할 수 있다.

사람들은 조대신체와 미세신체를 구성하는 5대 요소의 전자기력을 조절하지 못해서 자주 크리야 수행을 포기한다. 극소수의 수행자들만이 한 요소와 나머지 네 요소의 힘을 조화시키는데 성공한다.

태양은 모든 생명체와 비생명체에게 5대 요소의 전자기력을 제공하는 근원이다. 수리야 사다나[25] 즉, 선 요가를 행하면 단기간에

5대 요소의 전자기력의 균형을 이루어 '넥타 열매'의 씨를 뿌릴 수 있게 된다.

프라나야마나 집중 수련을 내면적으로 성실히 수행하면 아나하타 차크라의 진동을 느끼고 평화를 경험할텐데 이 때 수행자는 프라나야마의 단계에서 씨앗을 발아시키는데 성공할 것이다.

5) 프라티아하라(감각 제어)[26)]

프라나야마를 통해 한 지점에 집중할 때, 아나하타 차크라에서 진동과 파장이 생성됨을 경험할 것이다. 연못에서 파문이 점점 퍼져나가듯이 이 진동은 신체 전체로 퍼져 자기실현의 씨앗이 심어진다. 그런데 그 작용에 주의를 기울이지 않으면 씨앗은 시들해져 묘목으로 자랄 수 없다. 한번 진동과 평화를 얻더라도 프라나야마, 야마, 니야마의 수련을 멈추면 진동과 평화는 점점 사라질 것이다.

이 때문에 모든 단계의 수행을 규칙적으로 해야 한다. 규칙적

---

25) 수리야 사다나sūrya sādhana는 태양을 뜻하는 수리야와 수련(법)을 뜻하는 사다나의 합성어로써, 선 요가의 힌디어이다. 본서에서 우마상카르는 '수리야 사다나' 혹은 '수리야 요가 사다나'와 '선 요가' 그리고 '선 명상'를 명확한 구분없이 사용했다. 우선 수리야 사다나, 수리야 요가 사다나가 선 요가이며, 선 요가안에 선(요가) 명상이 포함된다고 보인다. 선 요가에는 앉아서 태양을 응시하는 선 요가 명상 외에 8지 요가의 준수, 사진 명상, 눈과 눈 명상, 빛 명상, 이완법 등이 포함되기 때문이다.

26) 프라티아하라pratyāhāra는 거두어들임, 철회, 감각의 제어(制感)를 뜻한다. 프라티아하라는 강렬하게 내면으로 주의를 향한 상태로서, 외부 감각에 의해 의식이 교란되지 않고 반대로 의식이 감각을 지배하는 상태이다. 『고락크샤 팟다티』2.24에서 "거북이가 자신의 사지를 몸통 속으로 움츠러 넣듯이 요가수행자는 감각기관들을 자신 속으로 거두어들어야 한다."고 한다. 8지 요가의 5번째 단계인 프라티아하라에서 감각이 제어된 후에 비로소 다음 단계인 집중과 명상, 삼매의 내적 명상이 시작된다.

프라티아하라 1

수행을 통해 집중이 깊어질 때 두려움, 증오, 이기심 같은 부정적 감정들이 점차 사라지고 아트마 샥티[27]와 의지력 사이에 균형이 생긴다.

이것이 프라티아하라의 시작이며, 이때 아나하타에 넥타라는 열매의 씨앗이 발아한다.

집중이 강해질수록 진동도 증가하여 그 진동이 비슛디와 마니푸라 차크라를 건드릴 것이다. 마니푸라 차크라는 쿨라 쿤달리니로도 알려져 있다. 쿤달리니는 물라다라에서 시작하여 마니푸라 차크라까지 이른다. 산스크리트에서 쿤달kundal은 둥근 고리를 뜻한다. 마니푸라 차크라는 형태상 원형이기 때문에 쿨라 쿤달리니라고 불린다.

아나하타 차크라의 진동이 비슛디 차크라와 마니푸라 차크라에 이르면 쿤달리니가 각성된다. 성욕, 분노, 탐욕, 어리석음, 자만심, 질투와 같은 저차원의 감정은 마니푸라 차크라에 위치한다. 이들 감정은 부정적 진동을 창조하고 평화를 파괴하기 때문에 마치 뱀과 같다.

집중이 깊어져 진동이 마니푸라와 비슛디 차크라에 쉽게 접촉하면 모든 부정적 감정이 소멸되어 부정적 진동은 사라진다. 깊어

---

27) 아트마 샥티ātmaśakti는 아트만의 힘을 뜻한다. 순수영혼에 내재된 본래 능력을 의미한다.

진 집중에 의한 파동은 아트만의 전
자기력들 사이에 균형을 가져오는
데, 이 균형을 쿨라 쿤달리니, 자가
란[28], 그리고 바크야슷디라고 부른
다.

프라티아하라 2

넥타의 열매를 가져오는 씨앗이
발아하면 뿌리가 마니푸라 속에 자
리 잡고, 똑바로 선 두 개의 잎을 가
진 싹이 비슷디 차크라 속으로 파고
든다.

집중이 강렬해지면 파동은 아즈냐와 스와디스타나 차크라와 접
촉하고, 그때 부정적 힘과 성욕이 서서히 감소하여 아트만(영혼)
의 전자기력 속에 균형을 낳는다. 이 사이에 빛나는 작은 점의 빛
을 아즈냐 차크라에서 보게 된다. 이것은 제3의 눈이 열리는 것으
로 내적 평화를 경험하게 된다. 뿌리가 점점 자라 스와디스타나 차
크라에 이르는 동안 점점 힘을 얻은 싹이 펼쳐져 아즈냐 차크라로
들어간다. 가지들이 무성해지면 나무는 더 근사해지고 힘차게 될
것이다. 이 단계에서 물리적 신체는 모든 부정적인 전자기력을 제
거하고 아트만의 전자기력과 완전한 균형을 만들어낼 것이다. 이
단계를 프라티아하라라고 부른다.

---

28) 자가란jāgaran은 깨어남, 깨어있음, 깨어있는 상태에서의 비전을 뜻한다.

6) 다라나(집중)[29]

일단 집중이 더 깊어지면 가지는 사하스라라와 물라다라 차크라에 도달하고, 물리적 신체 전체는 신적인 진동으로 가득 찬다.

신체의 부정적 에너지는 모두 사라지고 모든 세포는 정화된다. 브라흐마란드라[30]가 사하스라라에서 열릴 때 주위에 강력한 다량의 빛이 생성될 것이다. 이때 수행자는 광대한 빛의 바다에 흡수된다. 이 지점에서 더 이상 어떤 것도 볼 수 없고 완전히 순복하게 된다. 완전한 순복은 자기 내부에서 일어난다. 이 빛을 매개로 우주와 하나가 될 것이다.

다라나

창조의 신비에서 삶의 필연성까지 모든 것을 경험하고 이해하게 된다. 광대한 우주의 힘을 체험하고 이해하는 일이 실제로 가능해진다.

이 단계를 다라나라고 부른다. 다라나의 단계에서 나무는 아름답고

---

29) 다라나dhāraṇā는 집중을 뜻하며 총지總持, 집지執持라고도 한다. 8지 요가의 6번째 단계이다. 『요가수트라』3.1.에서 다라나는 한 지점에 마음을 매는 것으로 정의한다. 이는 지속적인 주의 집중으로 한 점에의 집중(ekāgratā)를 본질로 한다. 마음의 응축이라고도 하는데, 이는 수행자가 의식 에너지를 한 가지 대상에 모으는 것이므로 외적으로는 감각이 제어되고, 내적으로는 사고 작용도 둔화된다.

30) 브라흐마란드라brahmarandhra는 브라만의 틈새를 뜻한다. 이는 슈슘나 나디가 정수리와 만나는 부분의 구멍으로서 열반의 차크라로 불린다.

많은 잎사귀, 꽃, 그리고 열매를 가진 수많은 가지를 키우고 뿌리들은 물라다라까지 넓게 퍼진다.

7) 디야나(명상)

집중이 강화되는 다라나 단계를 거치면 나무는 물리적 신체를 넘어 미세신체에 존재하는 머리 위의 디야나 차크라(울트라 차크라)[32]와 물라다라 하부에 있는 디야나로다크 차크라(울트라밸런스 차크라)로 뻗어가 두 차크라가 연결된다. 이 단계에서는 디야나 차크라가 매우 빠른 속도로 움직이고 다른 7가지의 빛들이 매우 빠른 속도로 나타난다.

기이한 아 아 아 우 우등의 소리가 들리게 되는데 이 소리는

---

31) 디야나dhyāna는 숙고, 선정, 명상을 뜻하며 8지 요가의 7번째 단계로서 그전 단계인 집중이 더욱 심화된 단계이다. 『요가수트라』3.2은 다라나에서 관념(의식의 집중 대상)이 오직 한 가지로 지속된 상태라고 정의한다. 디야나는 우리가 일반적으로 말하는 명상에 해당하는 단계로서 그 수준은 다양하다. 후대 문헌에서 디야나에 관해 속성이 있는 사구나saguṇa 디야나, 속성이 없는 니르구나nirguṇa 디야나, 형상이 있는 무르티mūrti 디야나, 형상이 없는 아무르티amūrti 디야나, 부분이 있는 사칼라sakala 디야나, 부분이 없는 니스칼라niṣkala 디야나로 언급된다. 또한 조대한 스툴라sthūla 디야나, 미세한 슉슈마sūkṣma 디야나로도 분류된다. 여기에 더하여 빛인 즈요티jyoti 디야나도 있다. 이 명상의 반복에 의해 잠재의식의 카르마가 정화되면서 수행자의 강렬한 변성이 일어나며, 무아경의 사마디로 이르는 디딤돌이 된다. 사마디는 명상의 완성 과정이다. 완성이 아니라 완성 과정인 이유는 사마디에도 다양한 층차와 과정이 있기 때문이다. 본서에서는 8지 요가의 마지막인 사마디를 따로 할애하지 않았다. 그것은 선 요가의 사마디가 기존 8지 요가 체계보다 더 복잡하기 때문으로 보인다. 우마상카르가 서문에서 본서에서 선 요가의 실제에 관해 본서에 일부만을 담았다고 했듯이 사마디의 과정은 29차크라와 관련하여 실제 체험 및 차후의 서적에서 더욱 밝혀질 심오한 부분일 것이다.
32) 이 차크라는 기존 차크라에서는 알려지지 않아서 울트라 차크라, 울트라밸런스 차크라라고도 불린다.

디야나

때로 증가하거나 감소할 것이다. 이 소리를 옴카르omkar, 드흐와니dhwani, 옴om, 알라alam, 혹은 아멘amen으로 표기하는데 이는 발음될 수 없으며, 창조된 것이 아니다.

마음을 한 곳에 집중하면 모든 세포들도 아나하타 차크라에 집중하면서 진동을 일으킨다. 점점 진동이 강해지면 육체적 수준에서는 들리지 않지만, 조대신체를 넘어 디야나 차크라와 디야나로다크 차크라로 움직이면서 소리가 들리게 된다. 이 소리를 브라흐마나다(브라흐마의 소리)라고 한다.

옴카르, 드흐와니, 혹은 알라 드흐와니 혹은 아멘 드흐와니로 들리는 이 소리는 사실상 생명의 진동이다. 이 진동은 옴도 아니고 알라도 아니며 아멘도 아니다.

경험과 느낌은 말로 다 설명할 수 없다. 그러나 불가피하게 언어로 설명하면서 차이가 생긴다. 예를 들어 기차가 플랫폼을 떠나 진동을 일으키면 척척척이라는 소리가 난다. 그때 누군가 람 람 크리슈나, 알라 알라, 혹은 신이여! 라고 같은 리듬으로 읊는다면 엔진 소리 대신 람 크리슈나, 알라, 신이라는 소리로 들릴 것이다. 마찬가지로 디야나 차크라가 출현하면 생명은 진동과 함께 자신의 리듬을 생성하는데 그것을 사람들은 각자 자유롭게 옴카르, 옴, 알라, 혹은 아멘이라고 부른다.

집중의 강렬한 파동이 디야나 차크라와 디야나로다크 차크라간 접촉의 균형을 만들면 빛이 방출되는데, 당신은 그때 신을 볼 수 있게 된다.

3. 요가의 통합

요가는 본래 분리된 적이 없었던 상태로 합일되는 것이다. 요가
는 내면의 빛을 뜻하는데 그 빛이 타오르면 우주의 빛과 하나 된
다. 내적 자아와 우주, 영혼과 초월적 영혼의 합일은 내면과 우주
의 진동 주파수가 일치할 때 일어난다.

대우주에 존재하는 일체는 소우주나 개체 내에도 존재한다. 이
것은 우주의 모든 빛이 물리적 신체 안에 숨겨져 있음을 의미한다.
우주 일체는 내 안에도 있기에 자기실현을 성취하면 자연히 존재
와 창조의 비밀을 이해할 수 있게 된다. 자기실현은 삶의 어떤 문
제도 풀어낼 수 있다. 우주, 고차원의 영혼, 지고한 존재, 신과 하
나가 될 때 니르비칼파 사마디[33]를 경험한다. 8지 요가는 디야나를
설명하는 이전 장에서 논의했다.

디야나 단계 이후에 마음이 더 집중될수록 진동은 디야나 차크
라와 디야나로다크 차크라를 초월하여 사마디 차크라와 사마디로
다크 차크라간의 접촉을 만든다.

그때 밝은 빛이 사마디 차크라에서 일어나 무한을 향해 나선으
로 상승하여 우주적 빛과 결합하며 수행자는 육체의 차원을 벗어

---

33) 니르비칼파 사마디nirvikalpa-samādhi는 무분별의 사마디, 무상無想 사마디이다.
이 용어는 베단타와 힌두 요가 일반에서 쓰이는 용어지만 『요가수트라』에
나오는 아삼프라즈냐타 사마디asamprajñāta-samādhi(무상 삼매)와 같다. 이 사마
디는 잠재의식의 모든 습기를 제거하여 해탈로 이끄는 최후의 사마디이다.

나 더 높은 미묘한 차원에 머물게 된다. 수행자의 수준을 측정하고 밝히는 과학적 실험은 불가능해진다. 의사들은 그가 죽었다고 진단할지도 모른다. 미묘한 차원에 있더라도 수행자는 물리적 신체를 통해 모든 것을 경험하며 우주와 균형을 유지한다. 일정한 시간이 지난 뒤 수행자는 물리적 신체로 돌아오는데, 만일 이때 과학자나 의사가 진찰하면 그가 다시 살아왔다고 할 것이다.

이 단계에서 수행자는 브라흐만의 완전한 다르샨(통찰)을 얻고, 신적 넥타의 나무는 탐스런 열매를 맺기 시작하며, 뿌리와 가지는 사마디로다크 차크라에 굳건히 확립되어 뻗어나간다. 이 상태를 니르비칼파 사마디, 즉 요가라고 한다. 진정한 요가는 여기에서 시작한다. 일반적으로 사람들은 사마디나 니르비칼파 사마디를 요가의 궁극 정점으로 여긴다. 그러나 선 요가는 이것을 요가의 시작으로 본다. 이후에 더 많은 단계들이 있기 때문이다.

3가지 종류의 사마디가 있다.

1. 사다란 사마디(일반적인 사마디)는 마음이 한 점에 집중되고, 아나하타 차크라에서 진동이 느껴지는 상태이다.

2. 사비칼파 사마디[34]는 명상 중에 아트만을 일별하는 자기실현인 비슈바루파 다르샨 즉, 브라흐만과의 실제적인 다르샨이 얻어지는 단계이다.

---

34) 사비칼파 사마디savaikalpa-samādhi는 분별의 사마디, 유상有想 사마디이다. 『요가수트라』의 삼프라즈냐타 사마디amprajñāta-sāmadhi(유상 사마디)와 같다. 이 사마디는 거친 대상을 갖는 상태, 미세한 대상을 갖는 상태, 희열이 있는 상태, 자아의식을 대상으로 하는 상태 4종류로 구분되기도 한다.

3. 니르비칼파 사마디는 아쉬탕가 요가(8지 요가)의 8번째인 사마디 의 단계에 이르러 아트마 다르샨을 얻는 것인데 이 단계에서 과학 적 측정이나 실험은 불가능하다.

이제부터 요가의 과학적, 철학적, 그리고 영적 측면을 살펴보자.

베다철학에서는 파람이슈와라, 파람피타, 파람브라흐만을 '바가 완'[35]이라고 말한다. 바가완이라는 말은 과학적, 철학적, 영적인 세 계와 아름다운 관련성을 가진다. 바가완이라는 말의 글자를 분리 하면 BHA-GA-V-A-N이 된다.

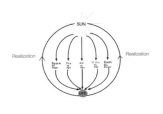

생명의 창조 BHAGAVAN

BHA라는 음절은 bhumi tattva, 즉 땅 요소의 자기력에서 나왔다. GA라 는 글자는 gagan, 즉 하늘의 자기력 에서 나왔다. V는 vayu, 즉 공기 요 소에서 나왔고, A는 agni tattva인 불 요소와 관련 있다. N은 nira로 물 요 소에서 나왔다. 프라나의 발생은 이 5대 요소를 기반으로 한다. 5 대 요소 중 한 가지라도 흡수되지 않으면 생물은 프라나를 사용하 여 생존하기 어렵다. 프라나가 신체를 떠나면 5대 요소로 해체된 다.

또한 바가완은 진리를 뜻한다. '진리'는 과거·미래·현재에 걸 쳐 변함없이 남아있는 것이다. 프라나의 과거·현재·미래는 바로

---

35) 바가완bhagavan은 신神이나 성인에 적용되는 말로 성스러운 존재를 뜻한다. 여기서는 지고의 존재, 최상의 신을 의미한다.

5대 요소(판차 탓트바)이다. 5대 요소의 결합이 바가완인 것이다.

　5대 요소는 어떻게 존재하게 되었는가? 다시 말해 어떻게 생기게 되었는가? 지구는 태양에서 분리될 때 광자光子 덩어리였는데 이는 불로 오해되었다. 수년간 열을 내뿜으면서 지구는 천천히 식었고, 일부는 허공 요소로 응결되었으며, 일부는 열 에너지가 되었다. 지구가 더 응결되자, 공기 요소, 물 요소, 그리고 마지막으로 땅 요소가 생성되었다. 예를 들어 얼음 같은 고체에 열을 가하면 액체의 열이 된다. 이 물에 열을 더 가하면 수증기가 되어 공기 요소가 된다. 수증기로부터 열기, 즉 불 요소가 나온다. 열이 더 가해지면 수증기는 불가역적인 상태가 되어 허공 요소로 분해된다. 그리고 열을 더 가하면 원자는 전자, 양자, 중성자 등으로 분해되면서 빛을 낸다. 고체인 얼음에서 다른 4가지 요소를 추출하여 결국 빛을 얻는다면 역으로 태양에서 광선으로 나와 지구를 이룬 5대 요소를 얻을 수 있을 것이다. 5대 요소의 근원인 태양은 지구 어디에서나 보이며, 태양은 우주에서 열과 에너지를 얻는다.

　아래의 그림은 5대 요소가 태양과 우주로부터 생성되었음을 명백하게 보여준다. 5대 요소의 결합에서 생명체와 비생명체가 존재하게 된다. 이것은 우주가 바가완(신)이고 신이 모든 존재 속에 내재함을 의미한다. 신은 모두의 안에 거하고, 우리는 신안에 거주한다. 그런데 왜 아직도 슬픔, 탐욕, 고통, 빈곤, 끝없는 비참함에 고통 받는가? 이 그림에서 방향을 살펴보면, 우주 생명의 자기력은 5대 요소를 통해 태양에서 우리에게 온다는 것을 명백히 알 수 있다. 인간은 자신의 생활 방식으로 파괴하기도 하고 잃어버리는 5

대 요소를 통하여 태어나고 죽는다. 이는 자기실현을 이루지 못했기 때문에 생기는 일이다. 자신과 우주의 자기력 사이의 결합을 이룰 수 있을 때 5대 요소는 쉽사리 파괴되지 않을 것이고, 이 결합이 자기실현인 요가를 가져온다.

이슬람은 지고의 힘을 알라라고 부른다. 알라Allah의 음절을 분리하면 4대 요소의 힘을 의미한다. A는 허공 요소의 자기력이나 하늘을 의미하는 아랍어 aasman에서 왔다. LLA는 땅의 자기력을 가리킨다. 또한 그것은 물(apu) 요소의 자기력을 의미한다. HA는 hawa, 공기 요소의

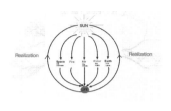

생명의 창조 ALLAH

힘을 가리킨다. 이슬람은 불 요소를 따로 떼어서 인식하지 않는다. 그래서 죽은 자를 화장하지 않고 매장한다.

그러나 이슬람의 예배인 나마즈는 하루에 5회 시행되는데 이를 통해 판차 탓트바, 즉 5대 요소가 수용되었음을 알 수 있다. 나마즈를 통해 알라와의 만남을 이룬다. 나마즈는 일종의 요가이며 영성의 길이다.

그리스도교는 지고의 힘이나 우주의 자기력을 신으로 부른다. 신이라는 단어의 음절을 분리하면, G는 gas나 공기 요소의 힘을 가리키고, O는 대양(oceanic), 즉 물 요소, 그리고 D는 밀도(density), 즉 땅 요소의 자기력을 의미한다. 그리스도교는

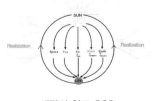

생명의 창조 GOD

불 요소와 허공 요소의 힘을 개별적으로 인식하지 않는다. 그들은 기도를 통해 신과의 만남을 이룬다.

사나탄 힌두 다르마(베다의 힌두율법)에서 '바가완'은 5대 요소의 통합이고, 이슬람에서 '알라'는 4대 요소의 통합이며, 그리스도교는 '신(God)'이 3대 요소의 통합이다. 이는 바가완, 알라, 신 이 세 가지가 분리된 실재라는 것을 의미하는가? 그렇지 않다. 바가완과 알라와 신은 같은 존재의 다른 언어적인 표현일 뿐이다.

5대 요소로 바가완이 무엇인지 완전히 설명할 수는 없다. 또한 4대 요소로도 알라를 설명할 수 없고, 3대 요소로도 신은 완전히 설명되지 않는다. 5대 요소든 4대 요소든 3대 요소든 그 각각은 요소들의 자기력을 말하는 것이다. 모두가 같은 것을 말하고 있다.

『베다』[36]의 'ayam atma brahma(아트만은 브라만이다)'는 '아트만은 신이다'를 뜻한다. 코란의 'allh akbar'에서 아라비아어로 allah는 지고의 존재, 즉 신을 의미하고, 악바르는 아트만을 의미한다. 우루드어에서 악바는 위대함을 뜻한다. 코란은 아트만이 알라라고 말한다. 성경의 'Jesus Christ'에서 히브리어로 jesus는 신이고, christ는 순수한 아트만을 뜻한다. 시크교 구루그란트 사헤브(Gurugranth Saheb, 시크교의 성전)의 'Vahe Guru'에서 Vahe는 아트만의 빛을 뜻하고, 구루는 신을 뜻한다.

이를 통해 모든 종교가 같은 것을 말한다는 것을 알 수 있다. 사

---

36) 베다veda는 인도의 가장 오래된 성전군이다. 베다는 『리그베다』Rgveda, 『아타르바베다』Atharvaveda, 『야주르베다』Yajurveda, 『사마베다』Sāmaveda 4가지로 나뉜다. 베다는 진리 자체가 스스로 드러나 계시된 가르침으로서 일종의 계시서啓示書이다.

나탄 다르마(베다철학)는 아트만을 빛으로 언급한다. 이슬람에서 알라는 빛으로 언급되고, 그리스도교도 신은 빛으로, 시크교에서도 아트만은 빛이라고 한다.

모든 종교의 목적은 같다. 모두가 같은 곳에 도달하기를 원하고, 같은 것을 말하는데 어째서 분리와 분열이 있는가? 모든 종교의 유사성에도 불구하고, 분열은 우리가 아직 충분한 지식을 얻지 못했기 때문에 생겨난다.

히말라야의 에베레스트 산은 전 세계에서 가장 높은 봉우리이다. 우리는 정상에 도달하기 위해서 다른 지역과 다른 국가에서 시작하지만, 서로 다른 기후 조건을 무릅쓰고 모든 이들이 같은 장소에 도달한다. 다른 경사면을 통해서 오르는 동안 다른 루트들도 같을 거라 생각하지만 그 길들은 모두 다르다. 심지어 정상에 도달한 뒤에도 히말라야에 대한 전반적인 지식을 얻을 수는 없을 것이다. 마찬가지로 다양한 종교가 다른 경전과 수행법을 가지며 각 종교의 모든 지식을 알기는 어렵다. 그러나 모든 종교의 궁극적인 목적은 진리와 자아실현의 추구이다.

사마디에 잠긴 아트만이 우주의 전자기적 근원과 함께 하는 상태에서 물리적 신체를 비로소 제대로 볼 수 있고, 그때 완전한 자기실현을 얻는다. 그리고 세계 모든 생명체와 비생명체에서 자신을 보고, 자신 속에서 모든 생명체와 비생명체를 카스트와 교리, 종교에 관계없이 보게 된다. 아트만이 지고의 존재와 합일할 때 카스트나 교리, 종교 같은 차이에 얽매일 수 없다. 모든 것이 하나로 합일되는 이것은 요가의 결합을 통해 가능하다. 이것은 요가의 통합이다.

　우주의 지고한 힘은 태양을 통해 지구로 5대 요소의 자기력을 보냄으로써 스스로를 생명체와 비생명체로 현현시킨다. 서로 다른 종種도 동일한 지고의 힘에서 생성되었고, 인간은 그중에서 가장 지성적인 종이다. 이 에너지가 존재를 떠나면 생명체는 죽게 된다. 물리적 신체는 다시 5대 요소로 분해되고 지고의 힘에 흡수된다. 간단히 말하면 하나는 다수가 되고 다수는 하나가 된다. 이것이 창조의 사이클이고 우주라는 자기력의 풀pool이 통합되는 현상이다.

제2부 선 요가의 실제

1. 고대 문헌의 선 요가

태양의 거대한 힘은 지구의 생명체와 비생명체 모두에게 주요한 에너지원이다. 바로 그 힘이 창조와 유지와 파괴의 과정을 통해 우리를 존재하게 한다. 간단히 말해 태양은 지구에 있는 모든 에너지의 근원이며, 지구에서 태양을 대체할 에너지원은 없다. 생명체와 비생명체가 가진 모든 문제는 태양의 힘으로 해결 가능하다.

뉴턴의 법칙처럼 모든 작용은 동등한 반작용을 가지기 때문에 문제가 아무리 어려워도 거기에는 태양을 통한 정해진 정확한 해결책이 있다. 태양은 내적인 빛과 외부의 지고한 빛(우주의 빛) 사이에 연결점을 만들어 낸다. 선 요가는 내적 빛과 우주의 빛, 내적 진동과 우주의 진동, 개체적 영혼과 지고의 영혼을 연결하는 힘이다. 물리적, 경제적, 지성적, 감정적, 영적인 문제의 해답은 선 요가의 수행과 과학을 통해 얻을 수 있다. 이것은 죽은 자도 살리는 인도

선 요가 명상

고대의 약초 산지바니와 같아서 모든 문제에 대한 해답을 준다.

선 요가의 수행은 매우 고대적이어서,『리그베다』에도 언급되어 있다.

> 태양은 모든 빛 중에 가장 위대하다. 그 자궁에서 궁극적 진리가 현현한다. 광대하고 완전하며, 지구의 모든 존재들의 얼굴에 아름다움을 부여한다. 그것은 세상에 빛을 주고 스스로 빛난다. 태양 응시를 통해 무지의 어둠을 축출하고 궁극적인 밝음을 경험할 수 있다. [37]

> 아! 태양의 광대한 빛에서 출현하시어 태양에서 우리를 보시며,
> 평화와 희열로 지구에 있는 저희와 모든 생명체, 산과 물과 지구상의 형태를 가진 모든 것들을 축복하시는 수리야 나라야나여! [38]
> 동서남북 사방의 우주의 창조자이신 사비타여! 부디 모든 곳에 머무소서.

37)『리그베다』 10/170/3.

사비타 여신이여! 저희는 아무 조건 없이 당신께 순복합니다.

신의 실현이라는 궁극목적을 성취하고 아름답고 순수한 삶을 이끌기 위

해서입니다.[39]

『리그베다』에는 태양신 수리야와 태양여신 사비타를 찬미하는

많은 구절(7/35/10, 6/51/11)이 있고 『백白 야주르베다』에는 태양(수리

야) 찬가가 있다:

미트라와 바루나와 아그니의 눈이며 신의 빛나는 현존인 그가 일어납니

다.[40]

어둠 너머의 더 부드러운 빛을 보면서 우리는 신중의 신이며 가장 뛰어난

빛인 수리야에게로 왔습니다.[41]

태양은 시비와 분별을 일으키는 무지의 어둠을 제거하고, 악과

부정성에서 우리를 해방시킨다. 우리를 수행으로 이끌어 장애 없

고 영원한 최상의 행복을 얻게 한다. 이를 통해 수리야 브라흐마와

같은 지복상태에 머물게 되고, 깨달음을 얻는다.

『백 야주르베다 상히타』(9/9/11/7)에는 사비타 여신에 대한 찬가

가 있고 『사마베다』(9/10/9-2), 『아타르바베다 상히타』(1/6/31/4), 『찬도

---

38) 『리그베다』 7/35/8
39) 『리그베다』 10/36/14
40) 『백야주르베다 상히타』*Shukla Yajur Ved Samhita* 7/42
41) 『백야주르베다 상히타』 20/21

기야 우파니샤드』에도 수리야 찬가가 있다.

『바가바드기타』 4장 '카르마를 없애는 지혜의 요가'의 첫 게송은 다음과 같다.

> 크리슈나가 말했다. 이 깊은 합일인 불멸의 요가를 나는 빛 중의 빛인 태양신 비바스바에게 가르쳤고, 비바스반은 인류의 조상인 마누에게 가르쳤으며 이어서 마누는 익쉬바쿠 왕에게 가르쳤다[42]

이 특별한 요가는 이렇게 라자 리쉬라 불리는 인류에게 전해졌지만, 시간이 지나 세상에서 이 요가는 희미해졌다. 고대에도 수리야 요가(선 요가)를 수련했지만, 바른 수련 과정은 어디에도 언급되지 않았다. 대화신 바바지께서는 이 비의를 알고 계셨지만 시기가 아니었기 때문에 가르침을 펴지 않으셨다.

그런데 1995년 필자가 폰디체리에 머물 때 이 위대한 요가가 현시되었다. 1995년 2월에 선 요가를 발견한 사정은 『선 요기의 전기』Autobiography of Sun Yogi에 밝혔다.

우리는 선 요가를 통해 파탄잘리의 8지요가 모두를 체험할 수 있다. 8단계는 야마, 니야마, 아사나, 프라나야마, 프라티아하라, 다라나, 디야나, 사마디인데, 8지요가보다 높은 9번째 단계까지 선 요가를 통해 단기간에 도달할 수 있다.

생명체 중에 인간으로 태어나기는 어렵지만, 인간은 이번 생에 궁극목적에 도달할 수 있다. 당신이 사회 어떤 계층에 속하든 자신

---

42) 『바가바드기타』 4/1

이 하는 일과 함께 선 요가를 행하여 궁극적인 목적에 도달할 수 있다. 당신이 대통령이든, 하층계급이든, 평범한 가장이든 그 누구나 지금과는 전혀 다른 생명의 진동을 체험함으로써 궁극목적을 성취할 수 있다. 그리고 협소한 의식, 긴장, 고통, 슬픔, 고난, 빈곤, 낙담, 지구적 불안정, 불치병 등의 왜곡된 차원과 믿음 너머로 상승할 수 있다. 당신은 이 모든 부정적 차원을 넘어 상승할 수 있다. 당신은 생존하기 위해 밥과 물에 의존하지 않으며 생의 자유를 얻은 지반묵타[43]가 될 수 있다.

당신의 영혼은 사트-칫트-아난다(존재·의식·환희)[44]로서 현현하는 베단타 철학의 최고 경지에 안주함으로써 모든 생의 매 순간을 지복 속에 머물 수 있다. 선 요가를 통해 궁극목적에 도달하고 평화 속에 머물 수 있다.

사회 모든 계층의 사람들이 이전의 과오를 깨달아 벗어버리고 자신들의 모든 진동을 향유할 수 있다. 그러므로 선 요가는 사회의 철학이자 거울이 될 수 있다.

---

43) 지반묵타jivan-mukta는 살아서 해탈한 자, 생해탈자生解脫者를 뜻한다. 신체를 가지고 있을 때 즉 살아 있을 때 완전한 깨달음을 얻는 자이다.
44) 삿트-칫트-아난다(sat-cit-ānanda)는 존재·의식·환희를 뜻한다. 이는 베단타에서 말하는 브라흐만(우주적 순수영혼)과 아트만(개인적 순수영혼)의 세 가지 본질적 특성이다.

2. 선 요가의 과정과 준비

야마, 니야마, 그리고 아사나는 선 요가의 중요한 부분이다. 우리는 학교에 입학하기 전에 글자를 하나씩 쓰면서 문자를 배우고, 입학해서는 열심히 쓰기를 배운다. 고등교육을 받아 대학까지 이르면 문자와 숫자 등에 구애받지 않고 좋은 문장을 쓸 수 있게 된다. 고등 교육자들은 많은 정보를 읽고 또 읽으면서 지식을 기억으로 저장한다. 마음은 마치 컴퓨터처럼 문장을 만들기 위해 저장된 정보를 사용한다. 마찬가지로 야마, 니야마, 아사나는 선 요가의 기초이다. 더 많이 수행할수록 사마디 수준에 빠르게 도달하게 되고, 수행도 더 깊어질 것이다. 야마, 니야마, 아사나에서 사마디 수준에 이르기까지는 매우 주의 깊게 수행해야 한다. 사마디 단계 이후에는 영적 성장이 자연스럽게 진행될 것이다.

그러나 선 요가에서 니르비칼파 사마디의 단계는 단지 시작일 뿐이다. 이 점은 이미 야마, 니야마의 장에서 언급했다.

본격전인 선 요가의 준비 단계인 '사진 명상'을 적극적으로 권장한다. 사진 명상의 가장 좋은 시간은 브라흐마 무후르타[45](새벽 4시)이다. 바쁜 스케줄을 가진 사람들이 수행하기 좋은 시간은 막 일어났을 때이며, 가장 완벽한 시간대는 새벽 4시에서 6시까지이

---

45) 브라흐마 무후르타brahma-muhūrta는 브라만의 시간이다. 명상하기 위한 가장 적합한 시간으로, 쿤달리니 샥티가 솟아오르는 일출 시간대이다.

다. 주위 환경이 고요하고 평화롭기 때문에 쉽게 집중할 수 있다.

일어나자마자 씻고 준비한다. 그리고 부모님과 앞선 수행자들께 경배를 올린 뒤 최소한 30분은 수행해야 한다. 연화좌, 달인좌, 소머리좌 혹은 금강좌 중에 어떤 자세로 앉아도 되지만 척추는 곧게 펴야하고, 몸은 이완되어야 한다. 그러나 위의 4가지 자세로 앉기 힘든 물리적 한계를 가진 사람들은 편안하게 느껴지는 자세로 앉거나 의자에 앉아도 좋다. 그러나 아무래도 4가지 아사나로 앉을 때 전자기적인 진동이 증가하며 쉽게 집중할 수 있게 된다.

만일 일이나 여행으로 집을 떠났다면, 머무는 숙소에서도 수행할 수 있지만 집에 돌아왔을 때는 일정한 장소에 앉아야 한다.

자신의 사진을 3~6장 정도 보유하는 것이 좋다. 사진은 가로 30센티, 세로 25센티 정도로 자신의 눈과 얼굴이 선명히 나와야 한다. 사진을 눈 위치 높이에 붙이고, 사진과의 거리는 자신의 시력에 따라 조정한다. 눈 높이에 맞게 사진을 두면 척추는 자연히 직립한다. 그러나 허리가 곧게 펴지더라도 이완되어야 한다.

많은 사람들이 왜 구루나 부모, 그리고 사랑하는 신의 사진이 아닌 자기사진을 봐야하는지 묻는다. 사랑하는 누군가의 사진을 본다면 집중은 아주 빨리 이루어지는데 우리는 본래 자기 자신을 가장 사랑하기 때문이다. 다른 누군가를 자신보다 더 사랑할 수는 없다. 이러한 사랑을 이기적인 자기애로 해석할 필요는 없다. 우리는 내면에 지속적으로 우리를 보호하고 자신 쪽으로 끌어당기는 아트만의 자기력을 지니고 있다. 대체로 마야의 환상 속에 있기 때문에 아트만의 자기력을 평소에는 인식하지 못하지만 가끔은 그것을 느낄 수 있다. 그러므로 자신의 사진을 걸어두는 것이 가장 효과적이다.

만일 다른 누군가의 사진을 사용한다면 시간 낭비일 것이다. 왜냐하면 먼저 그 사람의 아트만에 연결된 후 그의 아트만에 반영된 나의 아트만에 연결되기 때문이다. 만일 자신의 사진에 집중한다면 자신의 자기력이 떠올라 거울처럼 비출 것이다. 이것이 에너지와 시간의 낭비를 막아준다.

한편 거울, 촛불, 벽의 한 점을 이용해서 수행할 수도 있다. 그런데 수행의 초기단계는 마음이 쉴 새 없이 움직이고 눈의 움직임도 매우 빠른데 거울의 움직임은 두 배의 빠르기가 되기 때문에 수행자의 집중을 어렵게 한다. 촛불과 벽의 지점은 3번째 선택 사항이다. 수행자가 이것들의 진동에 집중하려면 시간이 더 많이 걸린다. 그래서 자신의 사진이 가장 좋다.

눈을 감으면 생각이 쉽게 일어나 방해 되지만, 눈을 뜨면 생각이 덜 일어난다. 감은 눈, 점, 촛불 등으로 한동안 수행하는 것은 디야나 단계에 도달할 때까지 도움이 된다. 디야나 단계에 도달하기 위해 수행자는 몇 단계를 뛰어넘어야 하는데 이 과정은 송과체에 압력을 가하여 머리를 무겁게 하므로 많은 수행자들이 도중에 포기하게 된다. 그러나 이 압박을 조절할 수 있는 수행자만이 다음 단계로 지속해 나간다.

많은 사람들이 염주를 굴려 만트라를 외우고, 종교서를 읽으며, 바잔(찬가)을 읊고, 의례를 거행한다. 이러한 다양한 수행을 해볼 수 있지만 오직 100퍼센트의 집중만이 디야나로 이끈다. 디야나가 아닌 위의 수행에서 마음의 1퍼센트는 언제나 다른 곳에 있게 된다. 99퍼센트를 집중하더라도 마음의 1퍼센트가 흔들리면 명상을 할 수 없고 앉아 있을 수 없다. 100퍼센트 집중할 때는 찬가를 읊을지, 염주를 돌릴지, 종교서를 읽을지 동요되지 않는다.

의례를 거행하고, 많은 찬가를 부르고, 무수한 만트라 기도를 하며 자신을 대단한 수행자로 여기는 사람들이 있다. 그들은 에고중심적인 인물이 된다.

앞에서 언급한 다양한 수행은 해당 종교나 종파를 믿는 자들을 위한 것이지만, 자신의 사진으로 하는 명상은 전 세계 누구나 매일 진정한 자기 자신을 만나기 위해 행하는 수행이다. 당신이 누구든 당신이 무엇을 하는 사람이든 이 명상을 할 수 있다.

3. 사진 명상과 눈과 눈 명상

일정한 장소에 척추를 곧게 펴고 몸을 이완하여, 사진을 앞에 걸어두고 편안히 앉는다. 눈을 감고 부모님과 구루와 선배 도반들, 그리고 내게 크고 작은 배움을 줬던 분들을 존경한다. 모든 생명체와 비생명체, 그리고 전 세계인을 가족처럼 여기고 그들 모두를 사랑하는 마음을 느낀다.

1. 나는 누구인가?
2. 나는 무엇을 원하는가?
3. 나는 그것을 왜 원하는가?
4. 나에게 이 삶의 목적은 무엇인가?
5. 내가 하고 있는 일과 내가 원하는 것에는 어떤 관계가 있는가?

마음속으로 답을 예상하지 말고 위의 천천히 질문을 던지고 난

이란 테헤란의
사진 명상

후, 시작한 일은 무엇이든 완성하고 목표에 도달하기를 굳게 결심해야 한다. 무슨 일이 있어도 멈추지 않겠다는 의지가 확고해질 때까지 눈을 감고 결심을 반복해야 한다.

준비가 되면 천천히 눈을 뜨고 사진 속 자신의 두 눈만을 바라본다. 많은 생각이 마음에 떠오르겠지만 멈추지 말고 다만 사진의 눈에 집중하라. 만일 당신이 그 생각들에 저항하면 생각은 사라지지 않지만, 그것들을 그대로 놔둔다면 서서히 흘러 사라질 것이다. 편안함을 느낄 것이고 안정된 견고함을 느낄 것이다.

간혹 초반부터 눈이 젖기 시작할 것이다. 그러나 눈물은 눈을 정화하고, 세균을 제거한다. 가능한 한 눈을 깜빡이지 말고 사진에 집중해야 한다. 눈은 서서히 시원해질 것이다. 눈꺼풀을 움직이지 말고 지속적으로 사진을 응시해야 한다. 이것을 30분 동안 행해야 한다. 대개 응시가 고정되는 데에는 10분에서 15분 가량 걸리는데, 일단 응시가 고정되면 눈이 자동적으로 감기게 된다.

사진 속의 두 눈만 보게 될 때까지 이것을 매일 수행해야 한다. 사진 속의 눈에 대한 응시가 고정되면 오감은 하나에 집중되고, 만족과 행복의 감각을 체험한다. 그리고 호흡이 느려지면서 공기요소와 조화되어 자연스럽게 규칙적인 호흡 수련(프라나야마)을 하는 것처럼 된다. 이 수준에 도달하면 프라나야마를 따로 수행할 필요가 없다.

쉬지 않는 원숭이 같은 마음이 스스로를 제어하기 시작한다. 당신이 매일 어떤 일을 행하든 행복을 느끼게 된다. 당신은 수행을 통해 이 단계에 머무는 습관을 들여야만 한다. 매일 수련을 지속하면서 수행자는 내면의 깊은 안정을 느끼게 되어 명상을 마칠 때는 아주 천천히 눈을 감을 수 있다. 쉬지 않고 타오르던 감각들이 잠잠해질 때까지 눈을 감은 채 있어야만 한다.

그 후에 눈을 질끈 쥐어짜듯 감았다가 다시 이완하기를 3~4회 반복한다. 눈을 감고 손이 뜨거워지게 손바닥을 비벼서 천천히 손바닥을 눈에 갖다 대고 다섯 손가락 끝으로 눈두덩을 지긋이 마사지한다. 이것을 3~4회 한 뒤, 천천히 눈을 뜨고 이완한다.

우선 두 눈에 집중하여 수행한 다음에는 한 쪽 눈에 집중한다. 눈을 뜨고 이를 바르게 수행하면 집중은 점차 내면의 아즈냐 차크라로 상승한다. 프라나야마 크리야가 자연스럽게 내면 깊숙이 일어난다.

이 수련이 능숙해지면 다음에는 홍채를 응시해야 한다. 홍채 응시에 완전히 집중하는 순간 몇 초간 빛나는 점을 보게 될 텐데, 천상의 기쁨과 평화 및 지복감을 체험하게 된다. 이와 함께 아나하타 차크라로부터 진동이 온 몸으로 점점 퍼져나간다. 이 단계에서 수행자는 생각 없는 상태에 들어 원숭이 같은 마음이 고요해지면

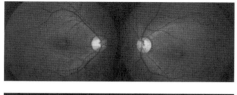

우마상카르지의
눈 사진

서 프라나야마의 첫 단계가 끝난다. 이것을 사마디의 상태라고 한다. 이 빛은 어디에서 오는 것일까? 빛은 내면에서 나타나는 것이지 외부에서 오는 것이 아니다. 그것은 자신에게서 드러난 빛이다.

홍채에 집중할 수 있게 되면 응시가 자기도 모르는 사이에 두 눈썹 사이의 아즈냐 차크라에 고정된다. 이 지점에서 송과선이 활성화되면 각 감각기관 신경의 활성화에 의해 시각, 청각, 촉각, 후각, 미각의 감각들이 고조된다.

만일 모든 감각기관과 감각이 조화되면 이다와 핑갈라 나디가 활성화되고 슈슘나 나디와도 접촉하게 된다. 신체 모든 세포가 생장하고 진동하며, 모든 빛과 진동이 아나하타에 집중되어 몸 전체로 퍼진다. 노력하지 않아도 수행자는 프라나야마를 성취할 수 있고, 사마디의 기본 단계를 완성한다.

하타 요가의 단계들은 체계적이지 않아서 많은 수행자들이 길을 찾지 못하지만, 사진 명상은 모든 단계가 『요가 수트라』처럼 명료하게 설명되기 때문에 수행자는 몇 번이든 그 단계에 도달할 수 있다. 수행자가 마음과 지성의 균형 및 제어력을 잃을 위험은 없

인도 라치푸르의
눈과 눈 명상

다. 지성은 오히려 더 날카로워진다.

이것이 가장 기본적인 중요한 단계이다. 수행자 내면의 부름이 있기까지 수행을 계속해야 하지만, 부름을 받는다면 이후엔 사진 명상을 더 하지 않아도 된다. 왜냐하면 수행자는 빛을 볼 수 있을 것이기 때문이다.

다만 수행자는 사진 명상의 시작부터 끝까지 따라야 한다.

그리고 사진 명상에서 더 나아가 눈과 눈 명상을 행할 수 있다.

사진 명상은 사진 속 자신의 눈을 집중하지만, 눈과 눈 명상은 상대방의 눈에 집중한다. 그룹 명상에서 적절한 파트너와 팔 너비 간격으로 마주 앉는다. 이 거리가 참가자의 눈 사이의 균형을 유지해 주기 때문이다. 시력이 약한 사람은 안경을 써도 된다.

사진 명상과 동일한 단계를 수련해야 한다. 먼저 두 눈을 보고, 다음에 한쪽 눈을 보며, 최종적으로 단지 눈동자만을 본다. 초기에 웃음이 터질 수도 있는데 안정될 때까지 웃어도 괜찮다. 이후 자연스럽게 집중이 가능해질 것이다. 내면이 준비가 되면 더 이상 웃음이 나오지 않을 것이다.

눈과 눈 명상의 가장 큰 이점은 서로 다른 차원의 영적 진보에 있는 사람들을 이해하고, 자신의 위치도 다시 볼 수 있다는 것이다. 눈과 눈 명상은 친구, 연인, 부부, 혹은 형제자매같이 친밀한 사람들과 하는 것이 좋다.

그러나 이 역시 빛을 보게 되면 이 명상을 더 이상 하지 않아도 된다.

4. 빛 명상과 선 요가의 명상

일단 당신이 밝은 빛 한 점을 볼 수 있게 되면 어디에 집중하든 빛을 볼 수 있게 된다. 어떤 지점이든 단지 응시를 고정하기만 하면 된다. 비록 처음엔 마음이 집중된 듯해도 욕구와 욕망이 수시로 명상을 방해할 것이다. 욕망에서 자유로워져야 하고 사심 없이 빛과 하나 되도록 노력해야 한다.

점차 빛은 한 지점에 자리 잡는다. 안정된 빛은 점점 더 밝아지게 된다. 그리고 아나하타 차크라의 진동은 증가하면서 심박수가 점점 내려간다. 외적으로는 아무 일도 일어나지 않지만, 아나하타 차크라의 진동 경험은 깊은 만족과 평화의 느낌을 증장시킨다. 아나하타의 파동과 진동이 전신에 퍼지면 아나하타 차크라가 활성화된다. 그러나 세 가지의 해로운 감정인 증오, 수치심, 두려움이 아나하타에서 발생하지만 일단 신체에 영적 진동이 증가하면 이러한 부정적인 감정도 중화된다. 이 진동들은 수행자가 평화를 찾도록 돕는다.

여기서부터 프라티아하라(감각제어)가 시작된다. 수행자가 비이기적으로 욕망을 버리고 전면적인 순복 속에서 명상의 강도를 높이면, 빛은 점차 그 지점에서부터 퍼져나간다. 아나하타의 진동수가 증가하고 마니푸라와 비슛디의 접촉이 이루어지면서 진동이 전신에 퍼져나간다. 이때가 쿤달리니가 각성되는 때이다.

마니푸라에는 부정적 감정인 분노, 탐욕, 욕정, 질투, 오만이 자리 잡고 있다. 부정적인 이 감정들은 평화를 방해하고 뱀으로 비유된다. 이 감정들은 마니푸라 차크라에서 서로를 뱀처럼 휘감고 있다. 마니푸라와 비슛디의 연결이 확립되면 5가지 하위 감정들은 풀려나고 중화된다.

명상이 강렬해지면서 쿤달리니가 각성된다. 아나하타와 스와디스타나 사이의 진동이 강해지면 성욕이 감소하는데 그렇다고 성욕이 근절되는 것은 아니다. 만일 부모가 이 상태에 있으면 매우 지성적인 아이가 태어난다. 미혼의 수행자는 이 성욕을 길들이고 신을 추구함으로써 정화된 기쁨을 체험한다.

아즈냐 차크라가 제3의 지혜의 눈을 열면 수행자는 옳고 그름을 구분할 수 있게 된다. 그럼으로써 프라티아하라의 단계는 목적지에 도달한다.

명상이 심화되면 아나하타 차크라의 진동은 더 강력해지고 물라다라와 사하스라라 차크라가 연결되면서 대량의 빛이 사하스라라 차크라에서 나타나 수행자는 밝은 빛의 바다에 압도되는 느낌을 받게 된다. 수행자는 완전히 순복해야 하고, 곧 상황은 안정된다.

이 단계에서 아이처럼 활기차고 행복한 상태인 파라마함사[46]를 성취하게 되고, 차크라 사이를 연결함으로써 모든 상황에 적응할 수 있게 되어 지혜를 얻을 것이다. 그래서 이 단계는 다라나라고 불린다.

더 깊은 명상단계로 들어가면 아나하타의 진동이 더욱 커져서 사

---

46) 파라마함사praramahamsa는 지고의 백조를 뜻하는데, 깨달음을 누리는 자를 부르는 경칭이다. 여기서는 하얀 순백의 백조처럼 순수한 상태를 획득한 경지를 가리키는 용어이다.

하스라라 위의 디야나 차크라와 물라다라 하부의 디야나로다크 차
크라로 퍼져간다. 두 차크라가 연결되면, 매우 빠르게 회전하는 디
야나 차크라에서 강렬한 빛이 방출된다. 옴, 옴카르, 브라흐마나다,
알람, 아멘이라고 불리는 소리가 들리는데 이것은 실제로 신체의 각
세포가 진동하는 소리이다. 세포들이 결합하는 소리는 신체 상태에
서는 들리지 않고, 조대신체 차원을 벗어났을 때만 들린다. 그런 다
음 아즈냐 차크라에서 밝은 빛이 나타나게 되고, 거기서 신의 형상
을 보게 된다. 이것은 실제로 우리들 내면의 신(브라흐만)이다.

　　이 단계에서 수행자는 사마디 상태에 있으므로 외부세계의 감
각은 없다. 이것을 사하자 사마디[47]라고 부른다. 수행자는 완전히
선정 속에 몰입하게 된다. 수행자가 몰입해 있으면 아나하타 차크
라의 진동이 강렬해지고 사마디 차크라와 사마디밸런스 차크라가
연결된다. 엄청난 밝은 빛이 나선형으로 사마디 차크라에서 허공
으로 이동하고, 수행자는 8지 요가의 사마디 단계중에서도 니르비
칼파 사마디에 도달하여 형상이 없는 지고의 존재(니라카라 브라흐만)
과 접촉하는 다르샨을 얻는다.

　　사진 명상과 눈과 눈 명상에 숙달하여 아즈냐 차크라에서 빛이
항상 보이게 되면 우리가 태양과 함께 명상할 때이다. 우리는 이제
태양과 함께 선 요가 1단계를 시작할 준비가 된 것이다.

　　만일 정신적으로 준비된 수행자가 열정적으로 수련한다면, 사진
명상, 눈과 눈 명상, 선 요가 명상을 함께 수련할 수 있다. 선 요가
명상은 완전한 사다나이므로 여기에서 수행자들은 여러 단계를 빠

47) 사하자 사마디sahaja-samādhi는 즉각적인 사마디를 뜻한다.

르게 통과하게 되어 자신이 지금 어느 단계에 있는지 깨닫지 못할 수도 있지만, 사진 명상과 눈과 눈 명상을 수련하면 자신이 어느 단계인지 이해할 것이다. 이 사다나들을 행하는 동안 진보는 점진적인 단계로 일어날 것이다.

선 요가 명상

선 요가 명상은 그 자체로 완전한 사다나지만 예비 단계로써 최소한 사진 명상과 눈과 눈 명상을 해야 한다.

이 사다나들을 행하는 최상의 시간은 새벽 4시부터 6시까지인데, 1단계 선 요가 명상의 최적 시간은 일출 후 2시간까지다. 처음에는 30분 수련으로 시작하지만, 이후부터는 집중의 수준에 따라 달라진다. 수련이 점점 진전되면서 나중에는 태양이 훨씬 강할 때도 선 요가를 행할 수 있다. 선 요가 수련 기간 동안 수행자는 당연히 디야나, 야마, 니야마 등 앞에서 가르친 내용도 수행해야 한다.

태양 광선은 45도 꺾여서 떨어지기 때문에 평평한 땅에서 시작해야 한다. 언덕 꼭대기의 태양 광선은 매우 강렬하므로 초보 수행자에게는 매우 어렵다. 원래 산악지대 출신이거나 지금도 살고 있다면 좀 더 안전하게 수행할 수 있다. 일반적인 과학 상식에 따르면 태양 응시는 시력을 해칠 수 있다. 과학자들이 선 요가 수행을 해보지 못했기 때문에 당연한 연구결과이지만, 선 요가의 정해진 순서대로 수련하면 시력이 오히려 개선되는 결과를 확인할 수 있다. 시력뿐 아니라 우리 수련자 중에 혈액에 퍼진 암으로 고통 받던 사람이 완치된 사례도 있었다. 그렇다면 선 요가를 행할 자격이 따로 있는가. 그렇지 않다.

선 요가는 나이와 계급과 인종과 성별과 종교에 관계없이 누구나 수행할 수 있다.

모든 생명체와 비생명체는 태양의 강력한 힘에 의해 창조되었다. 그들은 태양에 의해 보호받아왔으며, 종국에는 태양으로 흡수된다. 태양은 창조와 유지와 파괴의 근원이다. 태양과 조화를 이룰수 있다면 아마도 태양은 부모보다도 더 우리를 진심으로 보호하고 이끄는 최상의 존재일 것이다. 부모들은 자식들이 잘하면 자식에게서 어떤 것도 앗아가지 않고 기뻐하며 자식이 그릇되면 자식을 바로잡아 그른 일을 멈추게 하여 바른 방향을 보여준다. 그러나 가끔 부모들도 자식에게 헛된 기대를 가지기도 하는 불완전한 존재이다. 그러나 태양은 어떤 창조물에도 해로움을 일으키지 않는다. 태양은 항상 앞으로 향해 진보해가는 우리를 돕는 존재이다.

선 요가는 완벽하게 설명될 수 없지만, 실천적인 확실한 기법을 제시할 수 있다. 그러므로 당신에게는 선배 수행자나 선 요가 지도자의 도움이 필수적이다.

수행자를 알아볼 수 있는 유일한 길은 그들의 성품이다. 좋은 수행자는 본성적으로 허영심이 없고 자신의 지식을 자랑하지 않는다. 그들은 사사로이 이익을 취하지 않으며 신속히 사다나를 수련한다. 그들은 매우 단순하고 이기적인 의도 없이 행위한다. 지도자는 명확하게 니르비칼파 사마디(무분별 삼매)를 통한 자기실현의 단계를 거쳤어야 한다. 지도자의 일은 지혜와 지도가 필요한 사람들을 돕는 것이다. 구루나 지도자가 사마디에 도달하지 못한 채 가르치려 한다면, 수행은 내리막길을 걸을 것이고 결국 완전한 지혜를 결코 얻지 못할 것이다. 이것은 선 요가뿐만 아니라 지혜의 모든 측면에 적용된다.

사마디를 경험하기도 전에 구루처럼 행동하는 사람은 누구에게도 완전한 지혜를 줄 수 없다. 불완전한 지혜로는 사람들을 옳게 지도하기 어렵고 인류애에 바르게 헌신할 수 없다. 만일 가족이나 친구를 지도할 경우가 생긴다면 그 전에 그들에게 자신의 진실을 밝혀 진실하게 이끌어야 한다.

선 요가는 태양을 볼 때 얼굴과 시선의 각도가 매우 중요하다. 보통 주위를 둘러볼 때의 눈은 15도 각도에 있다. 15도 각도는 허공 요소의 각도이다. 이제 당신의 얼굴을 고정하여 움직이지 말고 눈동자를 눈썹 아래의 지점까지 올려 보라. 그래서 확보된 각도는 불 요소의 각도인 15~30도가 될 것이다. 이때 바로 태양을 응시하면 눈에 매우 해롭다. 과학자들이 태양응시를 반대하는 이유가 이것이다.

그러나 여러 번 말했듯이 사전에 야마, 니야마, 아사나, 그리고

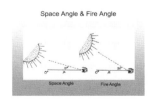

허공 요소 각도와 불 요소 각도

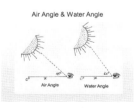

공기 요소 각도와 물 요소의 각도

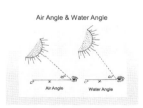

땅 요소의 각도와 위대한 각도

선 요가를 지침대로 수련해왔다면 이 각도는 해롭지 않다.

다음의 30도~45도는 공기 요소의 각도로, 이 각도가 수련을 시작하기에 적합하다. 이 각도는 아즈냐 차크라와 연결되기 쉬워서, 수행자가 아즈냐 차크라를 통해서 태양을 볼 수 있다. 이 각도가 수행자에게 가장 편안하게 사다나를 심화시켜준다. 다음의 45도~60도는 물 요소의 각도로, 초보자에게는 불가능하다. 이 각도에서 숙달된 수련자는 태양으로부터 필요한 물을 얻을 수도 있다.

60도~75도의 땅 요소의 각도는 더욱 어려워 오직 사마디 단계에서만 적합할 것이다. 눈동자의 응시는 고정되지만 언제 어떻게 이뤄졌는지 알아차릴 수 없다. 그리고 위대한 각도 75도~90도는 무無, 혹은 마하순야[48]의 각도이다. 이 각도는 위대한 인간 마하 푸루샤maha purush를 위한 것이다. 이 각도는 진화된 영혼이 수련하는 단계로 그들은 위대한 공성의 상태에 머문다.

---

48) 마하순야mahāsūnya는 거대한 비어있음, 대공성大空性을 뜻한다.

5. 선 요가 명상의 수련

선 요가의 명상을 시작할 때 이미 언급한 야마와 니야마를 수행하고 있어야 한다.

아침에 목욕을 하도록 한다. 그것이 불가능하다면 단지 청량한 상태에 있어도 좋다. 태양이 뜰 때 일정한 장소와 아사나를 선택하여 태양을 마주하고 앉는다. 등을 곧게 펴서 머리와 척추가 자연스럽게 되도록 하고 전신을 이완한 상태로 편한 자세로 앉는다. 먼저 눈을 감고 태양을 친구처럼 바라볼 준비를 한다. 그리고 땅에 엎드려 자신의 부모님께 그리고 구루와 무언가를 알려주신 세상의 모든 선생님께 경배한다. 그들은 연장자일수도 있지만 당신보다 더 어릴 수도 있으며, 친구일 수도 있지만 적일 수도 있다.

그리고 대화신 바바지께 엎드려 경배한다. 그러나 당신이 그리스도교라면 예수님, 불교도라면 부처님, 이슬람교라면 알라신, 힌두교라면 당신이 섬기는 신께 경배하면 된다.

이러한 지극한 경배를 통해 모든 존재를 한 가족처럼 여겨야 한다. 인종과 계급과 피부색과 교의와 성별과 연령에 상관없이 모든 인간과 모든 동식물을 가족처럼 여긴다. 한 가족인 모두에게 사랑을 보낸다.

이제 눈을 감고서, 답을 예상하지 말고 5가지 질문을 던진다.

1. 나는 누구인가?

2. 나는 무엇을 원하는가?

3. 나는 그것을 왜 원하는가?

4. 내 인생의 목적은 무엇인가?

5. 내가 원하는 것과 내가 지금 하고 있는 일의 관계는 무엇인가?

결단과 열정과 확신을 가지고 선 요가 명상에 마음을 안주해야 한다. 그리고 다음과 같이 선언한다.

나는 선 요가를 할 것이다. 선 요가 명상은 나를 위한 것이다.

나는 그것을 할 수 있다.

그 어떤 일이 생겨도 죽음에 이르기까지 이것을 해낼 것이다.

나는 가슴 깊이 태양을 나의 친구로서 받아들인다.

천천히 눈을 뜨고 시선을 두 눈썹 사이 지점에 고정하여 제3의 눈으로 태양을 바라본다. 눈을 위쪽으로 올려 태양보다 약 2인치(5㎝) 정도 위를 바라봐야 한다. 만일 태양이 점점 올라가 각도가 높아지면 머리를 뒤로 제쳐야 한다. 되도록 눈을 깜빡이지 않도록 한다.

그리고 응시가 좀 더 편해지면 눈을 태양과 같은 지점으로 내려도 된다. 처음에는 일출시의 붉은 태양을 응시하는 것이 가장 쉽다. 눈꺼풀을 깜빡이지 않도록 하고 자신에게 위의 질문들을 던져본다. 응시를 유지하면 초반에는 눈이 따갑고 빨갛게 충혈되며 눈물이 나기도 한다. 눈이 너무 따갑다면 눈을 감아도 되지만 다시 눈을 뜨고 응시한다.

그러나 너무 자주 눈을 감게 된다면 위의 결심을 다시 되새겨야 한다. 만일 당신 눈물이 흘러도 응시를 유지하는 데까지 조절할 수 있으면 그때 당신의 눈은 서서히 시원해진다. 30분 동안 응시를 유지한다. 더 오랫동안 응시할 수 있지만 지나치게 하지 않도록 한다. 서서히 여러 가지를 경험하면서 진행하는 게 좋다.

일단 5분~10분간 태양을 바라볼 수 있으면 원형의 빛나는 태양에서 빛이 떠나면서 사라지는 것을 보게 된다. 이 상태에서 기분 좋게 머무르면 행복한 충족감을 느낄 것이다. 더 이상 눈을 방해하거나 압박하는 감각은 없어진다. 수행자는 송과선을 통해서 내면의 빛과 태양빛을 조화시킬 수 있다. 어쩌면 당신은 수행을 시작한 첫날에 이를 경험할 수도 있다.

그리고 당신이 태양을 동전처럼 보고, 그것을 통해 푸른 하늘을 보게 되는 단계에 이르면 동요하는 마음은 더 이상 방황하지 않을

프라나야마

것이다. 다른 명상법에서는 생각이 명상을 방해하지만 선 요가 명상에서는 생각들이 태양 빛에 녹아서 사라진다.

마음이 태양을 원圓으로 바라보게 되고 응시가 안정되면, 송과선은 태양의 허공 요소가 지닌 전자기력을 흡수하여 신체 내부의 허공 요소와 조화시킨다. 이때는 외부의 어떤 잡음도 수행자를 방해하지 못하는데, 송과선이 이미 흡수되는 불 요소와 균형을 이루기 시작했기 때문이다. 그리고 송과선이 공기 요소의 전자기력을 흡수하고 있기 때문에 수행자는 호흡을 자각하지 못한다. 또한 이상한 맛을 느끼기도 하는데 송과선이 물 요소와 상호작용하기 때문이다.

첫날부터 5종 감각을 제어할 수 있을 것이고, 5대 요소의 전자기력 간에 균형을 이루게 될 것이다. 이렇게 선 요가는 궁극적 목적에 도달하도록 수행자를 처음부터 고취시킨다.

수행하면서 내적 만족이 깊어져 오늘은 이만 충분하다고 느껴진다면, 눈을 천천히 감고 눈꺼풀을 강하게 찡그렸다가 천천히 이완하기를 3회 정도 한다.

눈을 완전히 이완했다가 감기를 3~4회 반복한다. 그리고 다음에 눈을 편안히 감고 아즈냐 차크라에 집중하면 밝은 빛을 볼 수 있을 것이다. 빛을 볼 수 있을 때까지 아즈냐 차크라에 집중을 유지하라. 이 빛은 바로 자기 자신이다.

1) 손을 이용하는 법

눈을 감고 손바닥이 아주 뜨거워질 때까지 문지른 뒤 두 손을 눈에 대라. 손바닥이 더 이상 뜨겁지 않게 되면 천천히 손바닥을 내리고, 다섯 손가락으로 눈꺼풀을 오른쪽으로 섬세하게 3회 마사지한다. 그리고 마치 태양빛을 받은 연꽃잎이 피어나듯이 고요하게 눈을 뜬다.

태양에 경배하고 사다나의 도움으로 선 요가를 수행한 것에 감사드린다. 그리고 태양에게 건강과 번영 및 보호 그리고 평화와 조화, 무조건적인 사랑을 달라고 기도한다. 이제 이완한 채로 아사나를 풀고 일어난다.

2) 사바아사나(송장 자세)

선 요가 명상 후에 사바 아사나[49]를 하는 것이 아주 중요하다.

사바 아사나의 순서는 다음과 같다.

최소한 185cm 정도의 성인이 편하게 누울 수 있는 바닥에 등을 대고 눕는다. 손은 몸에서 떨어뜨려 손바닥을 땅 쪽으로 붙인다. 머리는 바르게 하고 눈을 감는다. 관절을 이완하고 풀어준다. 머리

---

49) 사바아사나śabāsana는 송장 자세이다. 『게란다 상히타』2.19에 송장처럼 바닥에 반듯이 눕는 것으로 기술되는데, 이 자세는 피로를 회복시키고 동요된 마음을 진정시킨다. 심신을 완전히 이완시켜 불수의근까지 자율적으로 힘을 빼는 것은 고도의 경지이므로, 요가 아사나 중에서 가장 정적靜的이지만 완성시키기 어려운 아사나이다. 므리타아사타mṛtāsana라고도 부른다.

를 이완하고 하늘을 바라본다. 이때 머리가 한 쪽으로 돌아가지 않
도록 한다. 손과 팔은 누군가 팔을 치켜 올려 끌더라도 땅속으로
축 늘어질 정도로 이완해야 한다.

발가락에서 시작하여 몸의 모든 부분들을 단계적으로 발목, 종
아리, 무릎, 허벅지, 가슴, 등, 목, 얼굴, 머리 뒷면과 정수리까지 이
완시킨다.

먼저 발가락을 자각하고 이완한다. 천천히 주의를 발목으로 이
동하고 그곳이 이완되는 것을 느낀다. 주의를 종아리와 무릎으로
이동하고 이완되는 것을 느낀다. 주의를 허벅지와 엉덩이로 이동
하고 이완되는 것을 느낀다.

그러나 아직 몸의 더 깊은 부분들은 느낄 수 없을 것이다. 주의
를 위장과 가슴으로 옮기고 그것들이 이완되는 것을 느낀다. 주의
를 목으로 옮기고 그 부위가 이완되는 것을 느낀다. 손가락을 자각
하고, 이완되는 것을 느낀다. 자각을 손목으로 이동하여 이완되는
것 느낀다. 자각을 팔꿈치로 옮기고 그곳이 이완되는 것을 느낀다.
자각을 어깨로 옮기고 이완되는 것을 느낀다. 몸 전체를 이완하면
신체의 상하부를 느낄 수 없다.

자각을 얼굴로 옮기고 턱, 뺨, 코, 눈꺼풀, 이마, 귀, 그리고 두피
전체와 머리 정수리를 이완한다. 머리에 있던 모든 스트레스를 풀
어 버려라. 몸의 모든 스트레스와 감각이 정화된다.

이제 자각을 몸 밖의 태양에 둔다. 주의를 태양 속으로 가져가
스스로를 땅위에 놓여진 '생명 없는' 몸처럼 여긴다. 그리고 치료
가 필요한 기관이나 부분을 살펴보고 치료되었다고 암시한다. 몇

분간 관찰을 유지하고 평온함을 느낀다. 조건 없이 신체에 사랑의 감정을 보낸다. 가능한 오랫동안 기쁜 체험 속에 머무른다. 이것을 할 수 있다면 몸의 모든 질병과 부정성을 던져버릴 수 있다. 그 상태에 최소한 15분간 머물러 있어라. 그리고 주의를 태양에서 머리의 정수리, 그리고 얼굴과 목으로 가져오고, 이어서 어깨와 팔꿈치와 손목과 손가락으로 가져가라. 주의를 가슴으로 가져오고 더 내려가서 위장과 엉덩이로 간다. 그리고 무릎으로 옮기고 이어서 발목 그리고 발가락으로 간다. 천천히 발가락, 발, 손가락, 손, 그리고 몸속의 다른 관절을 이완한다. 일단 주의가 되돌아오면 몸 전체의 모든 부분에서 느낌이 오랫동안 경험될 것이다.

이제 손을 움직여 몸을 천천히 왼쪽으로 틀어 평소의 호흡을 유지하며 땅을 손으로 지지하며 몸을 일으킨다. 천천히 자리에 앉아 눈을 서서히 뜨기 전까지 감은채로 한동안 앉아 있도록 한다.

존경의 표시로 몸을 엎드려 태양께 이 모든 놀라운 경험을 당신

프라티아하라 1

에게 준 것에, 그리고 태양의 무조건적인 사랑과 치유에 감사하라.

세션은 완료되었다. 내면의 온기와 평화와 행복을 느끼고 미소를 짓는다. 세션의 지도자와 주위의 모든 존재에 감사드린다.

이제 선 요가를 정해진 시간과 정해진 장소에서 다음의 모든 단계에 따라 수행해야 한다. 각 단계의 과정들은 다음 단계로 넘어가기 전에 세심히 행해야 한다. 수행자는 성급한 기대없이 수행을 지속해야 하고 태양과 우정을 쌓아야 한다.

주어진 체험보다 더 많은 것을 원한다면 실망하게 될 것이다. 순복의 상태, 강한 정신력, 충만한 자신감으로 수행을 지속할 뿐이다. 규칙적으로 수행하고 이를 지속한다면 모든 장애들이 사라지고 매사 순조로울 것이다.

성실히 수행하면 빛나는 원의 중앙에서 맑은 하늘과 가운데 검은 점을 볼 것이다. 이 검은 점은 바로 태양의 블랙홀이다. 수행자가 블랙홀을 보는 순간 사진 명상에서 경험했을 아나하타 차크라의 진동이 몸 바깥으로 퍼진다. 아나하타는 우리 몸의 블랙홀이다.

프라티아하라 2

아나하타 차크라가 열릴 때는 언제나 진동이 있다. 이 진동은 부정적 감정을 중화시키고 신체의 시스템을 정화하여 수련자가 목적지에 도달하도록 돕는다. 수행자는 가장 어려운 프라나야마를 쉽게 수행할 수 있고, 신체의 저항력이 증장될 뿐 아니라 모든 일이 잘 풀린다.

초기에 태양을 하늘 가운데 빛나는 원으로 보는 것은 수행자가 아그니(불) 요소와 조화를 이룰 수 있음을 의미한다. 불 요소는 신체와 눈의 저항력을 강화시킨다. 부지런히 신실하게 수행하면 태양 속의 검은 점들이 증가하거나 줄어들고 확장하거나 수축할 것이다.

진동과 파동이 아나하타 차크라에서 증가하면서 프라티아하라 단계를 통과하게 된다. 프라티아하라 이후 아나하타, 마니푸라, 그리고 아즈냐 사이의 연결이 더 강력해지고, 쿤달리니가 각성될 것이며, 부정적 감정들이 중화된다.

결과적으로 아즈냐와 스와디스타나의 연결이 강화되어 제3의

다라나

눈이 열리면서 몸의 안 밖에서 빛을 보게 될 것이다. 그 다음에 성욕 등의 부정적 감정이 사라지고 영적으로 진보하면서 프라티아하라를 완성하게 될 것이다.

수행이 진전됨에 따라 블랙홀과 태양 주위에 무지개 광선이 나타난다. 이 광선은 열을 내지 않고 청량하게 해주기 때문에 천상에 있는 듯 느껴질 것이다. 사하스라라와 물라다라 사이의 아나하타의 진동으로 느껴지는 강력한 연결이 생기는데, 이것은 수행자가 우주의 전자기력을 받아들일 수 있는 경지에 있음을 의미한다. 이 단계를 '다라나'라고 한다.

수행을 지속하면 태양에서 7색의 무지개 광선이 수행자로 향하기 시작한다. 비이기적인 마음으로 전면적 순복하여 수행하면 7색의 광선이 신체를 뚫고 들어오기 시작한다. 수행자는 물리적 신체 주위에서 빛의 신체를 볼 것이다. 이때가 수행자가 물리적 신체 너머의 미세신체를 처음 보는 때이다.

수행자는 이제 내면의 브라흐만을 보고, 사마디를 경험할 것이

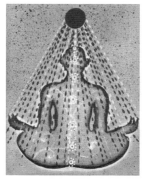

디야나

다. 즉각적인 사하자 사마디로 불리는 이 상태는 디야나(명상)상태이다. 그리고 이때 첫 번째 미세신체는 디야나 샤리라(명상 신체)가 갖춰진다.

수행자가 명상에 잠겨 더 깊은 차원에 접어들면 태양과 광선이나 자기 자신을 볼 수 없게 된다. 빛으로 채워진 미세한 세계만을 보게 되고 개체성을 잊고 궁극적 존재 속에 용해된다. 이 상태에서는 물리적 신체를 건드려도 느낄 수 없다.

수행자는 해탈한 영혼의 삶을 살고, 죽음의 공포를 영원히 극복하게 된다. 이것이 니르비칼파 사마디 단계이다. 이 상태의 수행자는 두 번째 미세신체인 사마디 샤리라(삼매 신체)를 가진다.

이것이 바로 진정한 선 요가의 시작이다. 이전까지는 태양과의 유희였을 뿐이다. 오직 이 단계부터 수행자는 선 요기라고 불릴 수 있다.

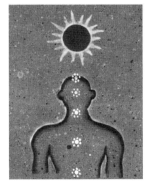

사마디

6. 선 요가 사다나

수행자가 전념으로 선 요가를 수행하여 사마디 단계에 도달하면 그의 영혼은 지고의 존재 및 우주의 초월적 힘과 강하게 연결된다. 그때 수행자는 어디에서나 자신의 빛을 보고 자신의 영혼을 느끼게 되며, 모든 곳에서 자신을 발견한다. 자기 안에서 모든 존재의 현존을 느낄 것이다.

이후 디야나는 저절로 지속되며 홀로 있을 때 언제나 신과 대화하고 그와 하나임을 느낄 것이다. 물론 선 요가를 할 때는 더욱 더 신과 하나임을 느낄 것이다.

선 요가가 진척되면 9개의 미세신체를 통과하여 브라흐마난다 샤리라(우주적 신체)에 도달한다. 선 요가를 지속해온 수행자는 이제 일출 뿐 아니라 태양이 가장 강렬한 정오에도 수행할 수 있을 것이다. 사마디 상태에 도달했다면 태양의 가장 강한 광선 속에서도 수행을 할 수 있다. 당신은 심지어 저녁에도 수행할 수 있다.

이 단계에서는 어떤 시간대에 수행할지 결정할 수 있지만 다음 단계에 도달할 때까지는 주로 일출 시간대에 수행하도록 한다.

완전한 전념으로 수행이 진보하면 아나하타의 파동과 진동이 증가하여 사마디 차크라 상위의 아무리타 차크라와 하위 아무리타 로다크 차크라까지 번져 간다. 이 연결이 이루어지면 수행자는 3번째 미세신체인 아므리타 샤리라(불멸의 신체)에 들어선다. 이때 수행자는 간혹 최상의 싯디[50]를 얻을 수도 있다. 송과선을 통해 음식에서 얻는 영양분을 담은 에너지를 얻을 것이다. 보다 높은 수준에서는 수분도 생성할 수 있다. 사하스라라에서 불멸의 감로(아므리타)[51]가 입으로 흘러들어갈 것이고, 감로가 몸으로 흐르기 시작하면 수행자는 단식을 하면서도 건강을 유지할 수 있다. 단식을 하면서도 물리적 신체의 몸무게를 유지하고 일상의 작업을 해낼 수 있다.

이 단계도 높은 차원이지만 수행자의 궁극적 목적에 이르는 더 높은 차원들이 있다. 그러나 다음 단계로 진전하기 전에 이 단계에 한동안 머물 수 있다.

수행자가 전념하여 진보하면 4번째 미세신체인 지반묵타 샤리라(생해탈자의 신체)에 들어선다. 강력해진 연결로 아나하타의 파동과 진동은 증가하여 상위의 지반묵타 차크라와 하위의 지반묵타로다크 차크라에 도달한다. 이 단계에서는 송과선을 통해 태양으로부터 필수적인 물을 흡수하기 때문에 물을 마실 필요가 줄어든다.

이것은 아주 높은 초자연적 능력중의 하나로서, 수행자는 이 차원에서 영원히 머물지 통과할지를 선택할 수 있다. 그러나 초자연

---

50) 싯디siddhi는 해탈의 성취를 뜻하지만, 요가에서는 능력, 힘, 성공, 획득을 의미한다. 무엇보다 초자연적인 성취 즉 초능력을 뜻하는 경우가 많다. 싯디는 요가 수행으로 얻어진 최종적 해탈과 더불어 그 과정에서 얻어지는 초능력 두 가지를 의미한다. 위에서는 초능력을 뜻한다.

51) 불멸의 감로(아므리타amṛta)는 하타 요가에서 머릿속의 비밀스러운 센터에서 흘러내리는 액체를 가리킨다. 『쉬바 상히타』2.7에 따르면 이 감로는 이다 나디를 통해 흘러 신체를 양육하거나, 슈슘나 나디를 따라 흘러 찬드라(달)을 창조하는데, 쿤달리니 샥티가 물라다라 차크라에서 상승하면 감로의 흐름과 양이 증가한다. 이 감로가 넘치면 엄청난 힘과 활기를 부여하고 질병에서 해방된 최상의 신체 및 초자연력 뿐 아니라 죽음의 공포를 제거하여 진리를 드러내어 준다.

력은 에고를 강화시켜 수행의 진전을 멈추게 한다. 수행자는 이러한 상태를 즐길 수 있지만, 자신이 획득한 지혜들이 아직은 무시해도 좋은 수준의 지혜일뿐임을 명심해야 한다. 수행자는 늘 자신을 성찰하여 에고를 경계하며 수행을 지속해야 한다. 몇몇 능력을 얻은 후에 모든 것을 얻었다고 느끼며 자부한다면 발전이 저해될 것이다. 수행자가 에고에 머물지 않고 나아갈수록 높은 상태에 도달하여 더욱 미묘한 에너지 속에 머물게 된다.

5번째 미세신체는 로그묵타 샤리라(질병에서 자유로운 신체)이다. 아나하타의 진동은 이제 로그묵타 차크라와 하위의 로그묵타로다크 차크라까지 퍼져 나간다. 수행자는 송과선을 통해 태양광선을 흡수함으로써 신체의 모든 질병을 치유할 수 있게 되어 질병으로부터 자유로워진다.

6번째 미세신체, 파라마한사 샤리라(순수의 신체)에 들어선다. 이 단계에서 수행자는 일상에서 아이처럼 행동하고 마음이 흔들리지 않지만, 모든 사람과 함께 어울린다. 아나하타 차크라의 진동과 파동은 파라마한사 차크라와 파라마한사로다크 차크라까지 퍼진다.

수행자는 7번째 미세신체인 차이탄야 샤리라(기쁨의 신체)에 들어선다. 이 단계의 수행자는 친구와 적을 구별하지 않으며, 심지어 맹수도 두려워하지 않고 친구가 된다. 아나하타 차크라의 진동과 파동은 차이탄야 차크라와 차이탄냐로다크 차크라까지 퍼진다.

이제 8번째 아마라 샤리라(불멸의 신체)로 불리는 미세신체를 갖춘 수행자는 의지적으로 죽음을 선택할 수 있는 단계에 도달한다. 아나하타 차크라의 진동과 파동은 아마라 차크라와 아마라로다크 차크라까지 퍼진다.

수행을 지속하여 9번째 미세신체 그라하누사마 샤리라(행성의 신체)에 들어서게 될 것이다. 이 단계에서는 수행자는 지구 어머니의 무한한 생명력과 힘을 부여받아 지치지 않고 일하는 능력을 가질 것이다. 아나하타 차크라의 파동과 진동은 지구의 오존층을 통과하여 아마라 차크라 상부에 있는 그라하누사마 차크라와 하부의 사마로다크 차크라에 도달한다.

그리고 10번째 미세신체인 낙샤트라사마 샤리라(항성의 신체)에 들어선다. 신체는 하나의 행성처럼 기능하고, 아나하타 차크라의 파동과 진동은 은하계를 넘어 낙샤트라사마 차크라와 냑샤트라사마로다크 차크라까지 연결된다.

선 요가를 더 수련하면 11번째 미세신체인 브라흐마난다누사마 샤리라(우주의 신체)에 이른다. 이는 우주의 차원에서 기능한다. 아나하타 차크라의 진동과 파동은 우주 어디에든 도달하여, 브라흐마난다누사마 차크라와 브라흐마난다누로다크 차크라까지 연결된다. 수행자는 선 요가를 통해 최상의 싯디를 성취한다.

수행자는 이제 남은 인생을 어떤 단계에서든 머물 수 있다. 그러나 이 세계에 봉사하지 않고 지복 상태에만 머무른다면 그것도 일종의 이기성이다. 물론 이 이기성은 일반적인 휴머니티에 아무런 나쁜 영향도 주지 않지만, 수행자라면 진리를 추구하는 자들을 도와야 한다. 이를 위해 일반인의 차원으로 내려올 필요가 있다. 그 역시 인간으로 태어났기 때문에 인간의 휴머니티에 봉사해야 한다. 자신은 이미 궁극목적을 달성했고 지복상태에만 머무를 수

있지만 가족과 사회와 국가, 세계와 우주의 평화를 염려해야 한다. 구도자가 찾아오면 바른 영적인 길을 제시하고 보여줘야 한다.

　선 요가의 목적은 개인의 영적 성장뿐 아니라 세계의 조화와 평화, 그리고 인류애를 이루는 것이다. 선 요가는 국가와 계급, 인종에 상관없이 모두를 위한 것이다. 모든 인간은 신성한 감로를 경험할 권리가 있다. 선 요가는 그들에게 이 불멸의 감로를 맛보게 할 수 있다. 모든 이들은 자신의 능력으로 이러한 수행을 성취할 수 있으며, 이는 더 나아가 그가 속한 사회와 이 세계에 평화를 가져다 줄 것이다.

7. 선 요가의 차크라 다르샨과 차크라 자가란

차크라 다르샨과 차크라 자가란은 비유하자면 마치 물을 보는 것과 마시는 것과 같다. 물을 볼 때 긍정적이거나 부정적인 생각이 일어날 수 있고 행복하거나 슬플 수도 있지만 물을 마시는 순간 갈증이 충족되고 만족을 느끼며 생각은 그친다. 차크라 다르샨이 물을 보는 것이라면 차크라 자가란은 물을 마시는 경험이다.

누구든지 차크라 다르샨을 할 수 있지만 이를 위해서 집중이 필요하다. 차크라 다르샨 이후 많은 생각이 발생해서 사다나에 대해 애착감이나 저항감이 생길 수도 있다.

수행자가 차크라와 그 형상, 그리고 차크라의 긍정적이고 부정적인 작용을 지켜보면 불완전하지만 차크라들에 대해서 어느 정도는 이해할 수 있게 된다.

차크라를 지켜보는 차크라 다르샨을 통해 차크라가 각성하기 시작할 때 생기는 긍정적이고 부정적인 작용이 무엇이며, 부정성을 어떻게 극복하고 조화시켜야 할지 알게 될 것이다.

당신은 차크라 다르샨을 모든 차크라 중에서 어떤 순서로든 시작할

차크라 다르샨

수 있지만 각성은 체계적으로 순서대로 진행될 것이다.

1) 차크라 다르샨Chakra Darshan은 어떻게 하는가?

우선 차크라 다르샨을 적절한 지도 없이 시도하지 않기를 바란다. 선 요가에서는 사진 명상이나 눈과 눈 명상에 집중하기 시작할 때 차크라 다르샨을 할 수 있다. 이를 위한 가장 좋은 시간대는 역시 새벽 4시부터 6시까지다. 매일 같은 시간대에 같은 자리에 척추를 펴고서 앉아야 한다.

그리고 모든 차크라를 연결하는 막대와 같은 척추 아래쪽으로 주의를 가져간다. 차크라의 긍정성과 부정성을 경험하기 위해 특정 차크라가 위치한 척추 어디든 주의를 가져갈 수 있다. 그러나 만일 가장 높은 차크라부터 보기 시작하여 낮은 차크라로 내려간다면 사다나를 포기하게 될지도 모른다. 왜냐면 하위 차크라에는 부정적 에너지가 많아 부정적 작용을 일으키거나 사고를 교란하기 때문이다. 그러므로 일반적으로 하위 차크라부터 시작해서 위로 올라가는 것이 안전하다.

온 힘을 다해 주의를 척추의 슈슘나를 통해 꼬리뼈 끝까지 가져가서 그곳에 잠깐 머물러야 한다. 수행자는 물라다라 차크라에서 부정적이고 긍정적인 감정들을 느낄텐데, 아마 처음엔 행복감을 느끼고 이후에 슬픔을 느낄 것이다. 쿤달리니는 이 차크라에서 일어난다. 쿤달리니가 각성할 때는 벌레가 물어도 몸 어디에도 감각이 없다. 내면에서 깊은 만족을 느끼며 다음 단계로 갈 준비가 되었음을 느낄 때까지 물라다라 차크라에 머물러 있어야 한다.

그리고 의식을 통제하며 주의를 척추를 따라 배꼽 밑으로 옮겨야 한다. 이 스와디스타나 차크라에 도달하면 처음에 행복감을 느끼다가 우울과 슬픔을 느낄 것이다. 그리고 이때 성욕이 고조되어 사다나를 방해할 것이다. 성욕을 제어할 수 없어 사다나를 포기하는 경우도 있다. 그러나 통제하기 어려운 성욕의 충동을 인내하고 이 자리에 머문다면 결국 모든 부정성이 떨어져나가 아난다(희열)를 체험하게 된다. 부정적 성적 열망이 전환된 긍정적 아난다 에너지는 대단히 강력하고 지속적이다.

다시 주의를 마니푸라 차크라에서 고정시키기 위해 배꼽 위로 주의를 이동시킨다. 마니푸라 차크라는 5가지 부정적 감정이 자리잡고 있어서 당신은 슬픔이나 절망을 경험할지도 모른다. 그것들은 가슴을 미어지게 할 텐데 잘 인내하면 이후 두 배의 지복과 만족을 즐기게 된다. 이 차크라는 쿨라 쿤달리니의 차크라로서 물리적 신체의 가시적 중심이다. 물리적 신체의 중심인 배꼽은 전자기적 생명 에너지를 모든 분비선에 순환시킨다. 이것은 자궁에서 어머니와 연결되었던 차크라로서 창조를 위해 중요하다.

이제 심장 쪽으로 주의를 이동하면 아나하타 차크라를 발견할 것이다. 수행자는 깊은 만족감과 함께 마음이 기쁨으로 채워지는 것을 느낀다. 안식의 감각을 얻겠지만 약간의 슬픔도 느낄 것이다. 왜냐하면 이것은 부끄러움과 증오와 두려움이 위치한 곳이기 때문이다. 이러한 부정적 감정은 하위 차크라들 만큼 강하진 않으며, 한편으로 많은 긍정적 힘들을 가지고 있다. 약간의 인내심을 가지면 기쁨과 평화와 만족을 경험할 수 있다. 이 차크라를 경험한 뒤에는 휴식을 취할 수 있다.

다음으로 척추를 통해 목의 비슛디 차크라로 주의를 이동해야 한다. 여기에서 부정성은 체험되지 않는다. 이 차크라는 음성으로 표현하는 위치이다. 수행자는 진실과 거짓을 말하는 것이 어떤 효과를 일으키는지 직접 깨닫게 된다. 그는 거짓말을 할 수가 없고, 진실을 말함으로써 자신의 영적 성취를 허물지 않게 될 것이다. 보통 사람들은 반대로 생각하기 쉽지만 영적인 견지에서 보면 거짓을 말하면 상황은 더 악화되고, 진실을 말하면 진보한다. 이것은 궁극적인 목적을 가진 수행자들에게는 더욱 분명하게 적용된다. 이 조건이 만족될 때 의식은 더 높은 차크라로 이동한다.

다시 주의를 슈슘나를 따라서 더 높이 올려서 아즈냐에 이르게 하여 안정되면 빛을 본다. 지혜와 무지의 차이를 이해하기 시작하여 지혜와 무지의 결과 그리고 이 둘의 조화가 무엇인지 이해할 것이다.

주의를 더 높이 올려 사하스라라 차크라를 통과할 수 있는 정수리의 구멍인 브라흐마란드라에 둔다. 그러면 수행자는 빛의 바다로 들어가게 되는데, 그곳에는 오직 희열과 불멸의 감로만이 있다.

전념하여 선 요가를 수련하면 5대 요소를 위해 별개의 사다나를 할 필요가 없다. 선 요가를 하면 며칠 안에 차크라가 활성화되기 시작한다. 선 요가를 한 짧은 시기 안에 모든 차크라가 각성되고 긍정적, 부정적 속성들을 어떻게 제어할지 알게 된다.

보통 차크라 다르샨과 차크라 자가란은 함께 일어난다. 프라나야마의 어려운 단계가 자동적으로 발생하여 처음부터 5대 요소가 통제된다. 당신이 일단 사다나를 하기로 결심한다면 선 요가야말로 가장 평화롭고 완전한 사다나이다.

2) 차크라 자가란Chakra Jagaran

선 요가를 수련하는 동안 태양 가운데 검은 점이 보일 때 아나하타가 각성되는데 그것이 차크라 자가란의 시작이다.

어떤 사다나를 따르든 차크라의 활성은 아나하타와 함께 시작된다. 아나하타는 신체의 블랙홀이다.

버뮤다 삼각지대에서 배와 항공기가 사라진 현상은 유명한 미스테리이다. 배와 항공기의 그 지역 무단횡단이 금지되었으며, 과학은 여전히 이유를 찾지 못했다. 아직 풀지 못한 이 현상은 과학자와 철학자, 영적 탐구자에게 여전히 불가사의한 탐구 주제이다. 우주에 존재하는 것은 무엇이든 우리 몸에도 있는데, 이는 우리 안에 버뮤다 삼각지대가 있음도 의미한다.

태양계 행성들은 자신의 궤도대로 운행하고 서로의 궤도로 들어서지 않는다. 행성들은 서로 떨어

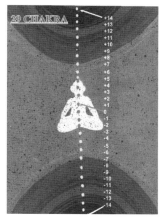

29 차크라
아나하타 차크라에서 진동이 시작된 후에 진동이
위의 브라흐마난다누사마 차크라와 아래
브라흐마난다누사마로다크 차크라까지 퍼져간다.

저 운행하지만 그들이 다른 궤도로 들어서면 그땐 초월적인 전자기력이 궤도를 따라 발생한다. 만일 행성이 이 궤도를 가로질러 들어가면, 그 지점이 그 행성의 블랙홀이 된다. 버뮤다 삼각지대처럼 어떤 비행기나 우주선이 이 궤도를 가로지르면 5대 요소로 분해되어 사라질 것이다.

과학자들은 그들의 수준에서 최선을 다했지만 이것을 밝혀내지 못했다. 왜냐하면 물리적 신체 안의 블랙홀을 찾지 못했기 때문이다. 조사를 시도한 어떤 사람이나 조사들도 틀림없이 사라질 것이다. 그러므로 그것은 물리적으로 불가능하다.

그러나 버뮤다 삼각지대에서 항상 이런 현상이 일어나는 것은 아니다. 이 현상은 9개의 행성이 연속되었던 어떤 특정한 시점에 일어난 일이다. 지금은 행성들이 위치를 바꿨기 때문에 버뮤다 삼각지대는 안전하다.

7개의 에너지 센터인 차크라가 몸 안에 있고, 각각은 자신의 위치와 공간에서 회전한다. 그들은 비슷하지 않지만 수행자가 집중을 통해 차크라를 똑바로 놓을 수 있다면 막대한 전자기 에너지가 생성되는데 그 인력引力의 최고점이 위치한 곳이 중심인 아나하타이다. 수행자는 버뮤다에서 배와 항공기가 사라지듯이 물리적 자각을 잃고 자기 자신을 잃어버리게 된다.

아나하타는 가장 중요한 차크라이다. 그것은 7개 차크라의 중심이자 중립적인 차크라이다. 모든 사다나는 아나하타 차크라에서 시작해야 한다. 블랙홀이 되는 차크라의 과학적 이름은 0(순야)[52]이

52) 순야śūnya는 비어있음, 없음을 뜻한다. 수학적으로는 0이다. 이 0의 개념은 인

되어야 한다.

아나하타 차크라가 각성되면서 3가지 부정적 감정이 중화되면, 수행자는 자신감이 생겨 용맹해지고 매력적으로 변화한다. 블랙홀인 이 차크라가 확장하고 수축할 때, 평화의 파동은 비슛디와 마니푸라 차크라에 도달하여 흡수되어 함께 각성될 것이다.

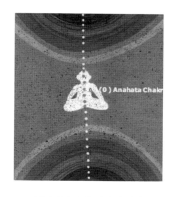

프라나야마가 시작된 지점에서
진동 발생하기 시작.

엉킨 부정적 감정은 마니푸라에서 풀려난다. 비슛디의 전자기력은 부정적 감정을 평화와 고요의 길로 이끌 것이다. 쿨라 쿤달리니가 각성된 수행자는 거짓을 말할 수도 없고, 말하지도 않을 것이다.

비슛디의 과학적 이름은 +1이고, 마니푸라의 과학적 이름은 -1이다.

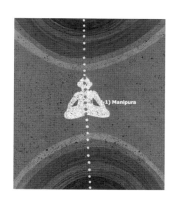

프라티아하라 단계.
쿨라 쿤달리니 각성과
부정적 감정의 정화.

도에서 처음 발견되었으며, 문헌적으로는 자이나교Jainism의 고대 문헌에서 최초로 나타난다. 0의 철학적 종교적 발전이 바로 대승불교의 공성空性 개념이다. 한편 『하타요가프라디피카』4.56에서는 궁극의 사마디 단계를 비어있는 동시에 가득 찬 상태로 묘사하는데 신체적으로는 날숨 뒤에 오는 일시적인 숨의 정지 상태(쿰바카)를 가리키기도 한다. 선 요가에서는 아나하타 차크라를 소우주인 신체 내에 존재하는 블랙홀로 보며, 과학적 이름을 0(순야)로 명명하는데 이는 아나하타 차크라(특히 영적 심장인 흐리다얌)에 집중할 때 자아의식이 소멸하면서 근원으로 흡수되기 때문이다.

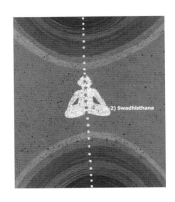

프라티아하라 완성 단계,
제3의 눈 깨어나며 성욕이 제어됨.
초자연적 힘의 발생 단계.

이 과정은 아즈냐와 스와디스타나까지 퍼져나가 그들도 함께 각성된다. 스와디스타나에서 성욕은 제어되고 모두를 사랑하게 되며, 모든 것 속에서 신을 보게 된다.

아즈냐 차크라가 제3의 지혜의 눈을 활성화시키면 수행자는 무언가를 믿기 위해 외부의 증거가 필요치 않게 된다. 자신 속에서 모든 대답을 찾을 수 있기 때문이다.

아즈냐의 과학적 이름은 +2이고, 스와디스타나의 과학적 이름은 -2이다. 여기에서 프라티아하라 단계가 완성된다.

일반적으로 차크라가 활성화되지 않으면 수행자는 물리적 신체 이상의 어떤 것도 느끼지 않지만, 활성화되면 미세한 세계로 들어간다. 아나하타 차크라에서 시작되어 아즈냐와 스와디스타나가 각성되는 동안 모든 부정적 감정은 가라앉고 고요해지면, 물리적 신체 이상의 미세한 신체를 느낄 수 있다. 이 미세 신체는 앞에서 언급했듯이 13번째 단계 중 첫 단계이다.

장애들을 극복하고 첫 미세 신체에 들어갈 때, 수행자는 진보를 방해할 수도 있는 다양한 싯디(초능력)를 얻는다. 수행자는 궁극목적에 집중해야 하고 싯디들로 산란해져서는 안 된다. 이러한 싯디들은 일종의 시험이다. 이것은 모든 수행의 길에 공통된 진리이다. 이것은 5번째 단계(프라티아하라)이다.

이후에 진정한 의미에서 실질적 요가인 다라나와 디야나와 사마디가 이어진다. 많은 요기들이 이러한 싯디를 얻지만 수행의 발전과정에서 오기 때문에 그것을 사용하지 않는다.

선 요가에서는 수행자가 사마디 단계에 들어간 뒤에 싯디들을 하나씩 얻게 된다. 이러한 싯디들은 신적 싯디들이다. 수행자는 이 단계들에서 싯디를 가지고 머물 수 있지만 이것들 역시 일종의 시험임은 분명하다. 그러므로 궁극목적에 도달하는 길에서 오는 이 상태에 너무 오래 머물러서는 안 된다.

선 요가에서 신적인 싯디는 아므리타 샤리라를 얻는 것이다. 이 상태에서 사하스라라 차크라를 통해 아므리타(불멸의 감로)를 얻으면 음식을 전혀 먹을 필요가 없다. 그러나 원한다면 먹을 수 있고 쉽게 소화할 수도 있다.

두 번째 싯디는 지반묵타 샤리라를 갖는 것이다. 이 기간에 수행자는 물을 마실 필요가 없다. 태양에서 직접 물을 얻을 수 있다.

13 미세신체

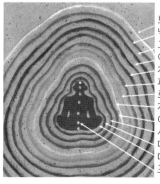

브라흐만다누사마 샤리라 +14 -14
낙샤트라누사마 샤리라 +13 -13
그라하누사마 샤리라 +12 -12
아마르 샤리라 +11 -11
차이탄야 샤리라 +10 -10
파라마한사 샤리라 +9 -9
로그묵타 샤리라 +8 -8
지반묵타 샤리라 +7 -7
아므리타 샤리라 +6 -6
사마디 샤리라 +5 -5
디야나 샤리라 +4 -4
다라나 샤리라 +3 -3
프라티아하라 샤리라 0, +1 -1,
                    +2 -2

물의 다른 이름은 지바(생명)[53]이다. 이것이 이 미세신체가 지반묵타의 신체로 불리는 이유이다.

이런 방식으로 수행자는 점차적으로 로가묵타 샤리라, 파라마한사 샤리라, 차이탄야 샤리라, 아마르 샤리라, 그라하누샤마 샤리라, 락샤트라누사마 샤리라, 브라흐마난다누사마 샤리라의 미세신체를 갖춰나간다. 그 과정에서 수행자는 일정 기간 동안 신적 싯디 속에 머물 수 있지만 사다나를 포기하지 않아야 한다. 싯디보다 훨씬 더 높은 것은 바로 궁극적 진리이기 때문이다.

선 요가 수련 중에 막대한 7가지 광선이 태양의 블랙홀에서 쏟아져 평화의 진동이 사하스라라 차크라와 물라다라 차크라를 각성시킬 것이다. 뇌에 있는 고리가 열릴 것이고, 우주의 전자기력과 연결이 이루어지고, 동시에 내면의 힘을 지탱시킬 것이다. 이 단계는 '다라나'로 불린다.

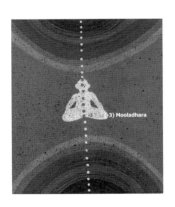

이제 수행자는 두 번째 미세신체로 들어갈 것이다.

사하스라라와 물라다라의 과학적 이름은 +3과 -3이다.

태양에서 나오는 7가지 색의 청량한 광선은 물리적 신체를 터치할 것이고 수행자는 신적 형상을 보게 된다. 자신을 잊어버리고 브라흐마나

다라나 단계. 몸 전체의 모든 세포가 정화되고 성장함. 우주로부터 능력을 받음.

---

53) 지바jiva는 활동하는 것, 생명을 뜻하고, 더 나아가 개체적 자아를 의미한다. 여기서는 단순히 생명을 뜻한다.

다(브라흐만의 소리)를 듣게 되어 디야나로 들어가게 된다.

이제 디야나 차크라(+4)와 디야나
로다크 차크라(-4)가 연결된다. 디야
나 차크라는 대기와 인간 안의 전자
기력이 만나는 지점이고, 디야나로
다크 차크라는 우주와 전자기적 생
명력 에너지가 만나는 지점이다.

수행자가 자신의 첫 미세신체에
있을 때 태양의 청량한 색깔들은 색
을 바꾸어 무채색이 된다. 그때 수행
자는 사마디, 즉 니르비칼파사마디
상태에 들어간다.

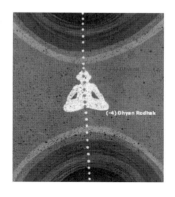

디야나 차크라(대기와 신체의 결합).
디야나로다크 차크라(지구와 신체의
결합)와 마음의 힘과 중력이 조화됨.
무게는 0이 됨. (사하자 사마디) 명
상 단계.
모든 감각기관이 조화되고 사트구루
다르샨 일어남.

이제 사마디 차크라(+5)와 사마디
로다크 차크라(-5)는 연결되고 각성된
다. 수행자는 니르구나(무속성)브라흐
만을 보게 된다.

사마디 차크라는 대류권對流圈의
중심점이다. 이것은 7천계 중의 첫
천계天界를 의미한다. 사마디로다크
차크라는 7하계下界 중 첫 번째 중심
점이다. 이것은 대류권의 반대이다.
대류권에서 더 높이 올라갈수록 열
은 점점 더 낮아져서 -60도까지 떨어

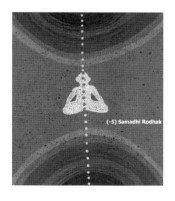

사마디 차크라(대류권의 블랙홀 센
터), 사마디로다크 차크라(지구 첫번
째 층의 블랙홀).
무게는 -가 됨. 죽은 자의 신체같은
상태(니르비칼파 사마디) 깨달음. 아
트마 다르샨 단계.

지는데, 여기는 바람이 아주 세지는 풍대風帶(바유프라바하 만달)의 중요한 층이다. 지대地帶(브흐 만달)밑으로 내려갈 때는 점점 더 뜨거워진다. 지대의 첫 층으로 내려갈 때 열은 증가한다.

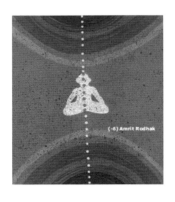

아므리타 차크라(대류권의 블랙홀), 아므리타로다크 차크라(지구의 두번째 층의 블랙홀).
이 단계에서 굶주림이 정복됨.

대류권은 궁극 평화의 자리로서 사마디에 매우 적합하지만 지대의 첫 층은 물리적 세계 쪽으로 끌어내리고 사마디에 장애를 준다. 이는 대류권이 제1 천계이고, 지대의 첫째 층이 지옥으로 알려진 파탈라pātāla이기 때문이다.

이제 두 번째 미세신체로 들어간다. 선 요가에서 수행자가 미세한 영역에 들어갈 때 잇따라 더 높은 상태에 들어간다. 무채색의 미세한 빛을 보면 평화의 파동이 아므리타 차크라와 아므리타로다크 차크라에 도달한 것이다.

이때 세 번째 미세신체인 아므리타 샤리라(+6)에 들어갈 것이다. 아므리타 차크라는 제 2천계의 중심점이다. 이 층에서 원들은 사라져 아무 것도 남지 않는다. 그리고 아므리타로다크 차크라(-6)는 지대의 두 번째 층의 중심으로 제 2파탈라이다.

평화의 파동은 늘어나서 지반묵타 차크라(+7)와 지반묵타로다크 차크라(-7)를 연결하여 수행자는 4번째 미세신체인 지반묵타 샤리라에 들어서고 두 차크라는 각성된다. 지반묵타 차크라는 제3천계의 중심점이다. 이것은 화대火帶(아그니프라바하 만달)의 중요한 층이다. 열은 거의 0도로 내려간다. 지반묵타로다크 차크라는 지대의 세 번째 층으로 제3하계의 중심점이다.

평화의 파동은 늘어나서 로그묵타 차크라(+8)와 로그묵타로다크 차크라(-8)의 연결을 만들고 둘은 각성된다. 수행자는 5번째의 미세신체, 즉 로그묵타 샤리라에 들어간다. 로그묵타차크라(+8)은 대류권의 중심점이다. 이 층은 낮은 온도에서 높은 온도까지 열을 가진다. 로그묵타로다크 차크라(-8)는 지대의 4번째 층, 4번째 파탈라(지옥)이다. 평화의 파동은 늘어나고 파라마한사 차크라(+9)와 파라마한사로다크 차크라(-9)에 도달하여 두 차크라는 각성된다. 수행자는 6번째의 미세신체인 파라마한사 샤리라에 들어선다. 파라마한사 차크라는 전리층電離層의 중심점이다. 이 층은 제5천계로 화대의 마지막 층이다. 파라마한사로다크 차크라는 지대의 5번째 층, 5번째 파탈라(지옥)의 중심점이다.

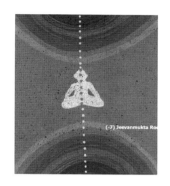

지반묵타 차크라(중간권의 블랙홀), 지반묵타로다크 차크라(지구의 세번째 층의 블랙홀).
이 단계에서 갈증이 정복됨.

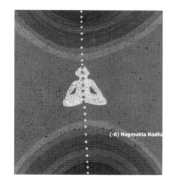

로가묵타 차크라(열권의 블랙홀), 로가묵타로다크 차크라(지구의 네번째 층의 블랙홀).
이 단계에서 질병이 정복됨.

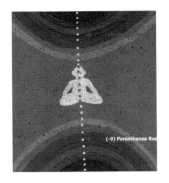

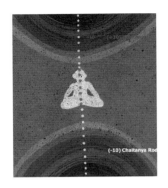

파라마한사 차크라(이온층의 블랙홀), 파라마한사로다크 차크라(지구의 5번째층의 블랙홀). 이 단계에서 파라마한사의 경지를 획득함.

차이탄야 차크라(이온층의 블랙홀), 차이탄야로다크 차크라(지구 6번째층의 블랙홀). 이 차이탄다 단계에서는 적이 없음.

평화의 진동이 도달하여 차이탄야 차크라(+10)와 차이탄야로다크 차크라(-10)를 각성시킨다. 수행자는 7번째 미세신체인 차이탄야 샤리라에 들어간다. 차이탄야 차크라는 제6천계인 이온층의 중심점이다. 이는 공대空帶(아카샤 만달)의 중요한 층이다. 차이탄야로다

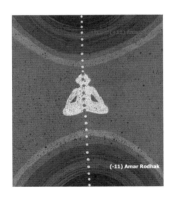

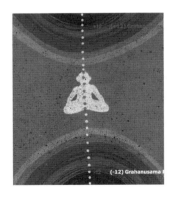

아마르 차크라(오존층의 블랙홀), 아마르로다크 차크라(지구 중앙층의 블랙홀). 이 아마르 단계에서 장수를 성취함.

그라하누사마 차크라(태양의 블랙홀), 그라흐누사마로다크 차크라(달의 블랙홀). 이 단계에서는 신체와 지구의 진동이 동일해짐.

크 차크라는 지대의 6번째 층, 6번째 파탈라(지옥)의 중심점이다.

평화의 진동이 증가하여 아마르 차크라(+11)와 아마르로다크 차크라(-11)에 도달해 각성되면 수행자는 8번째 미세신체에 도달한다. 아마르 차크라는 오존층, 제 7천계의 중심점이다. 여기는 공대와 지구중력이 미치는 마지막 층이다. 아마르로다크 차크라는 지대의 7번째 층, 7번째 파탈라(지옥)이다.

미세파동이 퍼지면 그라하누사마 차크라(+12)와 그라하누사마로다크 차크라(-12)에 도달하고, 이어서 낙샤트라누사마 차크라(+13)와 낙샤트라누사마로다크 차크라(-13), 브라흐마난다누사마 차크라(+14)와 브라흐마난다누로다크 차크라(-14)에 도달한다.

선 요가를 통해 생명의 차크라 모두를 알 수 있게 된다. 7개의 신체 내부 차크라와 11개의 머리 위 차크라, 11개의 몸 아래 차크라 모두 29개의 차크라가 있으며 13개의 미세신체가 있다. 다른 요

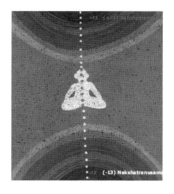

낙샤트라누사마 차크라(은하계의 블랙홀), 낙샤트라누사마로다크 차크라(분자위성의 블랙홀). 이 단계는 신체와 태양의 진동이 동일해짐.

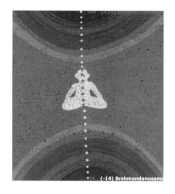

브라흐만다누사마 차크라(우주의 블랙홀), 브라흐마난다누사마로다크 차크라(원자위성의 블랙홀). 이 단계는 신체와 우주의 진동이 동일해짐.

가는 7개의 신체 내부의 차크라만 말하지만 선 요가는 29개의 차크라와 13개의 미세신체를 구분한다.

선 요가를 통한 차크라 각성의 기술은 철학과 과학, 영성의 핵심을 통해 연구되고 증명되고 있다.

8. 선 요가의 유용성

선 요가는 사회적, 철학적, 과학적, 심리학적, 영적, 그리고 경제적 문제와 도전을 해결할 묘책이다. 선 요가는 철학의 철학이고, 과학의 과학이라고까지 말할 수 있다.

선 요가는 수행자가 삶의 일상에서 부딪히는 문제가 무엇이든 실제적 해답을 준다. 미시차원이나 거시차원의 어떤 문제도 해결할 수 있다. 선 요가는 집중력을 증장시키고 추리력을 날카롭게 하며 기억력을 높여준다. 또한 사유의 수준을 높여주고 지혜의 정점에 이르게 한다.

인간은 삶 속에서 많은 문제들을 만나고 해결책을 찾지만 대부분 기대한 답을 찾지 못한다. 뉴턴의 법칙이 알려주듯 문제에는 반드시 해답이 있다고 믿는다면 왜 사람들은 낙담하며 평화를 얻지 못하는가? 왜냐하면 성공과 그 보상만을 추구하지 문제의 근원을 찾지 않기 때문이다. 평화는 어떤 기대도 없는 행위에서 온다. 만일 이기심 없이 어떤 기대도 없이 의무를 다한다면 모든 문제에 대한 분명한 대답을 얻고 성공과 평화를 얻을 것이다.

우리는 가족과 이웃 친구, 그리고 공동체를 위해 일하면서 그들에게 보답받고 싶어한다. 그러나 자신의 일을 행하고 의무를 세심하게 이행하면 결과는 온전할 것이며 자연스럽게 존중받게 된다.

자석으로 변형되기 전에 쇳조각은 다른 쇠를 끌어당기지 못한다. 마찬가지로 자기실현에 이르렀을 때 자기실현을 이룬 자의 사랑에서 방사되는 자력같은 힘에 의해 사람들은 그에게 이끌리고, 평화를 느끼게 된다.

열심히 의무를 다했음에도 불구하고 사람들이 실패하는 이유는 왜일까. 바른 계획과 바른 방향을 찾지 못했기 때문이다. 바른 방향인 자기실현을 위해 바른 방법인 자기탐구를 행해야 한다. 그리고 구체적으로 바른 계획을 가지고 일한다면 바른 결과를 얻는다. 문제는 해결되고 평화를 찾을 것이다.

또한 정신적 힘과 바른 계획을 갖고 있음에도 때로 성공하지 못하는데 이것은 분주한 사고 때문이다. 한 시점에 여러 생각들과 여러 일을 시작해서는 어떤 일도 완수할 수 없다. 한 시점에 한 가지 생각, 그리고 한 활동에 집중하는 것이 시작한 일을 완수하여 다음으로 나아가도록 돕는다.

정신적 훈련을 확립해야 한다. 어떤 일을 하려 할 때 마음은 늘 방황한다. 결과적으로 시간을 낭비하고 일은 지연되어 완수되지 않는다. 문제의 씨앗과 모든 문제는 바로 마음에 있다.

마치 농부가 작물을 돌보듯이 세심하게 마음을 가다듬어야 한다. 경작을 위해서는 좋은 땅이 필요한데, 당신의 아나하타는 이상적인 땅이다. 완전히 마음을 제어하면 작업을 완수할 바른 사고를 갖게 된다. 그때 행동의 바른 계획을 설계할 수 있고 의무를 성공적으로 실천할 수 있다. 이러한 제어된 마음은 선 요가를 통해 길들일 수 있다. 당신의 제어된 마음은 바른 시점에 바른 일을 하도록 이끌 것이다.

이제 일상적 삶에 대해 과학적, 철학적, 영적인 관점에서 고찰해 보고, 선 요가의 역할을 알아보자.

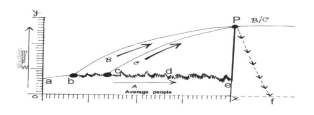

인생 곡선 그래프

도표에서 OX축은 태어나서 죽을 때까지의 삶을 나타낸다. OY 축은 한 인간이 이뤄낸 인생의 성취이다. 아이가 태어난 뒤 OX의 A지점인 0의 능력 수준에서 아이는 경험하고 시험하면서 배우기 시작한다. 아이는 부모와 형들에게 의존하며 어떤 기대도 없다. 뱀 이나 불에 손대지 말라는 말을 들어도 따르지 않는다. 힌두교의 4 유가를 인간의 생애에 대입하면, 이 단계는 아이의 삶에서 사트야 유가[54]이다. 미세한 세계에서 아이의 진보는 도표에서 표시되었듯 이 똑바르고 위로 향해있다.

트레타 유가에 해당하는 10대의 시기는 도표의 b에서 c까지이

---

54) 유가yuga는 힌두철학에서 세상의 시기, 시간, 시대, 영겁등을 뜻한다. ① 사트 야유가satya-yuga ② 트레타 유가treta-yuga ③ 드와파라 유가dvāpara-yuga ④ 칼 리 유가kāli-yuga 네 단계가 반복되며 세계와 우주의 생주이멸이 반복된다. 사 트야유가 시대가 황금시대라면 뒤로 갈수록 타락하여 칼리유가는 폭력과 무 지, 불화가 성행한 시대로 현대로부터 약 5000년 전에 시작되었다고 본다. 4 유가의 비율은 8:3:2:1로 다 합쳐 총 432만년이며, 이를 마하유가(대유가)라 한 다. 1000마하유가가 1겁(1kalpa=43억 2천만 년)으로 이것이 창조신 브라흐만의 하루이다. 선 요가에서는 4유가를 인간의 한 생애에 적용하여 설명한다.

다. 아직 부모에 대한 의존이 남아있지만, 스스로 결정을 내리기 시작한다. 의존은 부모와 친구 사이에서 분열되어 있다. 이와 함께 친구들의 압력, 이기성, 좁은 마음, 맹목적 신념 등이 아이의 마음을 오염시키기 시작한다. 이것이 환영인 마야[55]이다. 마야는 아이가 진짜 목적을 잊었을 때 작동한다. 마야는 우리의 끝없는 갈망과 다르지 않다. 마야는 마음과 순수영혼인 아트만 사이에 장막을 만든다. 아트만은 생명력이고 존재의 본질이다. 마야는 마음과 아트만(생명력)의 만남을 방해하고, 마음을 휘두른다. 때로 갈망이 옅어져 장막에 아트만을 엿볼 수 있는 구멍이 생기기도 한다. 이것은 수행자가 고요함과 평화를 경험할 때 일어난다.

샤스트라(성전, 경전)에서 마야는 중요한 문제로 다루어지지만 누구도 마야의 본질이 무엇인지 모른다. 사람들은 성욕, 분노, 탐욕, 무지, 질투, 협소한 마음, 에고, 그리고 수치심이나 증오 같은 부정적 기질 등을 마야라고 말한다.

부정적 기질이 조용히 잠들어 있더라도 신체에 대한 그들의 영향은 압도적일 수 있다. 마음은 부정적인 감정에게 힘을 실어주고 갈망은 마음에 힘을 실어주며 서로를 강화한다.

신체와 함께 마음과 지성이 강해질수록 욕망도 강해져 신체에 영향 끼치는데 우리를 진정한 목적지와 행로에서 벗어나게 하여 파국을 맞이하기도 한다.

그러나 마야maya를 뒤집으면 야마yama(금계)가 된다. 야마와 니

---

55) 마야māyā는 진리를 가리는 장막인 '환영'이다. 우주의 근원적인 무지이며 우주를 창조하는 힘이기도 하다. 『바가바드기타』18.61에서는 이슈와라(신)의 마야에 의해 모든 존재가 도구 위에 놓인 것처럼 빙빙 돈다고 했다.

야마, 아사나는 요가의 첫 단계이다. 이것들을 유지하면 마야에게 휘둘리지 않는다. 8지요가의 야마와 니야마 등은 요기뿐만 아니라 일반인들도 행해야 한다. 야마와 니야마를 실천하면 마야는 더 이상 당신의 삶을 뒤흔들 수 없다.

요가와 사다나는 삶의 한 부분이 아니라 삶 전체가 되어야 한다. 요기와 수행자는 산속 동굴과 숲에만 있는 게 아니다. 재가자로서 위대한 요기들과 수행자들이 있다. 마야로부터 자유로워지는 유일한 길은 명상이다. 선 요가는 많은 명상 기법들 중의 하나이지만, 강력한 길이다.

인간은 대체로 청소년기에 직업을 찾고 그 과정에서 직업인이 된다. 그리고 자립하게 되면 결혼을 하고 더 많은 욕망이 생겨서 꿈의 세계(마야)와 실재간의 장벽을 깨기 어렵게 된다. 두터워진 장벽에 갇혀 경쟁심, 질투, 협소한 마음, 이기심이 크게 자라나고 가족과 부모와 공동체와 인류에 대한 책임까지 잊어버리게 된다. 그러면서 더욱 자기중심적인 인간이 되어간다. 대체로 헌신의 1/3은 부인과 자식들을 위한 것이고 나머지 2/3는 우리 자신을 위한 것이다. 이것이 이상적인 가족을 이루는 드와파라 유가의 시기로 인생 곡선 도표의 c에서 d 사이에 해당된다.

힌두신화의 인물 라마[56]는 트레타 유가의 상징으로 자기단련과 젊은 생명력의 화신이다. 크리슈나[57]는 드와파라 유가의 상징으로 결혼생활의 유희(lila)로 상징된다. 크리슈나의 삶의 초반에서 유희

---

56) 대서사시 『라마야나』의 주인공이다.
57) 『바가바드기타』의 주인공이다.

를 볼 수 있다.

결혼생활 c에서 d는 불확실성으로 채워져 있어 오르내리는 형태를 보인다. 그리고 젊은 시절의 힘이 사라지면서 부모와 처는 서로 간에 불화하고 젊은이로 성장한 아이들은 부모에 대한 책임을 회피하려 한다. 생명을 유지하는 육체 능력이 감소할 때가 칼리 유가kali yuga인데 도표의 d에서 e까지 시기이며 '탄다바느리트야[58]'라는 아주 불안정한 상태가 나타난다.

그때 인간은 더 이상 배우고 성장하기 힘들며, 그저 손자손녀에 대한 갈망에 이끌린다. 1/4은 손자들, 3/4은 세속적 일과 활동에 대한 갈망이다. 노년의 삶은 생명의 칼리유가 시기이다. 노인들은 손자들에게 희망을 걸지만 손자들 역시 그들의 삶으로 바쁘다는 것을 알게 된다. 이때 평화를 추구하지 않고 세속의 일들로 허비한 삶을 참회하게 된다. 신이나 알라로 불리는 존재가 있다면 지고의 존재를 생각하기 시작한다.

그들이 완전히 순복할 때 생명력은 우주의식과 하나가 된다. 도표에서는 e와 P로 언급했다. 그러나 노년은 모든 코샤[59]가 약해지

---

58) 탄다바느리트야tāṇḍavaṇṛtya는 신성한 춤인데, 바로 쉬바신의 춤이다. 파괴와 재생의 신인 쉬바가 추는 춤은 역동적인 창조와 유지 및 소멸 주기의 근원으로 상징된다.

59) 코샤kośa는 층, 덮개, 껍질을 뜻한다. 나를 이루는 여러 가지 층. 예를 들어 육체층, 에너지층, 감정층 등이다. 전통적으로 영혼을 뒤덮는 덮개인 코샤가 5층으로 이뤄져있다고 한다. ① 안나마야 코샤annamaya-kośa는 음식으로 이뤄진 층, ② 프라나마야 코샤prāṇamaya-kośa는 프라나(호흡, 생기)로 이뤄진 층, ③ 마노마야 코샤manomaya-kośa는 마음으로 이뤄진 층, ④ 비갸냐마야 코샤vijñānamaya-kośa는 지성으로 이뤄진 층, ⑤ 아난다마야 코샤ānandamaya-kośa는 희열로 이뤄진 층이다. 이 모든 장막을 거두어내야 순수 아트만을 발현할 수 있다고 본다.

고 다양한 고통으로 인하여 자신을 지탱할 힘이 없다. 그런데 임종에 이르러 아트마 다르샨을 가지면 얼굴이 빛나게 된다.[60] 아트마 다르샨을 가지면 물리적 신체를 떠나야만 한다. 이는 도표에서 P에서 f로 표시했다. 이것이 삶의 곡선 도표이다. 이것이 일반적인 삶의 흐름이다.

마하 푸루샤인 위대한 요기와 수행자도 똑같이 태어나 평범한 유년기를 보낸다. 그래서 a~b의 시기는 모든 이들에게 공통적으로 나타난다. 일반인들은 노년에야 자기탐구를 시작해서 나는 누구인가? 나는 무엇을 해야 하는가? 나는 무엇을 원하는가? 삶의 궁극적 목적이 무엇인가? 평화를 어떻게 이루어야 하는가? 등의 근본적인 의문을 던진다. 그러나 위대한 영혼들은 어린 시절부터 자기탐구를 시작한다. 그래서 마야는 이 들을 끌어당기지 못하며, 반대로 이들은 영적인 부름에 이끌린다. 물질세계가 아무리 깊고 넓어도 그 영적인 부름을 막을 수 없다. 그러므로 젊은 시절, 결혼, 노년, 그 어떤 것도 그들에게는 고통이다. 아이 시절부터 그들은 b지점에서 P지점에 해당되는 절대적 고요로 가는 똑바른 길, 자기실현의 길을 간다. 대다수의 사람들이 가는 불안정으로 가득 찬 A의 길과 달리 그들은 A의 길을 시작할 필요가 없다. 그들은 b에서 P로 향하는 곧바른 길을 간다. 어린 시절, 결혼생활, 노년의 시기를 세속에 머물러 지낼 수도 있지만 물질세계의 마야에 영향을 받지

---

60) 아트마 다르샨을 가진다는 것은 순수영혼인 아트만을 일별한다는 것이다. 코샤의 여러 장막이 죽음에 임박하여 모두 쇠퇴하여 허물어져 있으므로 가장 내부에 빛나고 있는 순수 아트만이 드러나 발현되기 쉽기 때문이다. 그래서 임종에 처한 자가 죽음을 진정으로 수용하면 얼굴에서 평화와 빛이 드러나게 된다.

않는다. 이들의 삶은 전체적으로 사트야 유가의 삶과 비슷하다.

모든 생명체는 죽는다. 죽음은 물리적 세계의 진리이다. P라는 지점은 조대한 물리적 세계의 종착점이고, 마지막 단계이며, 물리적 신체의 끝이다.

그러나 물리적 신체의 죽음을 곧 죽음 자체로 간주해서는 안 된다. 지구에서 체험의 전자기적 에너지가 크나큰 어떤 존재들은 우리 안에 살아있고, 우리를 빛의 길로 이끈다. 대화신 바바지와 같은 분들이 그러한 존재이다. 그러므로 위대한 사람들의 인생 곡선은 'P'를 가로지르며 계속해서 연장된다. 그들은 유한한 신체를 떠난 뒤에도 미세신체로 남아 사람들을 이끈다. 반면 일반인들은 살아있을 때도 죽은 것과 마찬가지이다.

선 요가는 예외적인 존재가 되는 길을 선택한 위대한 자들의 탁월한 훈련이다. 선 요가를 통해 고양된 체험을 가질 수 있다. 그러나 일반인도 유년 시절과 결혼 생활, 혹은 노년의 황혼기 어느 시기라도 자기탐구를 시작한다면 자기실현을 이룰 수 있다. 그렇다면 물리적 세계가 주는 슬픔에서 벗어날 수 있을 것이다.

어떤 도상에 있든 c에서 P로의 길을 선택해서 P라는 자기실현의 지점에 도달할 수 있다. 그런 사람들은 물리적 삶이 끝난 뒤에도 사람들에게 기억된다. 선 요가는 그런 길을 가는 자를 위한 길잡이가 된다.

또한 선 요가는 신체와 마음의 질병을 일으키는 모든 스트레스를 탁월하게 해소하는 방법이다. 태양의 자력磁力은 송과선을 통해 감정 신경에 작용하여 5대 요소를 모든 신체세포에 공급하고 일체의 탄소와 독소를 제거하여 세포를 재생시키기 때문이다.

당신들은 불멸의 자녀이며, 당신들의 불멸은 천부의 권리임을 절대 잊지 않기 바란다.

그리고 당신이 불멸의 감로를 맛보는 것 오직 자기실현을 위한 수행에 달려있다.

9. 선 요가의 상위 13단계

선 요가의 과정에서 상위 13단계의 미세신체(샤리라)는 다음과 같이 정리될 수 있다.

1. 프라티아하라 샤리라(감각제어의 미세신체)

감각과 감정를 제어하는 프라티아하라의 상태에서 차크라의 각성과 물리적 신체 내부의 첫 번째 미세신체인 프라티아하라 샤리라를 성취한다.

2. 다라나 샤리라(집중의 미세신체)

신적 전자기력이 흡수되는 다라나(집중)의 상태에서 차크라의 각성에 의한 에너지 유지 능력의 증가 및 두 번째 미세신체인 다라나 샤리라를 성취한다.

3. 디야나 샤리라(명상의 미세신체)

자기실현이 이뤄지는 디야나(명상) 상태에서 차크라가 더욱 각성되어 물리적 신체 바깥의 첫 번째 미세신체인 디야나 샤리라를 성취한다.

4. 사마디 샤리라(삼매의 미세신체)

궁극의 실현인 브라흐마난다 사마디 수준에 도달하면서 차크라가 더욱 각성되어 물리적 신체 외부의 두 번째 미세신체인 사마디 샤리라를 성취한다.

5. 아므리타 샤리라(불멸의 미세신체)

허기짐을 정복한다. 이는 인간이 며칠에서 몇 달 동안 음식 없이 지낼 수 있는 능력을 가지고 스스로를 유지할 수 있으며, 심지어 외관상 도저히 먹을 수 없는 음식을 먹고도 소화시킨다는 것을 의미한다. 차크라의 각성과 아므리타 샤리라인 물리적 신체 외부의 세 번째 미세신체를 성취한다.

6. 지반묵티 샤리라(생해탈의 미세신체)

갈증을 정복하여 물 없이도 생존할 수 있다. 송과선을 통해 태양에서 물을 얻을 수 있기 때문이다. 이 각성 상태에서 물리적 신체 외부의 지반묵티 샤리라로 불리는 네 번째 미세신체를 성취한다.

7. 로그묵타 샤리라(질병에서 벗어난 미세신체)

질병을 정복하게 되어 더 이상 신체의 질병은 없다. 차크라의 활성화와 각성 때문이다. 수행자는 로그묵타 샤리라로 불리는 다섯번 째 미세신체를 성취한다.

8. 파라마한사 샤리라(순수의 미세신체)

아이처럼 순수하고 자유로워지며 파라마한사 샤리라로 불리는 여섯 번째 미세신체를 성취한다.

9. 차이탄야 샤리라(기쁨의 미세신체)

차이탄야 단계는 친구와 적의 구별이 없다. 맹수조차도 친구가 된다. 물리적 신체 외부의 일곱 번 째 미세신체인 차이탄야 샤리라를 성취한다.

10. 아마르 샤리라(장수의 미세신체)

장수를 성취한다. 물리적 신체의 진동이 주위 환경의 전자기력에 흡수되어 하나가 되면 여덟번 째 미세신체인 아마르 샤리라를 성취한다.

11. 그라하누사마 샤리라(행성의 미세신체)

물리적 신체의 전자기적 진동이 지구의 전자기력, 진동에 흡수되어 하나로 합일하면 아홉번 째 미세신체를 성취한다

12. 낙샤트라누사마 샤리라(항성의 미세신체)

물리적 신체의 전자기적 진동이 태양의 전자기적 에너지와 하나로 합일되면 물리적 신체 외부의 열번 째 미세신체 낙샤트라누사마 샤리라를 성취한다

13. 브라흐마난다누사마 샤리라(전 우주의 미세신체)

물리적 신체의 전자기적 진동이 우주와 조화되면 물리적 신체 외부의 열한번 째 미세신체 브라흐마난다누사마 샤리라를 성취한다.

모든 수행의 전범典範이 되는 선 요가는 누구나 배울 수 있다. 타밀나두의 베다란얌Vedaranyam지역에 소재하는 카스투르바 간디 Kasturba Gandhi학교의 구루쿨Gurukul[61]에서 학생들은 정기적으로 선 요가를 수행했다. 그 결과 학업점수 50점을 받던 학생들이 선 요가를 수행한지 1년 안에 80점 이상을 받기 시작했다. 학생들과 교사들은 교육 시스템에 선 요가를 결합하여 학생들의 학업능력 및 영적인 교육을 도모할 수 있다.

---

61) 인도의 전통적인 교육기관. 예를 든다면 우리나라의 한문서당과 유사한 것으로 인도에서는 이를 법적인 교육기관으로 인정한다.

선 요가는 단기간에 혼란한 마음을 진정시켜 고요하게 하고 집중력을 발생시킨다. 이를 통해 산만했던 학생들이 이해력이 증장되며, 학업 성취력도 향상된다.

또한 신체의 질병을 치유할 수도 있다. 물리적 신체는 무수한 세포로 이뤄져 있고, 전자기적 진동과 빛은 한 세포에서 다른 세포로 움직인다. 이 과정에서 빛은 각각의 세포로 들어가서 독소를 태워 정화시킨 후 다음 세포로 들어간다. 호흡할 때 세포는 건강유지를 위해 이산화탄소의 형태로 독소를 제거한다.

정신적 스트레스, 오염된 음식과 물, 공기 등은 신체기관과 세포를 손상시키고, 독소가 세포에 쌓이는데 독소는 일상적 호흡으로 제거하기 어렵다. 세포는 산소와 빛을 받아들이지 못하고 질병이 생기기 시작한다. 이렇게 방치되어 오래되면 장기 대부분의 세포가 오염되어 암에 걸린다. 치료를 위해 약물을 투여해도 의약품의 효력과 부작용으로 드러나는 환자의 저항력 사이에 균형을 맞추기는 어렵다.

선 요가는 송과선과 감각신경을 통해 우주의 힘을 5대 요소의 전자기력으로 흡수하고 몸 안의 모든 세포에 전달한다. 이때 세포의 독소에 영향을 받은 신체기관은 정화되어 치유가 일어난다. 환자의 능력에 따라서 태양 에너지가 수용되고 흡수되는 정도는 차이가 있다. 태양의 치유에는 약물이 주는 부작용 같은 것이 없다.

선 요가는 간암, 후두암, 자궁암, 혈액암, 그리고 비만 등의 질병을 치유할 수 있다. 실제 말기암 환자가 선 요가를 수련한 뒤에 회복된 사례도 있다. 열, 기침 감기, 위장병, 백내장, 녹내장, 관절염,

그리고 많은 만성질환이 선 요가를 통해 확실히 치유된다. 선 요가는 어떤 질병이든 최선의 치료법이며, 정신적 문제까지 치유할 수 있다. 쉴 새 없이 요동치는 마음이 아주 빠르게 고요해진다. 이것은 정신 능력과 집중을 증장시킨다. 자존감이 낮은 사람은 짧은 시간 안에 자신감을 얻는다.

선 요가는 건강과 관련된 문제를 해결할 뿐 아니라 돈 문제도 해결할 수 있다. 오늘날 세계가 직면한 가장 큰 문제는 경제와 관련되어 있다. 마음이 제어되어 있는 사람은 정확하게 설계하여 성공적으로 계획을 이행하기 때문이다. 일단 결정이 바르다면 카르마의 영향과 행위의 결과는 바를 것이고 결실이 있게 된다. 그는 욕망과 무절제로 행위하지 않고, 선한 목적에 맞춰 명철하게 계획하여 행위하므로 경제적 어려움에 처할 일이 없다.

대부분의 사람들은 결과를 바라지만 성취를 위해 노력하고 일하지 않는다. 이것은 무기력이고 게으름이다. 선 요가수행은 게으름을 줄여주고 젊음과 활력을 불어넣으며 피로를 없앤다. 결과적으로 늘 바른 결정을 내리는데 큰 도움을 준다. 경제적 위기의 많은 원인이 돈의 잘못된 운영과 적절치 못한 지출이다. 선 요가 수행을 통해서 기존의 실수를 깨닫고 분석할 수 있고, 잘못된 재정운영을 바로 잡을 수 있다. 효율적으로 재정을 운영하는 법을 배우게 되고 경제적 문제를 모두 해결할 수 있다.

선 요가의 야마, 니야마, 아사나는 성품 함양과 인격성숙을 돕는다. 또한 부모와 자식과 친척, 인류와 사회와 세계에 대한 책임을 가르친다. 나아가 종교와 인종, 계급과 성별간의 균형을 이루도록 하여 모든 생명체와 비생명체가 한 가족임을 가르친다.

선 요가는 종교적, 사회적 어떤 문제든 해결할 수 있다. 오늘날 정치는 부패와 탐욕, 거짓약속에 지나지 않는다. 정치가들은 이기적인 욕구를 채우기 위해 사람들을 오도한다. 그러나 선 요가는 사람들을 자기실현으로 이끈다. 자기실현이 성취되면 나쁜 자질들이 일소되면서 이기성을 벗어나 모두를 사랑하게 된다. 자기실현의 감로를 선 요가를 통해 체험한다면 주위 사람들이 당신에게 감화될 것이고, 드러나든 드러나지 않든 자연스럽게 사회와 세계에도 좋은 영향을 끼칠 것이다. 그가 만일 적극적으로 사회 활동과 정치에 참여한다면 그 정치에는 적이 생기지 않을 것이다. 이러한 정치의 기반은 인류애로 가득 차 있기 때문이다. 모두가 친구가 될 것이다.

지금까지 선 요가의 빛 속에서 자기실현과 삶의 철학을 폭넓게 살펴봤다. 선 요가가 한 개인 뿐 아니라 그가 속한 사회와 사회를 넘어 전 세계에 빛이 된다는 것은 분명하다. 선 요가는 한 개인의 삶과 영적 문제를 해결 할 뿐 아니라 사회와 세계가 가진 많은 문제도 치유하고 해결할 수 있다고 강조하고 싶다.

제3부 선 요가와 우주

1. 우주와 연결되는 선 요가

뇌는 3가지 주요 부위로 나뉜다. (1) 대뇌 (2) 소뇌 (3) 뇌교腦橋(뇌
하수체+송과체)

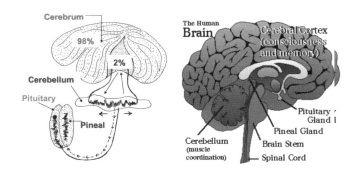

뇌내 활동

위의 그림은 우리가 명상할 때도 기능하고 있는 뇌의 작용을 보
여준다.

대뇌는 지식이 위치하고 저장되는 부위이다. 일반적으로 막 태어난 아이의 마음은 지식이 없는 깨끗한 석판石板에 비유되지만, 나는 반대로 아이가 우주의 창조 및 지금까지의 모든 변천에 대한 완전한 지식을 갖고 태어난다고 생각한다. 이 지식은 대뇌의 98%를 구성하는 후두엽에 저장되어 있다. 대뇌의 2%에 해당하는 전두엽은 매우 한정된 지식만을 저장하기 때문에 아이들이 순진무구하고 무지하게 보이는 것이다. 전두엽층은 완전히 차단되어 있어 98% 저장고인 후두엽과는 연결되지 않는다.

뇌에 기록되는 각각의 지식들은 레오leo로 불리는데 각 레오는 십만장 이상의 사진과 소리를 다차원적으로 저장할 수 있다.

보통 어머니가 임신했을 때 부모의 정신적 과정이 대뇌 전두엽(대뇌 전체의 2%)에 저장된다. 이 저장이 잠재적 인상인 상스카라[62]와 카르마kama(業)가 된다. 아이가 9개월 10일간 자궁에 있을 때 어머니의 사고 과정이 대뇌의 2%인 전두엽에 저장된다. 물론 출생이후의 세속적 경험들도 모두 2%의 전두엽에 저장된다.

아이의 전두엽은 얇기 때문에 출생부터 6개월의 시기까지 98%의 후두엽과 연결된 채로 있다. 아이가 자주 울거나 웃는 이유가 이 때문이다. 사람들은 아이의 이 행동들이 신, 알라 등과 소통하는 것이라 여긴다.

인도에서는 출생 6개월 이후에 밥을 먹는 힌두교 의식인 안나프라사나을 행한다. 아이가 밥을 먹는 순간 물리세계에 들어서고 마

---

62) 상스카라saṃskāra는 잠재의식의 활성체 혹은 잠세력潛勢力을 뜻한다. 우리의 모든 경험이 잠재의식에 세력과 흔적으로 남아 이후에 다시 발생하게 된다.

야의 세계에 얽히기 시작한다. 성장할수록 욕망이 늘어나고 욕망의 속도를 따라잡기 위해 전두엽의 벽이 두텁고 강해져서 후두엽을 차단시킨다. 결과적으로 우주의 지식과는 단절된다.

명상 수행을 통해 마야의 세계 특히 욕망이 제어될 때, 대뇌피질 속의 2%인 전두엽과 우주의 지식이 저장된 98% 후두엽이 연결된다. 그리하여 물리세계와 미세한 영적세계의 연결이 이루어진다.

슈퍼컴퓨터로 불리는 소뇌는 일반 컴퓨터보다 더 빠르고 정확하게 기능한다. 소뇌는 감정, 경험, 물리적 실현(육체적), 미세(영적)한 아스트랄 세계를 다차원적으로 저장할 수 있다. 그것은 5가지 감각을 함께 경험하고, 전두엽에 저장하며, 대뇌에서 기억들을 추출하여 다차원적으로 투사할 수 있다. 소뇌는 대뇌에서 경험을 가져와 다차원적으로 작동시키며, 또 다시 그것을 대뇌의 같은 위치에 저장할 수 있다. 작동과 저장을 동시에 할 수 있는 것이다. 기억하고 싶지 않은 경험이나 불확실한 사항들을 감지하여 다른 장소에 저장한다. 출생부터 죽음에 이르기까지 생각하고 행위하고 욕망하는 일, 추측하고 꿈꾸며 깨닫는 모든 일이 바로 대뇌에 저장된다. 부도덕하고 비윤리적인 행위를 저지를 때 물리적 세계에서 알려지지 않더라도 뇌에는 바로 저장된다. 그것은 평생에 걸쳐 작용하면서 정신을 괴롭힌다.

뇌교腦橋(pons)는 뇌하수체와 송과선이라는 두 개의 분비선으로 이루어졌다. 뇌하수체는 주인이자 초월적 제어자이다. 송과선은 뇌하수체가 지시한대로 정확한 정보를 수집하여 소뇌를 통해 대뇌에 저장한다. 뇌하수체가 휴식할 때 저장된 모든 경험들을 처리하는데 원치 않는 것들은 삭제하여 필요한 정보만 지식의 저장고인 대뇌에 저장한다. 송과선은 순식간에 모든 정보를 다차원적으로 수집한다. 송과선은 감각신경의 도움을 받는다. 허공 요소 전자기력의 도움으로 시신경을 통해 볼 수 있는 모든 시각적 이미지를 수집하고 대뇌 전두엽에 저장한다. 다른 모든 요소들은 허공 요소와 연결되기 때문에 눈은 매우 민감해진다.

귀와 연결된 감각신경은 불 요소에서 나온 소리를 듣도록 돕는다. 청각정보를 수집하여 불 요소 전자기력의 도움으로 저장한다. 코는 냄새를 식별하는 후각신경과 연결되어 있다. 공기 요소 전자기력의 도움으로 정보를 수집하고 저장한다. 혀는 맛을 보는데, 물 요소 전자기력의 도움으로 맛 원소를 수집하고 저장한다. 피부는 촉감과 연결되어 있으며 땅 요소 전자기력의 도움으로 수집하고 저장한다. 이러한 5가지 감각기관에서 개별적으로 수집한 이후에 모든 경험이 혼합되고 마지막에 이미지가 저장된다.

보통 마음에 의문이 생길 때 뇌하수체는 답을 검색하고 찾아내어 대뇌의 도움으로 작동시킨다. 때로 문제에 대한 대답이 하나의 레오에서 발견되지 않는 경우에 다른 레오에서 대답을 찾아내기도 한다. 깨어있을 때 의문이 생기면 대답은 즉시 발생하지만 잠자고 있을 때 발생하면 대답은 꿈으로 드러난다.

꿈을 통한 대답은 기억되지만 망각되기도 한다. 이는 끝없는 욕망(마야)의 힘이 아주 강하기 때문에 발생하는 일이다. 욕망은 마야의 장막을 더 두껍게 만들고 대답은 더욱 모호해진다.

육체의 출생부터 죽음에 이르기까지 깨어 있든 잠들어 있든 부모와 연장자들과 사회와 스승과 환경 및 대자연에서 배운 모든 것들은 뇌 속에 기록되어 저장된다. 그리고 필요할 때 마다 뇌하수체는 모든 것을 검색하도록 돕는다.

일반인들은 평균 대뇌의 2%정도만 사용한다. 뇌의 2%를 사용함으로써 물리세계의 과학 발전이 이뤄진 반면 98%의 내적인 과학은 여전히 미지의 세계로 남아있다. 인류가 자신의 부富, 즉 98% 우주의 내면 과학을 사용하는 기술을 배운다면, 적어도 그 일부라도 배운다면, 이기적 맹신이나 협소한 의식은 생겨날 수 없다.

인간은 원자폭탄을 사용하여 핵전쟁을 일으키며, 종교의 이름으로 잔인한 테러를 행하지 않게 될 것이다. 또한 우리의 터전인 생태계의 균형을 파괴하지 않을 것이다. 98% 내적 과학의 극히 일부분만을 사용해도 타락한 정치 같은 것은 없을 것이고 세계는 지고의 존재 속에서 안식을 얻을 것이며 평화롭게 될 것이다. 평화는 전 세계에 퍼져갈 것이다. 선 요가는 어떤 상황이라도 평화로운 사건, 평화로운 나라, 평화의 세계와 우주로 변혁시킬 수 있는 지식이다.

전생의 기억을 말하는 어린 아이들의 사례가 널리 알려져 있다. 이 이유는 꽤 간단하다. 아이들이 자궁에 있을 때 엄마가 유명한 사람이나 그 사람의 버릇, 생활방식 등등을 생각하면 아이의 뇌(뇌의 2%)에 형상이 각인되어 저장된다. 만일 아이가 자궁에 있을 때 어머니가 이전에 인지했거나 앞으로 인지할 사람을 생각하면 그 생각은 어머니의 기억에 남아 아이는 어머니가 생각한 사람과 유사성을 갖고 태어난다.

아이는 어린 시절에 이런 생각들을 물질적이고 물리적인 마야의 세계에 사로잡히게 될 때까지 기억할 수 있다. 아이가 물리적 세계의 욕구와 갈망에 사로잡히는 때부터 이러한 기억들은 희미해지기 시작한다. 그러므로 아이들은 아주 어릴 때 전생의 기억같은 편린을 말하게 되고 이후에는 잊어버린다.

많은 사람들이 강령술을 통해 죽은 자들과 소통하고자 한다. 영혼들이 의문에 답할 수 있다고 믿고, 집중하기 위해 죽은 자들이 사용했던 물건이나 그들의 사진을 이용하여 정신적으로 그들과 연결된다. 분위기가 만들어지고, 기대되는 대답에 대한 질문이 불러들인 영혼에게 반복된다. 어떤 경우에는 멀리 떨어진 영혼이 미세신체에 들어와서 질문에 답하기도 한다. 이런 일들은 의외로 자주 일어난다.

어떤 이들은 깊은 명상 속에서 반복하여 질문을 던지는데, 그러면 뇌하수체는 필요한 정보들을 꺼내 배열하여 가능한 대답을 만들어낸다. 질문의 진동과 대답의 진동이 합일하는 연결점에서 문득 섬광처럼 마음에서 대답이 나타난다.

강령술에서 죽은 자의 사진을 놓고 집중할 때 그 이미지가 의식에 기록되어 있었기 때문에 떠오르는 대답이 죽은 자가 말한 것이라고 착각할 수 있다. 두 사람이 한 사진에 집중해 같은 질문을 반복할 때 그들이 각자 그 상태에서 접촉하는 사람이나 대상이 같은 것일 필요는 없다. 그 모임에 참가한 각자는 질문의 답을 얻겠지만 대답은 다를 것이다. 그들은 같은 순간에 답을 얻지도 않을 것이며 대답은 다를 것이다.

왜냐하면 불러들인 영혼이 만약 현재 존재한다면 참가자들은 그를 보고 똑같은 대답을 들어야 할 텐데 그렇지 않기 때문이다. 모임의 참가자들은 각자의 뇌에서 대답을 얻는 것이다. 다만 자신에 대한 자신감이 없어 타인에 의지하여 다른 이를 영매로 사용할 뿐이다. 실제로 그들은 자신의 뇌에서 대답을 얻는다.

대뇌는 지식의 저장고이고, 설계자이며, 감독자이고, 건축가이며, 지식의 중심이다.

다음으로 뇌교腦橋는 마음의 중심이고, 감독이며 안내자이다. 세포는 지혜와 지성과 마음의 전자기력으로 이루어졌지만 다음과 같이 지휘를 받고 감독되어 저장된다.

지식 — 대뇌에 의해 지휘를 받고 감독되어 저장된다.
지성 — 소뇌에 의해 지휘를 받고 감독되어 저장된다.
마음 — 뇌교에 의해 지휘를 받고 감독되어 저장된다. 뇌교는 슈슘나 나
　　　디에 비교할 수 있다.

선 요가를 수련할 때 뇌하수체는 송과선이 5대 요소의 전자기력을 받아서 대뇌에 기록하고 저장하도록 지휘한다. 그리고 송과선이 감각신경을 통해 5대 요소의 전자기력을 몸의 각 세포로 분배하도록 한다. 5대 요소의 전자기적 에너지는 일체의 독소를 태워 끝없는 갈망들을 정화시킨다.

이를 통해 마음은 완벽하게 제어되고, 평화의 파동으로 끝없는 욕망이 완전히 근절된다. 이 과정 전체를 통해 2%의 전두엽과 98%

후두엽 사이의 벽이 얇아지기 시작하여 결국은 사라진다. 그리하여 우주적 지혜와 연결되고 선 요기는 더 높은 단계의 사마디를 성취한다.

2. 선 요가와 창조의 신비

과학이나 수학의 논리에 따르면 1+1=2는 자명하다. 그러나 과연 이것이 절대적인 진리일까? 과학적으로 하나의 펜에 또 하나의 펜을 더하면 두 개의 펜이라는 것은 증명된다. 더하기(+)의 상징은 분리되지 않고 결합하는 것이다. 그러나 1개의 펜+1개의 펜=2개의 펜과 2라는 것은 별개의 실체이다. 2개의 펜은 다른 위치에 놓일 수도 있는데 그 위치가 바르다고 어떻게 판단할 수 있는가? 서로 가까운 위치에 있을 수도 있고 떨어져 있을 수도 있다. 과학은 지식의 충족일 뿐이다.

과학은 개별적이고 자세한 조망을 보여준다. 1+1=2는 조대한 물질세계에서 사물을 세는 기능이다. 그것은 보편적인 진리가 아니다. 기존 과학은 일상적 상상을 반복적으로 따르기 쉽다.

우리는 상식적으로 추측에 기반한 상대적 진리를 절대적으로 여기고 오히려 영성과 철학을 상상이라고 주장한다. 과학의 세계는 가설에 기초한 설명과 이론을 자랑스럽게 내놓는다. 오늘날 실험실과 연구실에서 현대적 이론들이 제시되지만 학생들은 실제 진리와 동떨어진 지식의 일부만을 얻는다.

과학과 철학과 영성은 사실상 똑같다. 그들은 한 근원에서 나온 가지들이고, 무지와 부적절한 지식에서 서로 비슷하게 성장해 왔다. 그러나 이 세 영역의 지도자들은 서로 조화를 이루지 못하고 있다.

이제 해결점에 도달했다. 실제로는 1에 1이 더해지면 1이 된다. 그것은 합해져 하나가 된다. 생물학에서 예를 들어보자. 생명은 정자와 난자의 결합으로 만들어 진다. 원자는 분자를 형성하고 분자는 분해되면 원자가 된다. 개별적 원자들의 특성이 모두 다르기 때문에 그것이 분자의 특성이 된다. 마찬가지로 정자와 난자는 다르고, 그로부터 출현하는 생명은 동일하지 않을 것이다.

정자는 X와 Y염색체를 가지고 난자는 X와 X염색체를 가진다. X와 Y가 결합될 때, 남자아이가 태어난다. 아이의 성별은 수정 때 결합되는 염색체에 따라 달라진다.

때로 쌍둥이나 세쌍둥이 심지어 네쌍둥이가 만들어 진다. 어떻게 가능한가? 쌍둥이는 일란성이거나 이란성이고, 같은 성별이거나 다른 성별일수 있다. 겉보기에는 같더라도 특성은 다를 것이다.

1난자+2정자=2쌍둥이는 일란성이고, 2난자+2정자=2쌍둥이는 이란성이다. 실

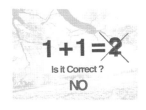

일반적인 수정 생식

일란성 쌍둥이의 수정 생식

이란성 쌍둥이의 수정 생식

다란성 쌍둥이의 수정 생식

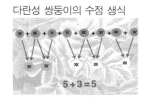

제로 1+1은 2와 같지 않다. 어머니의 몸이 따뜻하여 두 개의 난자와 두 개의 정자가 결합하면 이란성 쌍둥이가 나오고, 한 개의 난자와 두 개의 정자가 결합되면 일란성 쌍둥이가 나온다. 하나의 정자는 두 명의 아이를 만들 수 없지만 하나의 난자에서는 가능하다.

가끔은 같은 자궁 속에서 2명 이상의 태아가 있을 수 있다. 타밀나두의 트리치Trichy에서 한 산모는 이란성 쌍둥이 둘과 한 아기, 모두 5명의 아이를 출산했다. 물론 현실의 이런 사례 때문에 교사와 학생들이 수학을 틀렸다고 여기진 않는다. 보편적 사실을 다루는 수학은 현실에 잘 적용되어 왔다. 그러나 절대 불변의 공식을 주장하여 모든 것을 공식에 일치시킬 수는 없다.

정상적으로 1+1=1이 의미하는 것은 1정자+1난자=1아이이다. 쌍둥이의 경우는 2정자+1난자=2아이(일란성 쌍둥이), 2정자 + 2난자=2아이(이란성 쌍둥이)이다. 5+3=5가 의미하는 것은 5정자와 3난자가 5아이를 만들었다는 것이다. 같은 원칙이 어디에서나 유지된다. 아이의 성별은 정자에 달려있다.

우주적 에너지는 양陽과 음陰의 결합이다. 이는 고대 인도 상키야 철학에서 말하는 아버지인 푸루샤[63]와 어머니인 자연 프라크리티와 비교되기도 한다.

1+1=1은 과학과 철학의 관점에서 증명되기 때문에 수용될 수 있을 것이다. 만일 누군가 보편적 상식을 갖고서 더 깊이 파고들어

---

63) 푸루샤와 프라크리티는 각각 정신 원리와 물질 원리를 뜻한다. 인도 고대의 이원론 학파인 상키야학파에는 세계의 2대 원리로써 모든 것을 단지 관조하고 비추는 정신인 푸루샤와 모든 사물이 산출되고 전개되는 근본물질인 프라크리티를 주장했다. 정신 원리 푸루샤는 남성, 물질 원리 프라크리티는 여성이며, 프라크리티가 드러난 모습이 우주이자 자연이다.

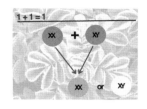 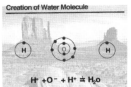 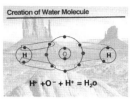

분석한다면 모든 것이 분명해질 것이다. 생물학에서 아이는 1정자와 1난자의 결합으로 태어난다. 물론 모든 결합이 아이를 탄생시키는 것은 아니다. 빛-결합-환희-영혼의 전자기적 생명력이 결합을 일으키고 아이가 태어난다. 그것은 신체 내 난자와 정자의 결합이 특별한 전자기적 생명력과 빛을 생성하고 그 결과로서 아이가 태어남을 의미한다.

수소와 산소는 대기에서 발생하는데, 2개의 수소 원자와 1개의 산소 원자가 결합하여 물 분자를 형성한다. 실험실에서 H2+O1는 특수한 방식으로 결합되는데 물 분자의 생성에는 전기적 충전이 필요하다. 수소는 1개의 전자, 산소는 16개의 전자를 가진다.

위의 도표를 보면 산소 원자는 첫 번째 궤도에서는 2개의 전자를 가지고, 두 번째 궤도에서는 10개, 세 번째 궤도에서는 8개의 전자를 가진다.

물 분자를 만들기 위해 산소 바깥 궤도에 8개의 전자와 2개의 수소의 전자가 필요하다. 실험실의 일정한 전하電荷의 적절한 대기에서 물 분자를 형성하기 위해 두 원자들은 서로를 끌어당기고 전자의 교환을 이끌어낸다.

수소와 산소가 적절한 조건 없이 서로 떨어져서는 물을 만들 수 없다. 정자와 난자는 필수적인 전자기력 없이 배아를 형성할 수 없다. 그들 스스로는 생명을 생성하는 단순한 원료일 뿐이다. 분자는 원자로 분해될 수 있지만 배아는 난자와 정자로 분할될 수 없다. 두 원자는 하나의 분자를 만들고, 하나의 남성 단위와 하나의 여성 단위가 생명을 창조한다.

행성들은 별들의 인력에 의해 생성되었다. 별들은 은하계의 인력에 의해 생성되었다. 은하계는 우주의 2개 극에 의해 생성되었다. 그리하여 우주법칙 1+1=1이 주장된다.

우주의 모든 특질과 성격은 은하계, 별, 행성, 그리고 생명체와 비생명체의 에테르체에 나타난다.

자기실현을 완성한 인간은 창조와 우주의 신비를 깨닫고 이해하게 된다. 자기 확신을 갖고 자기를 실현하는 것이 목표를 성취하고 문제를 해결하는 최선의 길이다. 인간은 자신의 문제를 각자 스스로 풀어야 한다.

생명체와 비생명체가 의존하는 창조의 또 다른 중요한 측면은 그들의 특성이다. 지구에 살고 있으니 지구가 어떻게 창조되었는지 살펴보자. 지구가 태양에서 떨어져 나와서 형성될 때 지구에는 불타는 가스 외에는 아무 것도 없었고 특수한 특성도 없었다. 지구가 점점 냉각되어 허공 요소가 생겨나면서 다른 요소들도 발생하고 마지막에 땅 요소가 만들어졌다.

사람들은 5대 요소의 생성 과정을 보여주는 확증이 있는지 궁금할 것이다.

얼음 한 조각을 에너지가 소실되지 않는 용기에 넣고 서서히 열을 가하면 녹아서 물이 될 것이다. 얼음은 고체이고 물은 액체인데 물에 다시 열을 가하면 수증기가 될 것이다. 수증기에 열을 가하면 스팀을 얻게 된다. 그것이 불 요소(아그니 탓트바)이다. 수증기와 스팀은 차이점이 있다. 스팀에 열을 가하면 분자가 깨져 사라지고 허공 요소가 생성된다. 고체를 액체, 기체 등으로 바꿀 수 있고 그 과정을 반대로도 할 수 있다.

초기에 5대 요소가 생성되었지만 조건이 갖춰지지 않아 지구에는 생명체가 없었다. 아메바와 해조류 같은 단세포 생물체가 출현하면서 점차 환경이 변하고 다세포 생명체와 식물들이 진화하기 시작하여 결국 인간이 창조되었다. 840만 년 이후에야 인류가 모습을 드러내게 되었다고 한다. 이전 존재의 장단점들을 모두 지닌 인간은 앞으로도 계속 진화할 것이다.

생명체와 비생명체 각각에 특정하게 5대 요소의 적절한 균형이 있다. 그 질과 양에 따라서 창조가 결정되고 종이 진화한다.

고체: 액체: 가스: 불: 허공 = 1: 3: 9: 27: 81(즉, 3^0 3^1 3^2 3^3 3^4)

이는 모든 생명체와 비생명체 안에 있는 5대 요소의 비율이다. 모든 생명체와 비생명체는 5대 요소에서 나오고, 5대 요소의 힘을 통해 존속한다. 숨을 쉬기 위해 공기가 필요하고, 마시기 위해 물이 필요하며, 마찬가지로 지구에 존재하기 위해 불과 땅과 허공 요소가 필요하다. 우리는 5대 요소에서 태어나 5대 요소로 유지되고 죽음 이후에 시신은 5대 요소로 돌아간다. 그리고 5대 요소는 우주적 에너지로 흡수된다.

아이가 자궁에 잉태된 순간부터 출생에 이르는 시기는 태어나기 이전이라는 뜻의 푸르바 자남pūrva janam 즉, 과거이다. 그리고 다시 태어난다는 뜻의 푸나르 자남punar janam은 미래이다. 사람들은 과거와 미래의 삶을 생각하느라고 시간을 허비하며 현재를 잃는다. 과거에 일어난 일과 미래에 일어날 일을 생각할 필요가 없다. 많은 사람들이 출생 때 어떠했고 미래에 어떨지 생각하느라 시간을 허비한다. 현재는 과거를 바꾸지 못하지만 현재를 바르게 살면 밝은 미래가 분명히 나타난다. 시간을 허비하는 대신 이번 생에 자기실현과 평화를 이루는 것에 초점을 맞춰야 한다.

컵 속에 한 방울의 물을 넣고 다시 같은 물방울을 빼낸다고 가정해 보자. 불가능할 것이다. 최선을 다해도 결국 다른 물방울을 빼내게 될 뿐이다. 5대 요소로 환원된 시신를 다시 되살리는 것은 불가능하다. 생사의 순환은 계속된다. 좋든 나쁘든 카르마는 견디고 체험해야만 한다.

선 요가에서 기존 8지요가보다 상위 사마디인 9단계에 도달하면 자신의 빛이 강력해져서 모든 한계를 넘어서 태양에 흡수된다. 자기실현을 이루지 못하면 생사의 순환은 계속되며, 영혼은 분리된 실체로서 생사의 모든 순환을 통과해 갈 것이다.

물리적 신체를 떠나는 것은 죽음이 아니다. 라마 크리슈나, 파라마한사, 비베카난다, 차이탄야 데브, 하스라트 모하메드, 예수 그리스도와 같은 위대한 현자들은 신체를 떠났지만 에너지는 후대 사람들을 위해 지구에 남아있다. 일반인들은 인류를 위해 헌신할 수 없으며 그저 자신만을 위할 뿐이다. 육체적으로는 살아있을지

몰라도 죽은 자와 마찬가지라고 할 수 있다.

자기를 조절하게 되면 생사의 신비가 드러나게 된다. 몸에는 의식하지 못하지만 생성되고 소멸되는 수많은 세포들이 있다. 무수한 사람들이 태어나고 죽지만 우주의 상태는 변화하지 않는다. 어떤 것도 우주 자체를 건드릴 수 없다.

당신은 선 요가의 수련과 명상을 통해 이 세계에 머무른 채로 마야에서 해탈할 수 있다.

사마디 상태에 도달할 때 삶의 신비는 선명해지고 진리의 깨달음은 대뇌에 저장될 것이다. 당신은 삶과 죽음의 진리를 생생하게 이해할 수 있을 것이다.

3. 선 요가는 고행인가

고행과 하타 요가는 물리적 신체의 단련을 위한 사다나이다. 수행자는 강도높은 훈련을 통해 감각기관을 제어한다. 5가지 감각기관으로 눈, 귀, 코, 혀, 피부기관이 거론되는데, 5가지 운동기관인 성 기관, 배설기관, 손, 발, 식도도 있다.

이들을 제어하는 데는 며칠에서 몇 달 심지어 몇 년까지 걸린다. 수행자는 며칠간 먹지 않고, 자지 않으며, 한 발로 서거나, 두 손을 머리 위에 묶는 등의 고행을 통해 감각을 제어한다. 그들은 사회를 완전히 벗어나 은둔생활을 하는데 때로는 폭설 폭우 폭염 같은 극심한 기후 속에 지내기도 한다. 신체에 무슨 일이 일어나든 그들은 금욕과 고행을 지속한다. 그들 역시 신을 보고자하고, 자기실현을 원하지만 이 모든 고행이 필연적으로 신과의 만남을 보장하지는 않는다.

하타 요가와 극심한 고행에는 고전요가의 8지단계가 없기 때문에 요기들은 자신이 어느 지점에 있는지 모른다. 이 길에서는 수행자가 다음 단계로 이동할 때 길고 고단할 수 있다. 그리고 수행자는 초능력을 얻기도 하는데 이를 궁극 진리로 여겨 사로잡힌 채 앞으로 더 나가지 못하게 된다.

하타 요가의 프라티아하라(감각제어) 단계에서는 초능력이 성취되기 쉽다. 감각을 넘어선 정신의 힘이 너무 강력해서 그의 말이 실현되고, 사람들은 최면에 걸리기도 하며, 물 위나 뜨거운 석탄 위를 걷기도 하고 단지 보는 것만으로 쇠막대를 구부릴 수 있다. 그들은 마치 마법사같이 행동할 수 있다. 그들은 이 능력들이 곧 신의 지혜라고 착각하지만 사실 그것들은 사악한 초능력이다. 이러한 초능력을 얻는 수행자는 염원들을 만족시키겠지만 사회에는 어떤 이익도 없다. 게다가 초능력을 사용할수록 점점 힘이 줄어들어 결국 초능력도 사라질 뿐 아니라, 신을 깨닫지도 못하게 되는 지경에 이른다. 그들은 정신적 균형을 잃어 영적인 세계에서도 길을 잃을 뿐 아니라 일상의 삶에도 되돌아오지 못한다. 한계를 가진 물리적 신체의 힘에 의지해 신을 깨닫는 것은 실제로 불가능한 일이다. 마음은 모든 감각을 제어하기 때문에 일단 마음이 제어되면 감각이 제어된다.

잠재의식의 미세심은 무한한 힘을 갖고 있다. 마음은 빛의 속도로 우주를 여행할 수 있다. 만일 수행자가 조대한 신체와 감각을 자신의 수레로 사용한다면 사악한 초능력을 얻겠지만 마음을 수레로 삼는다면 무한한 신적 힘을 얻을 것이다. 이는 수행자를 신으로 이끌고 이 사회를 평화롭고 통합된 상태로 이끈다.

3구나[64]의 성분을 담은 사트바, 라자스, 타마스적인 음식들이 있

---

64) 3구나(tri-guṇa)는 우주의 3가지의 구성 요소이다. 3구나 이론은 고대 상키야학파에서 주장한 것으로서, 우주를 전개시킨 물질 원리인 프라크리티를 구성하고 있는 3가지의 성분들이 바로 3구나라는 것이다. 3구나는 사트바sattva, 라자스rajas, 타마스tamas인데 사트바는 고요하고, 밝으며, 가볍고, 의식을 지닌 성질로서 명상을 할수록 강해진다. 반면 라자스는 동적이고, 빠른 성질로서 물질세계가 전개되는 주요 원인이다. 마지막으로 타마스는 가장 어둡고, 둔하고 무거우며, 의식이 없는 성질이다. 이 3구나는 음식 같은 물질적인 대상뿐 아니라 우리가 의식으로 여기는 온갖 심리와 의식작용까지 온 우주를 구

다.

사트바적인 음식: 위장의 능력보다 조금 먹는 것이 사트빅한 습관이
다. 음식을 즐기는 것은 몸과 마음을 행복하게 하는 일이지만, 덜
먹으면서 즐길 수 있다면 채식주의자든 아니든 사트빅한 것이다.
라자스적인 음식: 여러 음식이 다양하게 낭비되면서 조금씩 있는 다
양한 코스의 음식이다. 이러한 종류의 음식은 마음을 제어하지 못
하게 만들어서 화를 잘 내고 성급하게 만든다.
타마스적인 음식: 무기력, 게으름, 비활동성을 증가시키는 음식은 의
욕과 효율성을 저하시킨다. 과식 또한 타마식한 것이다. 이는 명료
한 마음과 자신감을 해친다.

육식뿐 아니라 채식 등 모든 음식들은 죄의 관점에서 똑같다.
동물들도 도살당하기 전에 두려워 떠는데, 실은 식물도 그러하다.
우리는 식물들의 고통은 잘 모르지만 과학자들은 식물의 감정을
측정하는 하는 실험에서 식물도 사랑에 긍정적으로 반응하고, 자
신을 자르는 톱이 곁에 오면 두려워한다는 걸 밝혔다.

고기를 먹으면 신체와 행동에 타마식한 영향을 받지만, 어쩔 수
없이 먹어야 할 때 절제해서 섭취하게 되면 그런 요기들도 자기실
현을 이룰 수 있다.

그러나 이러한 음식 습관은 자연스럽게 변화한다. 수행자가 특
정한 음식을 갈구해서 그것을 먹지 못하면 힘들어지는 갈망은 수

성하고 관장하는 물질 성분이다.

행을 방해한다. 사실 건강한 수행자는 일반인들이 도저히 먹기 힘든 음식들을 소화할 수 있다. 상카라 차리야의 이야기가 전해진다.

상카라 차리야가 순례를 떠나면서 에고가 매우 강한 두 명의 수행자를 골랐다. 그는 두 수행자에게 마을에서 하루에 한번만 걸식할 것이며 만일 음식을 공양받지 못하면 다시 걸식하지 않는다는 방침을 일렀다.

처음에 상카라는 생계를 위해 술을 만들어 파는 가난한 가정에 방문했다. 이 집이 술 한 병을 공양하자 상카라는 거침없이 두 수행자 앞에서 모두 마셔버렸다. 놀란 수행자들은 그가 바른 스승인지 의심했다.

다른 날 방문한 집도 가난하여 생계를 위해 기름으로 작은 인형을 만드는 곳이었다. 기름을 공양받자 이번에도 상카라는 그것을 마셔버렸다. 그리고 상카라는 말했다.

"자네들은 저번에 내가 술 한 병을 마시는 것을 보았고 이번에는 기름을 마시는 것을 보았네. 술 한 병을 마시려면 먼저 이것을 알아야 하네. 술보다 더 독한 기름같은 것을 마셔 소화할 힘이 있어야 하네. 그러면 술이 자네들을 괴롭히지 못할 걸세."

모든 음식이 모든 사람에게 똑같지 않다. 그러나 음식은 마음을 제어할 수 없지만, 마음은 음식을 제어할 수 있다.

육식주의자의 몸은 구조적으로 시체와 비슷하다. 그것은 몸과 마음과 주위 환경에 많은 교란과 오염을 초래한다. 너무 많은 음식을 먹는 것은 마음과 몸과 환경에 큰 영향을 끼쳐서 결과는 끔찍하다.

채식주의자가 되면 그런 영향은 줄어든다. 채식은 쉽게 소화된다. 삶을 위해서 몸이 필요로 하는 모든 것, 즉 비타민, 영양분, 단백질 같은 것들은 식물의 왕국에서도 쉽게 찾을 수 있다. 채식주의자는 동물뿐 아니라 동물에서 나온 모든 음식(우유, 계란, 꿀)을 완전히 피한다. 동물에서 식물에 이르기까지 다양한 차원이 있는데 채소의 섭취가 우리의 몸과 외부 환경에 혼란을 덜 일으킨다. 그리고 채소 중에서도 토속적인 유기농의 제철 채소가 몸에 가장 좋다. 이러한 채소를 먹으면 운송, 냉장, 저장 등으로 인해 환경에 끼치는 나쁜 영향도 많이 감소된다.

한편 과일식주의자는 식물 차원보다 더 나아간 것이다. 무언가를 먹는 우리는 여전히 생명체를 죽이고 있다. 과일만 먹는 사람이라도 나무와 과일을 괴롭히고 있음을 자각해야 한다. 과일식은 다 익어서 나무에서 떨어진 과일을 먹음으로써 생명의 고통을 최소화할 수 있다.

치아와 위장 구조에 대한 연구는 인간이 본래 육식보다는 과일을 먹는 동물과 더 유사함을 알려준다. 그들의 이빨은 살점을 물어뜯어야하는 육식동물처럼 길고 뾰족하지 않으며, 이빨은 천천히 씹는 말처럼 평편하지도 않다. 인간의 치아 구조는 과일을 먹는 동물과 같다.

그리고 가장 깊은 단계는 호흡식이다. 이것은 우리를 공기 요소에 더욱 의지하게 만든다. 태양빛은 완전한 5대 요소를 가지고 있다. 그래서 인간의 미래는 바로 태양빛에 있다. 모든 에너지가 태양빛에 담겨있다.

　나무에서 녹색 잎을 딸 때 나무와 잎사귀는 고통을 받지만, 자연스럽게 떨어질 때 나무와 잎 모두 행복하다. 마찬가지로 담배, 술, 육식, 나쁜 음식 같은 것은 저절로 떨어져 나가야 할 우리의 녹색 잎이다. 습관들을 강하게 끊으려 할 때 오히려 나쁜 습관들이 되돌아오고 더 강한 힘을 가진다. 그러나 적절한 명상을 한다면 이전의 나쁜 식습관을 통해 얻었던 만족을 내면에서 발견할 것이다. 그러면 습관들을 떨치기 쉬울 것이다.

　선 요가 명상은 최상의 미각과 최상의 경험 그리고 최상의 내면적 감로를 가져다준다. 당신은 나쁜 습관에 덜 끌리게 되고 그것들을 쉽게 피할 것이다.

"인간은 과일을 먹는 동물이라고 말해왔다. 그러나 이제 나는 엄격한 과일식보다 채식주의를 권한다. 그 이유는 지금 시점에서 대부분 인간의 신체는 과일과 견과류의 식단만으로 살 수 있을 정도로 섬세하지 않기 때문이다. 조리한 과일들이 인간들에게 필요하다. 인간은 매우 부자연스러운 식단의 과도기에 있다. 더 발전된 상태에서 인간은 그러한 제한된 음식과 견과류 등을 포기할 수 있고, 내적 에너지를 통해 바로 살 수 있다. 고도로 진화된 영혼들이 우리 시대에 알려져 있듯이 말이다. 독일 바바리아의 그리스도교 신비주의자 테레사 뉴만Therese Neumann 같은 사례 등이 있다"

(『신성한 과학』 p.179, 슈리 유크테슈와르 '6단계: 삶은 전장이다')

선 요가를 해보지 않은 사람들은 이를 하타 요가같은 심한 고행으로 여길 것이다. 그러나 선 요가는 고전 8지요가의 원리에 맞춰져있어서 초기의 단계부터 모든 단계가 분명하다. 다만 물리적 신체보다 더 미세한 신체 및 에너지를 강조한다는 점이 다르다.

선 요가를 수행해보면 태양에 대한 우호적인 감정을 느끼게 될 것이다. 일정한 단계를 지나면 눈이나 신체 어디에도 압박이나 부담을 느끼지 않는다. 선 요가 수련을 통해 수행자는 프라티아하라(감각제어) 단계를 넘어서고, 초능력을 얻지 못해도 초기부터 내적 평화를 경험할 수 있다. 선 요가의 다양한 단계를 통해 수행자가 성취할 모든 것은 진화를 방해하지 않을 신적인 싯디이다.

선 요가는 진정한 기쁨을 주며 궁극적 목적으로 이끄는 최상의 요가라고 말할 수 있다.

4. 선 요가와 시간

우리에게 시간은 매우 귀중하고 강력하다. 적절한 시간 경영은 삶을 창조하지만 잘못된 시간 경영은 삶을 훼손한다. 시간은 결코 인간을 기다리지 않는다. 시간의 흐름과 삶의 흐름은 함께 간다. 짧은 시간이라도 낭비하면 인생에서 후퇴하는 것이고, 죽음으로 진행하는 것이다. 그러므로 힌두여신인 칼리kali는 시간의 신일 뿐 아니라 죽음의 신으로 불린다.

선 요가는 몸을 회춘시키고 노화를 방지해준다. 삶을 넘어 시간을 초월한다고도 볼 수 있다.

시간은 일반적으로 재깍거리는 시계나 심장의 박동으로 측정한다. 일반인에게는 시간 계산법이 신비하겠지만 구도자에게는 어려운 문제가 아니다. 고대 인도의 푸라나[65] 문헌은 시간 측정의 신비를 밝히고 있다.

1원자의 진동이 1 팔pal(순간)

2원자의 진동이 1 분자

1분자의 진동이 1 아누팔anupal, 즉 2팔

---

65) 푸라나purāṇa는 '고대의 이야기'를 뜻한다. 방대한 프라나 문헌군은 전통적으로 18가지로 나뉘는데, 저자는 비야사Vyāsa로 대표된다. 프라나는 세계 최초의 창조, 파괴 이후 세계의 재창조, 위대한 세계의 시대, 신과 성자들의 계보, 왕조의 역사를 다루는 대중적인 백과사전이다.

3분자의 진동이 1 트리아누팔trianupal. 즉, 3×2=6팔

6×트리아누팔은 1무흐루타muhurtha 즉, 6×6=36팔

2무흐루타는 1초, 36×2 =72팔

그래서 인간의 심박수가 72가 된다.

그런데 아이들은 기대가 없기 때문에 심박수가 아래와 같다.

2팔 = 아누팔

3아누팔 = 트리아누팔

아누팔+트리아누팔 = 2+3 =5팔

6×5 = 30×2= 60초 (1분당)

60×60 = 3600 박동은 1시간이 걸리고, 시간의 측정이 시작된다.

어른에게는 팔 아누팔(2×3) = 6팔

12×6 = 72팔 어른의 심박수를 뺀다.

성인의 심장 박동 수는 욕망과 갈망 때문에 더 빠르다.

선 요가를 규칙적으로 수련하면 아이의 심박수로 돌아가 노화 과정을 늦출 수 있다. 명상으로 사마디에 도달하면 심장 박동은 멈췄다가 재개된다. 시간 낭비는 곧 에너지의 낭비이며 몰락을 가져온다. 시간 경영은 인생에서 무엇보다 중요하다.

지구가 한 바퀴 자전하는 데 24시간이 걸리고, 달이 지구 주위를 도는 데 28일이 걸린다. 이에 근거하여 한 달은 28일이다. 1년은 12개월이지만, 인도력에서 13개월이 될 때도 있다. 달이 지구에서 가장 가까울 때는 보름달이고 가장 멀 때가 초승달이다.

지구가 태양을 한 바퀴 도는 데 365일 6시간이 걸린다. 1년은 12 황도궁으로 나뉜다. 요가 스승 유크테슈와르[66]는 그의 책 『신성한 과학』에서 태양과 행성들, 그리고 행성들의 위성들이 1회 공전을 마치는 데 24,000년이 걸린다고 말했다.

방출 센터에서 수신 센터까지 태양은 12,000년이 걸리고, 수신센터에서 방출센터까지 태양은 12,000년이 걸린다. 2000 12황도사인 = 24,000년이다.

『마누상히타』에서는 유가yuga를 이렇게 언급하고 있다:

12,000년은 4유가로 나뉜다.
칼리유가kali yuga—1000년
드와파르 유가dwapar yuga—2000년
트레타 유가tretha yuga—3000년
사트야 유가satya yuga—4000×2

태양이 방출 센터에서 수신 센터까지 운행하는 동안 유가는 사트야 유가에서 칼리 유가로, 수신 센터에서 방출 센터로 운행할 때는 칼리 유가에서 사트야 유가로 향한다. 각각의 별과 황도12궁을 거치는데 2,000년이 걸린다.

---

66) 유크테슈와르Yukteshwar(1855~1936)는 크리야 요기로서, 요가난다와 사티야난다기리의 스승이었다. 또한 인도 점성학자이면서 인도철학자, 교육자였다. 그는 크리야 요가의 아버지 바바지를 계승한 라히리 마하사야Lahiri Mahasaya의 제자였다. 요가난다는 유크테슈와르를 지혜의 화신이라 여겼다. 그는 대화신 바바지의 요청으로 『신성한 과학』The holy science, Kalvalya Darsanam을 썼다고 한다.

은하계의 블랙홀에 가까운 3개의 행성이 있다. 만일 하나의 행성이라도 사라지면 전체 은하계가 궤멸된다. 태양은 이 3개 행성 중 하나이다.

신체에는 12개의 장부가 있는데 각 장부에 다음의 순서대로 각각 2시간 동안 머문다.

새벽 3시~새벽 5시 : 폐

새벽 5시~7시: 대장

아침 7시~9시: 위장

아침 9시~오전 11시: 비장

점심 1시~오후 3시: 소장

오후 3시~오후 5시: 방광

오후 5시~저녁 7시: 신장

저녁 7시~밤 9시: 뇌

밤 9시~밤 11시: 가슴(아나하타차크라)

밤 11시~밤 1시: 쓸개

밤 1시~밤 3시: 간

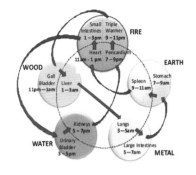

장부의 체내 시계

이렇게 에너지는 각 기관에 최소 2시간씩 머무른다.

아나하타 차크라는 신체의 블랙홀로서 그 주위에 3가지 기관인 심장, 폐, 간이 있다. 이중 어느 하나라도 훼손되면 죽음이 닥친다. 인간의 신체는 태양계와 같다.

인간의 하루에는 4유가가 있다.

새벽 4시~오전 10시: 사트야 유가 - 황금 시기

오전 10시~오후 4시: 트레타 유가 - 은銀 시기

오후 4시~밤 10시: 드와파라 유가 - 동銅 시기(잡담, 비난, 가족불화)

밤 10시~새벽 4시: 칼리 유가 - 철鐵 시기(악한 인간들이 활동함)

삶의 주기에서도 4유가가 있다.

탄생부터 12세까지: 사트야 유가 - 부모의 보살핌 속에 존재한다.

12세부터 결혼까지: 트레타 유가 - 교육을 위해 부분적으로 부모에게 의지하며 성장통과 사춘기, 및 젊은 시절을 불안정하게 대처한다.

결혼 이후: 드와파라 유가 - 부모에 대한 효도, 처자식에 대한 헌신. 생활의 1/3은 처자식에게 나머지는 자신에게 향한다. 자아실현을 위해 자신을 단련하고 성찰하지 않는다면 인생은 더욱 마야 속에 빠진다.

노년시기: 칼리유가 ― 나이가 들어 홀로 설 수 없으나 자식들은 각자 바쁘다.

모든 유가는 삶의 속도에 맞춰 계산된다.

팔, 아누팔, 트리아누팔, 무후르탐. 유가는 태양과 관련된다. 지구의 진동과 생명은 태양으로 인하여 생성된 것이다. 삶에서 시간은 곧 에너지이다. 삶에서 1초라도 허비하면 우리는 72세포의 에너지를 잃는다. 시간은 매우 귀중하기에 선 요가는 시간을 잘 쓰도록 가르친다.

고대에는 해 시계를 사용했다. 코나크 태양사원[67]은 정교하게 장식된 12쌍의 바퀴와 7마리의 영적인 말이 이끄는 거대한 전차 형상으로 설계되었다.

12개월을 나타내는 12바퀴는 2바퀴마다 계절을 상징하는 차축으로 연결되어 있다. 모든 바퀴는 12개의 두꺼운 바퀴살로 만들어져 있다. 바퀴살은 밤과 낮의 12시간을 상징한다. 한 바퀴살은 한 시간이다. 두 바퀴살 사이에 60분을 의미하는 60개의 점을 가진 원이 있다. 게다가 모든 바퀴살의 60개점은 60초를 상징한다. 태양 광선이 바퀴에 도달할 때 바퀴살의 그림자는 시간, 중간의 원은 분, 작은 점들은 초를 가리킨다.

대개의 사람들은 삶의 즐거움을 추구하는데 시간을 소비하느라 진화를 추구할 시간을 갖지 못한다. 그들은 과거의 카르마에 시간을 낭비한다. 그러나 과거에 강도였던 인물이 현자로 변화할 수 있듯이, 선한 일을 하면 과거의 나쁜 업을 지울 가능성은 우리에게 늘 열려있다.

선 요가는 자신의 과거와 현재, 미래를 바로 보고 더 밝은 쪽으로 나가게 하며, 바른 시기에 바른 일을 하는 시간 경영을 돕는다.

---

67) 코나크Konark사원은 13세기에 인도 오릿사의 코나크 지방에 세워진 태양사원이다.

5. 선 요가와 철학

선 요가는 존재의 진리를 깨닫게 하여 진정한 철학을 제공해준다. 아트만과 브라흐만에 관한 지혜 그리고 아트만과 브라흐만을 일별하는 다르샨을 통해 그 철학을 얻을 수 있다. 당신의 계급, 성별, 종교와 상관없으며 당신이 집에 있든, 동굴에 있든, 어디에 있든 상관없이 지고의 철학에 도달할 수 있다.

성전인 샤스트라는 6가지 종류(베다, 베단타, 우파니샤드, 바가바드기타, 푸라나, 철학논서)로 나뉜다. 이 모든 문헌들은 결국 브라흐만과 아트만에 대한 지혜를 다루고 지혜에 도달하는 요가 과정의 다양한 단계, 삶 속에서 추구해야 할 진정한 목적 등을 말해준다.

과거에는 오직 상층의 브라만들만이 위의 문헌 중 일부를 연구하여 자기실현을 추구했다. 전통적 고정관념은 성스러운 브라만들만이 브라흐만에 관한 지혜에 이르는 방법을 알고 있다고 주장했다. 그러나 실제로는 브라흐만을 깨닫는 자라면 누구나 브라만이 되는 것이다. 브라흐만과 내면의 태양을 깨닫기 위한 태양 경배가 모든 베다에서 언급되고 있다.

『리그베다』, 『사마베다』, 『야주르베다』, 『아타르바베다』 모두가 반복해서 태양 경배를 언급하고 있고, 『브리하드아란야카 우파니샤드』와 『찬도기야 우파니샤드』에 나온 평화의 가야트리 만트라[68]

<hr>

[68] 가야트리 만트라는 우파니샤드뿐 아니라 『베다』『바가바드기타』『하리밤샤』

는 태양 여신 사비트리에 대한 찬가이다.

옴 브흐르 브흐바 스바하 탓 사비투르 베렌얌

바르고 데바스와 디마히 드히요 요 나흐 프라초다얏

oṃ bhūr bhuvaḥ svaḥ tat savitur vareṇyaṃ

bhargo devasya dhīmahi dhiyo yo naḥ prachodayāt

『바가바드기타』 제4 지혜의 장 1, 2게송은 태양을 통해 브라흐 마에 관한 지혜를 얻는다고 말하고 있다. 여기서도 푸라나 문헌과 마찬가지로 브라흐만에 관한 지혜는 태양이 방사하는 신성의 빛으 로 비유된다.

많은 성전들이 선 요가를 언급하는 것을 보면 이것이 고대 수련 으로서 수행자들이 완전한 깨달음으로 절대적인 '하나됨'을 얻을 수 있게 하는 비법이었음을 알 수 있다.

전통적 고전인 베다와 베단타는 철학적으로 브라흐만을 말하지 만, 실증을 원하는 오늘날의 과학적 세대는 과거의 철학을 탐구하 려 하지 않는다.

『우파니샤드』는 브라흐마에 관한 지혜를 성취하는 길을 심도 있게 설명하지만 일반인은 여기에 무관심하다. 『바가바드기타』는 사회적 맥락을 통해 이 지혜를 설명했기에 대중들의 사랑을 받았 다. 철학은 논쟁과 연구를 통해 다양한 이론들, 즉 이원론과 비이 원론, 그리고 브라흐만과 아트만를 통해 삶의 의미를 밝히지만 과

『마누스므리티』 등의 많은 인도 고전에 나오는 평화의 만트라로서, 태양 여 신인 사비트리Savitri에게 바치는 찬가이다.

학적 관점을 선호하는 요즘의 젊은 세대는 고대의 철학에도 푸라나 문헌에도 관심이 없다. 그러나 여기에서 고대의 철학과 푸라나에 대해 조금이나마 설명하고자 한다.

전통적으로 크게 18개의 푸라나가 있다. 푸라나는 위대한 성자라는 칭호를 가진 베다 브야사Veda Vyasa가 저술했다. 그는 18가지 푸라나에서 18가지의 다른 방식으로 창조 신화를 묘사했다.

그중 4가지의 주요 푸라나에 대해 설명해보겠다.

최초의 푸라나로 알려진 『파드마 푸라나』Padma Purana는 창조의 신비를 아래와 같이 설명하고 있다.

아디 마타Adi Mata(母神)가 브라흐마를 창조한 후 그에게 자신과 결합하여 창조 과정을 시작하자고 말했다. 그러나 브라흐마는 자신을 창조한 어머니와의 결합은 죄라고 하면서 거절했다. 분노한 그녀는 브라흐마를 불태워 잿더미로 만들었다. 그녀는 같은 방식으로 비슈누와 쉬바를 창조했는데, 둘 역시 브라흐마와 같은 이유로 그녀와의 결합을 거부하여 잿더미로 사라졌다. 마침내 그녀는 가네쉬를 창조했는데 같은 상황에 처했다. 그러나 가네쉬는 영리했기 때문에 그녀에게 말하길 자신에게 보이는 건 그저 3개의 잿더미일 뿐인데, 그것들이 어떻게 브라흐마와 비슈누, 쉬바였으며 그들이 그녀의 부탁을 거절했는지 믿을 수 있겠느냐 물었다. 아디 마타는 그들에게 다시 생명을 되살려 보여주었다. 그러자 가네쉬는 그녀의 요구를 정중하게 거절하면서 당신은 우리 넷의 어머니였으니 당신 자신이 다른 네 명의 여성으로 재탄생하여 창조가 진행되도록 해달라고 부탁했다. 그러자 아디 마타(샥티shakti)는 자신을 네 명의 다른 여성, 즉 사비트리, 락슈미, 파르바티, 싯디로 재탄생했다. 이때 사비트리는 브라흐마, 락슈미는 비슈누, 파르바티는 쉬바, 그리고 가네쉬는 싯디와 결합하여 창조가 시작되었다.

『쉬바 푸라나』*Shiva Purana*에서 창조자는 쉬바이다. 쉬바가 춤을 출 때 그의 삼지창이 빠른 속도로 움직이면서 빛이 생기고 그의 작은 북인 다마루에서 심오한 소리인 브라흐마나다가 울려 퍼질 때, 그 빛과 소리가 뒤섞여 비슈누가 창조되었다. 비슈누가 깊은 명상에 있을 때 연꽃이 그의 배꼽에서 피고 그 연꽃 위에서 브라흐마가 창조되었다. 가네샤는 브라흐마가 깊은 명상에 있을 때 창조되었다. 이렇게 창조는 쉬바에서부터 시작되었다.

『비슈누 푸라나』*Vishnu Purana*는 비슈누가 창조자라 설명한다. 비슈누가 깊은 명상에 있을 때 많은 땀을 흘렸는데 쉬바는 그 땀에서 탄생했다. 한편 브라흐마는 깊은 명상에 있는 비슈누의 배꼽에서 피어난 연꽃에서 창조되었으며 가네샤는 브라흐마가 깊은 명상에 있을 때 창조되었다.

『브라흐마 푸라나』*Brahma Purana*에서 브라흐마가 깊은 명상 속에 있을 때 흘린 땀이 2개의 강이 되었는데 그 중 하나에서 쉬바가 창조되고, 다른 강에서 비슈누가 창조되었다고 한다. 가네샤는 브라흐마가 깊은 명상에 있을 때 창조되었다.

현대인들은 샤스트라가 말해주는 게 고작 이런 것이냐고 비판할 것이다. 너무나 많은 브라흐마, 비슈누, 쉬바, 그리고 가네샤가 창조되었으니 혼란할만하다. 혹은 그것들은 각각 하나씩인가? 푸라나에 숨겨진 다른 진리는 없을까? 만일 그렇다면 어떤 푸라나가 진리를 말하고 있는가? 아니면 어떤 것도 진리를 말하고 있지 않다면?

한 푸라나가 거짓으로 밝혀진다면 다른 푸라나도 거짓일 확률이 높아진다. 그러나 사실상 모든 푸라나는 진실이다. 왜냐하면 그것들은 물리적 세계가 아닌 미세한 세계를 다루기 때문이다. 푸라나는 사회적 배경을 담고 있어 대중적으로 흥미롭게 읽히지만, 사실 모든 인물들은 미세한 세계의 특징을 나타내는 상징이다. 모든 푸라나의 작가는 동일하다.

아디마타는 실제의 여성이 아니고 모든 영혼의 생명력이다. 마찬가지로 브라흐마, 비슈누, 쉬바, 가네샤는 개별체가 아니다. 브라흐마는 내적 지혜, 비슈누는 무조건적인 사랑과 박티를 상징한다. 쉬바는 창조의 시작이며 진리이고, 가네샤는 자기실현(아트마다르샨)을 상징한다.

물리적 신체에서 비슛디 차크라와 사하스라라 차크라 사이는 브라흐마의 장소이다. 브라흐마는 내면적 지혜인 동시에 우주적 지혜이다.

지혜의 눈은 아즈냐 차크라와 사하스라라 차크라 사이에 있다. 아즈냐 차크라와 연결된 송과선을 통해 지혜를 얻는다. 지혜를 얻을 때 차크라의 진동이 있어서 아즈냐와 사하스라라 차크라에서 느껴지는 파동이 생성된다. 그러므로 브라흐마의 정확한 자리는 아즈냐 차크라이다.

비슛디에서 마니푸라 사이는 비슈누가 거주하는 자리이다. 비슈누는 사랑과 헌신을 의미하며 심장에서 나타난다. 아나하타라고 불리는 매우 중요한 차크라는 심장 영역에 있다. 여기는 물리적 신체의 블랙홀이다. 마니푸라에 깃든 쿨라 쿤달리니는 사랑과 헌신이 없으면 깨어나지 않는다.

마니푸라에서 물라다라까지는 쉬바의 왕국이다. 쉬바는 진리이며 아름답다. 진리는 과거, 현재, 미래와 상관없이 불변하는 존재이다. 그리고 진리는 창조인데, 물리적 신체에서 생식기는 창조의 기관이다. 쉬바링가[69]와 그것을 둘러싼 틀은 남성기와 여성기의 결합을 나타내고 이는 결국 창조로 이어진다.

우리는 지식을 가지지만, 지혜가 무엇인지 모른다. 우리에겐 본래 사랑과 헌신의 능력이 있지만 그것을 어떻게 표현하고 사용할지 모른다. 우리에겐 창조의 힘이 있지만 대개의 부모는 자신의 아이가 언제 임신되었는지도 모른다. 우리들 대부분은 진정한 지혜와 진정한 박티와 내면의 힘을 모른다. 신화에서 3개의 잿더미는 이러한 무지를 상징한다. 그런데 가네샤는 자기실현을 의미한다. 싯디(성취)는 자기실현을 이룬 가네샤의 힘이다. 자기를 깨달아 실현한 사람은 싯다푸루사(성취한 인간)이라고 불린다. 진정한 지혜와 헌신과 사랑과 창조의 힘을 깨닫는 것은 오직 자신을 안 이후이다.

인도에서 가네샤가 왜 코끼리 머리의 형상을 하고 있는지, 그리고 부모를 경배하기 전에 왜 먼저 그를 경배하는지 궁금할 것이다.

---

[69] 쉬바링가(sivalinga)는 우주 창조의 상징이다. 남성기, 표시, 징표를 뜻하는 링가는 창조의 우주적 원리를 나타내고 고대 인도에서 링가숭배가 쉬바신앙과 연관된다. 탄트라와 하타 요가 문헌에서는 신체의 차크라에서 빛나는 링가를 볼 수 있다고 언급한다. 척추 기저의 아도 링가, 슈슘나 나디 위쪽 끝의 쉬킨 링가, 아즈냐 차크라의 빛나는 즈요티르 링가, 심장에 있는 링가 형태의 불꽃 등이 바로 우주적 링가가 소우주인 신체에서 드러난 것이다.

그는 바로 자기실현의 상징이기 때문이다. 깨달은 사람은 비이기적이고, 욕망이 없으며, 방종하지 않으며, 풍부한 인간성을 지니고서 자신의 일을 해낸다. 하얀 코끼리의 머리는 진리와 평화 및 풍요로움을 상징한다.

푸자[70]는 신상 앞에서 향과 꽃을 공양하는 것만을 의미하지 않는다. 푸자의 '푸'는 완전함을 뜻하는 푸르나pūrna를 뜻하고, '자jā'는 완전함에서 나온 지혜를 뜻한다. 완전한 지혜를 위해서 아트마 다르샨이 필요하다. 아트마 다르샨의 한 단계가 프라나야마이다. 프라나는 생명력이고, 야마는 휴식의 상태이다. 생명력과 영혼은 삼매상태에서 우주의 근원적인 힘과 합일했을 때만 근원적 휴식을 취할 수 있다. 그러므로 가네샤 푸자는 곧 아트만을 깨닫는 것이며, 이로써 일체에서 자기 자신을 발견한다. 이 모든 것이 브라흐마임을 깨닫는 것이기도 하다. 이것을 알면 모든 부정적 영향력은 파괴된다.

푸자에는 4단계가 있다. 프라나야마를 행한 뒤에 먼저 가네쉬에게 푸자를 올리고, 다음으로 신과 여신에게 푸자를 올리며, 마지막으로 푸르나 후티를 행한다.

아트마 다르샨을 얻는 길로서 진리의 길, 헌신의 길, 지혜의 길 3가지가 있다. 진리의 길은 오늘날 같은 이기적이고 혼란한 세계

---

70) 푸자pūjā는 경배, 숭배를 뜻한다. 탄트라에서 푸자는 자신이 선택한 신을 날마다 숭배하는 의식이다. 푸자에는 신의 이미지로 된 좌법, 신을 환영하여 부르기, 신의 발을 씻는 물 뿌리기, 생 곡물이나 꽃 봉헌, 한모금의 물을 두 번 바치기, 꿀과 우유와 버터, 목욕, 천이나 옷, 신을 치장할 보석, 향료와 전단향 반죽, 꽃, 향, 등불, 음식, 찬송, 암송, 호흡 조절, 명상 등의 행위와 의례용품이 필요하다.

에서는 매우 어렵다. 붓다나 마하비라 같은 위대한 성자가 걸었듯이 진리의 길을 갈수도 있겠지만, 수많은 비방과 반대 등을 무릅써야할 것이다. 쉬바의 춤이 바로 그러한 고난을 상징한다. 수행자는 인내심과 관대함과 불굴의 마음을 가져야 모든 역경을 뚫고 빛을 볼 수 있다. 브라흐마의 소리가 아름다운 선율로 몸에서 울려 나올 것이다. 그래야 수행자는 진정한 사랑과 헌신을 실현할 수 있는데 이것이 비슈누의 각성이다. 수행자가 수행을 지속하면 쿤달리니가 각성되는데, 이는 배꼽에서 피어나는 연꽃으로 상징된다. 이 진동이 아즈냐와 스와디스타나까지 확장될 때 아즈냐가 각성되고 이것이 브라흐마로 상징된다. 수행자가 자기실현을 향해 나아갈 때는 가네쉬로 상징된다. 이것이 쉬바 푸라나의 철학이다.

쉬바와 비슈누, 그리고 브라흐마 푸라나에 공통된 핵심은 어떤 길을 따르던 진리, 헌신, 그리고 지혜의 길이라는 것이다. 각성의 모든 단계에서 진리의 깨달음은 쉬바이고, 비슈누는 헌신이며, 브라흐마는 지혜이고, 절대적인 자기실현은 가네쉬이다.

붓다와 마하비라는 진리의 길을 따랐다. 그리스도, 모하메드, 그리고 라마크리슈나는 박티의 길에 충실했다. 아디 샹카라, 스와미 비베카난다, 리쉬 오로빈도, 라마나 마하리쉬, 스와미 발라라, 대화신 바바지, 라히리 마하사야, 유크테슈와르는 지혜의 길을 따른 자들이다.

과학, 철학, 그리고 영성은 사실 서로 다르지 않다. 이 모두가 생명에서 시작하고 진리나 지혜의 궁극적 실현으로 끝난다. 그러나 두 길의 과정은 다르기 때문에 충돌한다. 이미 그 단계에 도달한 사람들은 하나인 것을 알기 때문에 결코 다투지 않는다.

『바가바드기타』는 사실상 요가 문헌이다. 이 경전은 서로 다른 요가를 통해 어떻게 신을 깨닫는지 설명한다. 요가 수련 시 특정한 단계에서 발생하는 마음의 작용은 무엇인가? 어떤 싯디가 나타나고, 어떻게 다뤄야 하며, 극복해야 하는가? 이 모든 것을 베다 브야사가 설명했다.

많은 사람들이 기타를 신이 썼다고 믿는다. 그러나 사실 위대한 성인 브야사Vyasa가 쓴 것이다. 브야사는 기타를 쓸 때 사마디 상태인 브라흐마의 경지에 있었다. 그는 브라흐마 다르샨을 얻었기 때문에 기타가 신에게서 나왔다고 말했다. 브야사는 기타 1장 1송에서 보이듯 기타를 푸라나 형식과 유사하게 서술했다. 특히 『바가바드기타』 18장 75송에서 브야사는 사실상 기타의 정수를 설명하고 있다.

여기에서 인도의 대 서사시 『마하바라타』와 그 속의 『바가바드기타』에 나오는 전장인 쿠루 크세트라의 의미를 살펴보자.

쿠루kuru(전쟁)는 우리의 내면과 외부에서 벌어지는 끈질긴 카르마의 전쟁을 의미한다. 크세트라kshetra(땅)는 신체라는 장소이다. 이곳에 내적 의식과 외적 의식 사이의 끝없는 전쟁이 벌어진다. 외적 의식은 분주하고 제어되지 않으며 악한 성향을 가졌다. 내적 의식은 제어된 마음이며 신적 의식이다. 물리적 신체 안에서 두 마음은 끊임없이 충돌한다. 평화는 오직 사마디로만 얻을 수 있다. 그때 물리적 신체는 다르마 크세트라(진리의 땅)가 될 것이다. 쿠루 크세트라에서 카우라바kaurava 가문과 판다바pandava 가문이 싸운다. 카우라바는 미신, 부정적 사고, 공격성, 원숭이 같이 산만한 마음으로 존재의 악한 핵심을 표현한다. 한편 판다바는 긍정적인 마음, 선한 사고, 선한 친구 등을 표현한다.

카우라바의 왕인 드리타라스트라는 눈이 멀었다. 그는 눈이 있지만 볼 수는 없다. 우리도 마찬가지이다. 우리는 드리타라슈트라처럼 눈이 있지만 실상을 볼 수 없다. 육체의 눈을 갖고 있지만 가정에 근거하여 불확실하고 불안정하며 무상한 것들을 보는 데만 사용한다. 그는 근원적 무지를 대변하는 인물이다.

그는 마야 때문에 장남 두르요다나를 시작으로 100명의 자식을 낳았다. 그의 마음은 마야로 인해 재물에 대해 늘 탐욕적이다. 판다바의 주된 적은 탐욕과 마야이다. 제어되지 않은 분주한 마음은 카우라바의 차남인 두샤사나가 대변한다. 이 마음은 평화를 깨트리고, 내면에서 멀어지게 한다. 이 역시 큰 적이다. 우리의 귀는 선하고 바른 것을 듣지 못하고 타인의 고통과 악을 즐거워한다. 그러한 마음 역시 우리 안의 악한 세력이다. 드리타라슈트라의 100명이나 되는 자식들은 우리를 선과 평화에서 멀어지게 하는 다양한 악을 대변하는 상징이다.

카우라바 군대에는 비슈마, 피타마하, 드로나차리야, 카르나 그리고 많은 전사들이 있었다. 그중에서 비슈마는 아버지와의 맹세를 지켜 결의하여 나아가는 인물이다. 결심없이 자기실현은 시작될 수 없지만, 그의 이기적이고 맹목적 신념 때문에 전장에서 죽음을 맞이한다. 드로나차리야는 스승이었음에도 타인의 행복을 위하지 않고 협소한 의식으로 행위하였고, 카르나는 듣고 싶은 것만 듣는 인물이었다.

그러나 반대 진영의 선한 판다바의 5형제 유디슈티라, 브히마, 아르쥬나, 나쿨라, 그리고 사하데브는 진정한 영적 전사들이었다.

유디슈티라는 전쟁에 '집중하는 자'를 뜻하고, 브히마는 '마음을 제어한 자'를 의미한다. 유디슈티라와 브히마처럼 전장에서도 집중하여 마음을 제어한다면 어떤 일이든 할 수 있다. 한편 『바가바드기타』의 주인공이기도 한 아르쥬나의 초점은 더 높은 곳에 있었기 때문에 친족과의 전쟁을 거부했다. 그는 죽기 전에 번뇌와 무지를 없애야 함을 깨달은 사람이다. 『기타』에서 그는 크리슈나의 가르침을 통해 궁극적 지혜를 얻었고 이를 통해 전쟁에 대한 정신무장을 할 수 있었다. 그는 궁극적 지혜와 타인의 행복에 헌신하는 목적으로 전쟁터에 직면한 위대한 인물의 모범이다.

판다바 5형제의 인격은 깨달음에 도달하기 위한 요소들을 가르쳐준다. 즉, 인내, 집중, 제어된 마음, 타인의 행복과 바른 명상을 위한 헌신, 그리고 명료한 의식이다.

나쿨라는 명상의 전형인 무한성 속에 거주하는 자, 사하데브는 지혜의 화신을 의미한다. 그는 신성을 선택하도록 돕는다. 판다바 형제들의 이러한 조합은 아트만에 도달하는 법칙, 즉 비슈바루파 다르샨이다. 전일한 집중, 마음의 제어, 위대한 선善을 위한 작업, 명상, 그리고 지혜가 모이면 아트마 다르샨이 일어난다는 것을 보여준다.

또한 『바가바드기타』의 18장은 18가지의 다양한 요가를 보여준다. 선 요가를 통해 디야나 단계에 이르면 경전의 의미를 하나씩 저절로 알게 된다. 선 요가는 더 짧은 시간 안에 아주 깊고 가장 미세한 차원으로 데려가 준다. 다른 요가들은 사마디를 마지막 단계로 보지만 선 요가에는 사마디 단계 뒤에 더 높은 단계가 있다. 선 요가는 수행자가 철학에서 말하는 깨달음의 세계를 이해하도록 돕는다.

영적인 경전의 목적은 이기성과 협소한 마음을 만드는 것이 아니라 사람들에게 자기 확신과 집중의 힘을 만들어내고 비이기적 태도로 궁극 목적에 도달하도록 돕는 것이다. 경전은 특정 종파의 소유물이 아니며 세계 번영을 위한 것이다. 모든 경전들은 근본적으로 휴머니티의 진보를 지향한다.

6. 선 요가와 사회

푸른 하늘은 맑고, 깨끗하고, 평온하고, 고요하며, 넓고 광대하다. 그러나 구름, 천둥, 비, 우박, 열기 등으로 흐려지고 어지러워진다. 그러한 소요가 사라지면 하늘은 다시 고요해져 아주 작은 티끌도 눈에 띌 정도로 맑아진다.

사회는 하늘과 같고 구성원들의 부정적인 활동으로 혼란해지곤한다. 선하거나 악한 행위들이 사회라는 하늘을 휘젓지만 사람들이 안정되면 사회도 맑아진다.

아이는 태어나자마자 사회 구성원이 되지만 초기의 인간 관계는 친밀한 가족에 한정되어 있다. 아이가 학교와 대학에 들어감에 따라 사회에서 그들 수준에 따라 인간관계의 모임은 늘어난다. 사회 자체도 한계가 없는 독립체이다. 아카데믹한 학교나 대학은 오직 책으로 지식을 전하지 완전한 지식을 전하지 않으며, 물리 세계의 지식만 전할 뿐 내면의 지혜를 주지 않는다. 결국 인격 성숙과 개인 성장에 별다른 기여를 하지 못한다.

완전한 지식을 얻기 위해 학생들은 학교 교육과 명상 수행 사이에 균형을 잡고 자신감을 가져야 한다. 우리는 문제에 깊이 파고들어야 하며 삶의 의미를 이해해야 한다. 선 요가는 간단하면서도 완전한 지식을 성취하기 위한 모든 지침을 제공한다. 자신의 일을 철저하게 해내는 것은 정신적 탐구를 위한 힘을 제공할 뿐 아니라 당신이 속한 사회의 사다리에 올라 사회적 입지를 넓히도록 돕는다.

행위는 사트빅, 라자식, 타마식한 것으로 분류된다. 타마식한 행위는 적은 노력과 큰 욕망으로 어떤 전념도 신실함도 없이 행위하는 것이다. 라자식한 행위는 자기 자신을 위한 욕구로 행위하고 모든 행동에 속셈이 있다. 사트빅한 행위는 절대적인 헌신과 성실함, 무조건적인 사랑과 비이기성을 지닌다. 사트빅한 행위가 더욱 온전하고 영적인 것이다.

문명의 태동기에 인류는 혁신과 발명을 통해 진보해 왔고, 종교는 사회의 인간에게 규범과 지침을 주기 위해 출현했다. 종교는 신에게 향하는 길이다. 모든 종교는 올바름과 도덕성의 높은 기준을 주장한다. 사람들은 서로 다른 신념과 종교 속에서 태어났고 쉽사리 조화롭게 공존할 수도 있건만 자주 종교 간의 차별과 분쟁을 일으킨다.

선 요가는 종교라는 이름으로 세워진 장벽과 분열을 깨는 가장 간단한 길이다. 선 요가는 우리를 조화롭게 하나되게 하고 진정한 지식과 완전한 개인적 성장을 향해가도록 한다.

7. 선 요가와 인류애

시계의 진자는 반원을 그리며 움직이는데 한 번은 시계 방향으로 다른 한 번은 반시계 방향으로 움직인다.

우주의 진자가 오른쪽으로 돌면 양陽의 특성을 지닌 우주의 중심 바퀴(the centre index wheel)도 오른쪽으로 움직이기 시작한다. 또한 진자가 왼쪽으로 돌면 음陰의 특성을 지닌 우주의 배꼽 바퀴(the focal index wheel)가 왼쪽으로 움직인다. 반원이 아니라 우주의 진자가 원형으로 움직였다면 어떤 생명도 존재하지 못했을 것이다. 무한에 흡수되기 때문이다.

우주의 중심 바퀴는 늘 오른쪽으로 움직이면서 무한 속에 생명력의 진동을 남긴다. 그리고 음적인 우주의 배꼽 바퀴는 왼쪽으로 움직이면서 무한에서 생명의 박동을 되가져온다.

우주의 중심 바퀴 속도와 배꼽 바퀴 속도가 어우러지는 지점에서 완전한 진동이 생성되고 거기서 생명이 출현한다. 이 지점의 도움으로 시간과 분, 그리고 초침이 물리적으로 현현한다. 이 현현은 시간뿐 아니라 속도도 표시한다.

하루, 한 달, 일 년의 흐름은 각자의 방향에 따라 동일한 진자에 의해 흘러간다.[71]

---

71) 날은 아침과 저녁, 월은 보름과 그믐, 년은 춘하춘동을 따라 규칙적으로 변하는 것을 말하고 있다.

인생의 흐름과 우주의 우주 에너지 흐름은 비슷한 방식으로 흐른다. 우주의 블랙홀은 진자가 한 번은 오른쪽, 한 번은 왼쪽으로 가듯이 반원형으로 움직인다.

우주의 블랙홀이 오른쪽으로 진동할 때 많은 우주 에너지, 즉 전자기 에너지를 방출한다. 블랙홀이 왼쪽으로 진동할 때는 우주 에너지가 (음적 특성을 가진) 블랙홀로 흡수된다.

블랙홀은 고정 장소에서 진동을 일으킨다. 진자의 방향은 오른쪽을 향하는 양 에너지와 왼쪽을 향하는 음 에너지를 가지고 항상 중앙을 향한다.

타원형의 자기장은 우주의 양의 방출점과 음의 귀멸점 사이에서 생성된다. 이 자기장은 북극과 남극 사이의 지구 축을 따라 만들어진 것과 유사하다.

음양 에너지의 결합은 거대한 우주 에너지의 장을 창조하고 은하계는 고정 장소의 에너지 장 안에서 만들어 진다. 은하계가 창조되면 창조의 중심을 둘러싼 정해진 길을 따라 움직인다. 우주의 두 에너지 센터는 모두 무한의 상태이며, 주변에 그 무엇도 멈출 수 없다.

우주와 마찬가지로 은하계 또한 블랙홀을 가지며 우주 에너지의 진자는 방출점에서 귀멸점으로 움직인다. 에너지 진자가 움직이는 동안 은하계도 끝없이 움직인다. 은하계에 생성된 전자기장 안에서 별(항성)들은 특정한 위치로 나타나기 시작한다. 우주와 은하계와 마찬가지로 별들도 각자의 블랙홀과 에너지의 방출과 귀멸점을 가진다.

태양계는 별들의 전자기장 안에서 출현한다. 모든 행성, 항성(별), 천체가 각자의 블랙홀을 가진다. 행성은 작은 위성을 가지는 위성들을 갖고 있다. 이것들은 매우 작은 분자 위성이거나 더 작은 원자 위성이기 때문에 보이지 않는다.

천체는 우주-은하계-항성-행성-위성-분자위성-원자위성 순서로 발생한다. 행성들은 천체의 중간 수준에 있기 때문에 생명이 존재할 수 있다. 항성의 고유한 특징은 우주 요소인 공간, 공기, 물, 흙, 불이 층을 형성해 응결시키는 것이다.

우주에서 은하계가 생성되었다. 항성들은 곧바로 생성될 수 없다. 12은하계가 처음 생성되고 다음에 별자리(성좌)가 나타났다. 12은하계 중 6개는 오른쪽으로, 나머지 6개는 왼쪽으로 돈다.

우주에는 무수한 은하계가 있다. 은하계의 분리와 해체는 끝없는 과정이다. 우주의 많은 은하계가 최초의 12은하계에 의존한다. 마찬가지로 은하계가 12항성을 생성하지 않는 한 행성들을 생성하지 못한다. 항성들은 은하계 안에서 생성되고 파괴된다. 각각의 은하계 안에 블랙홀과 가장 가까운 3개의 항성이 가장 중요하다. 왜냐하면 그중 하나만 사라져도 은하계 전체가 소멸하기 때문이다.

지구는 태양의 블랙홀과 가장 가까운 3개의 행성 중 하나이다. 태양계에서 12행성은 태양에서 태어났다. 행성은 태양에 대한 12행성의 인력으로 형성되었다. 12행성 중에 9개는 이미 발견되었고, 이에 대한 연구가 멈췄다. 천체가 꼭 12의 배수가 될 필요는 없다.

지구는 위성인 달을 가진다. 달은 작은 분자 위성이며 작은 원자 위성을 가진다. 대기가 생성되면서 생명이 지구에 존재하기 시작했다. 우주-은하-항성-행성-위성-분자위성-원자위성들이 존재하지만 대기는 생겨나지 않을 수도 있다. 생명이 있을 수도 있고 없을 수도 있지만, 비생명체는 존재한다.

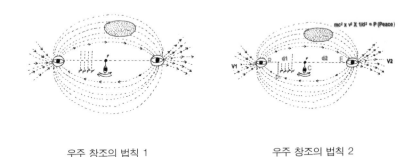

우주 창조의 법칙 1   우주 창조의 법칙 2

우주는 우주의 블랙홀에 의해 창조되고 유지되었으며 파괴된다. 우주의 블랙홀에서 나오는 거대한 우주적 에너지는 공간으로 가지만, 완전히 되돌아오지는 않는데, 아래의 수치에서 R과 E 사이에 불균형이 생긴다.

R=방출점, E=귀멸점, C=블랙홀의 중심. 가변적인 P는 평화를 나타낸다. 불균형이 P에 대한 압력을 낳는다.

불균형이 증가할수록 블랙홀은 남아있지만, P, P_1, P_2, P_3, P_n 등은 균형 라인을 바꾸고 그때 전자기력은 음양 에너지의 결합 때문에 은하계를 생성한다. 은하계가 생성되면 진자는 $MC2 \times V^2 \times 1/d^2 = P$로 돌아간다.

V는 방출점의 속도이고, MC^2는 에너지, 'd'는 균형 거리이다.

방출과 귀멸점 사이에 에너지가 균형을 잡으면 다음과 같은 방정식이 나타난다.

$$MC^2 \times V1^2 \times d2^2 = MC^2 \times v2^2 \times d1^2 = P$$

V는 에너지점의 속도이다.

V1은 귀멸점의 속도이다.

V2는 방출점의 속도이다.

D1은 P1에서 R까지 균형 라인의 거리이다.

D2는 P1에서 E까지 균형 라인의 거리이다.

그리하여 은하계가 생성된다. 은하계는 생성 이후에 더 분화된다. 그때 은하계의 블랙홀에서 12개의 항성이 생성되듯이 12개의 행성이 태양의 블랙홀에서 생성된다. 생명은 행성들의 인력으로 지구에서 진화해간다.

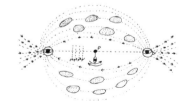 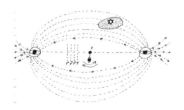

우주 창조의 법칙 3   우주 창조의 법칙 4

우주의 12가지 전자기적 에너지는 지구의 모든 생명체와 비생명체에서 나타난다. 위대한 핵 물리학자인 러터포드[72]는 12종류의

---

72) 어니스트 러터포드Ernest Rutherford(1871~1937)은 뉴질랜드에서 태어난 영국 핵물리학자로서 핵물리학의 아버지로서 불린다. 방사능 법칙을 세웠고 방사능이 원자 내부에서 일어나는 반응이라는 사실을 밝혔으며, 자연 붕괴 현상을

다른 에너지 입자를 발견했다. 즉 원자, 핵 중성자, 양성자, 전자, 크립톤, 제논 및 라돈 등이다.

각각의 분자는 12가지 전자기적 에너지의 특성을 가진다. 이 특성들은 행성에 존재하고 동물들의 세포에도 존재한다. 이 12가지 중에서 핵 중성자, 양성자, 전자가 중요하다. 그것들이 원자의 블랙홀에 가장 가까이 있고, 핵의 집단을 만들기 때문이다. 그러나 다른 9가지 전자기적 에너지의 속성 때문에 세포는 생명체의 완전한 물리적 신체를 형성하기 위해 서로서로 연결된다.

아래 도표를 참고하라.

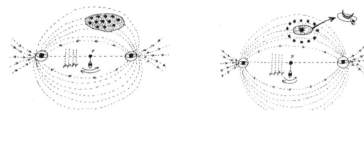

우주 창조의 법칙 5   우주 창조의 법칙 6

일반적으로 항성과 은하계 등은 공간에 떠있는 듯 보인다. 이 개념이 인간 신체의 세포에도 똑같이 적용된다. 세포들은 서로 연결되어 있는 듯 보이지만 실제로는 떠있다. 다시 말해서 인간의 신체는 공간에 떠있다. 이 12가지의 전자기적 에너지는 실제로 지구의 모든 생명체와 비생명체 모두에서 나타난다.

연구해 기존 물질관에 대 변화를 일으켰다. 알파 입자 산란 실험으로써 원자 내부 구조에 신가설을 제시한 과학자로 노벨상을 받았다.

러터포드는 12가지의 서로 다른 요소들(에너지)을 분자 속에서 발견했다. 각각의 분자는 12가지의 전자기적 에너지를 가지고, 각각의 원자는 두 개의 분자를 가지는데 하나는 오른쪽으로 도는 특성을 가진 남성적 에너지(양)이고 다른 하나는 왼쪽으로 도는 특성을 지닌 여성적 에너지(음)이다. 둘 다 양적이고 음적인 특성과 더불어 12가지 전자적 에너지의 속성들을 가진다.

세포도 양적, 음적 특성을 가지며 12가지 전자기력의 특성으로 구성된다. 분자의 블랙홀에 가까운 중성자, 프로톤, 전자의 세 전자기력은 원자핵을 형성하는데 12 전자기력의 특성들은 양적, 음적 특성을 유지하면서 그대로 있다. 세포 안의 12가지 전자기력의 도움으로 세포들은 결합하고 생명체와 비생명체의 물리적 형태를 창조한다.

인간과 동물은 대기가 발생하는 영역인 지구의 첫 번째 층 위에서 살 수 있다.

외부 세계에서 볼 수 있는 것은 몸 안에도 있다. 신체는 세계의 축소판이다. 지구가 블랙홀, 방출점, 귀멸점을 가질 때 세계를 구성하는 생명체와 비생명체 각각도 블랙홀(아나하타 차크라), 방출점(비숫디 차크라), 귀멸점(마니푸라 차크라)를 가진다.

행성과 하위의 동물들은 3개의 차크라만 갖지만, 다세포 식물과 동물들은 7차크라로 이뤄져있다.

7차크라는 우주의 7가지 블랙홀과 대응된다.

사하스라라로 불리는 크라운 차크라는 '우주적 블랙홀'의 성격을 따른다. 아즈냐 차크라는 '은하계 블랙홀'의 성격을 따른다. 비

숫디 차크라는 '태양 블랙홀'의 성격을 따른다. 아나하타 차크라는 '지구 블랙홀'의 성격을 따른다. 마니푸라 차크라는 '달 블랙홀'의 성격을 따른다. 스와디스타나 차크라는 '달의 분자행성의 블랙홀'의 성격을 따른다. 물라다라 차크라는 '달의 원자행성의 블랙홀'의 성격을 따른다.

12가지 은하계의 모든 특성들이 신체의 서로 다른 12가지 기관에서 나타난다.

12가지 기관은 6가지 지각기관과 6가지 행위기관이다. 6가지 지각기관은 눈, 귀, 코, 혀, 피부와 마음(송과선)인데, 이들은 기본적으로 주요 전자기력을 운반한다. 그리고 6가지 행위기관은 다리, 손, 성대, 항문, 생식기관과 배꼽이다. 이 6가지 지각기관과 6가지 행위기간은 12가지 전자기력의 특성을 가지고, 이들 12가지 전자기력의 양적, 음적 에너지를 모두 따른다.

아나하타 차크라는 양적, 음적 특성을 분리해서 비숫디 차크라에는 양적 특성만을 전달하고, 음적 특성은 배꼽 센터에 보낸다.

전자기력과 특성들은 비슷디 차크라와 마니푸라 차크라를 통해 모든 분비선에 전달된다.

제어되지 않는 인간의 마음은 대개 음적인 속성에 이끌리고, 결과적으로 맹목적 신념, 이기성, 인색함 등에 끌린다. 이것은 삶의 다른 부분에도 영향을 끼친다. 이는 사회적 삶, 국가의 삶, 넓게는 전 세계의 삶까지 포함한다.

마음의 집중과 제어를 통해 열망을 전 인류를 위해 예리하고 현명하게 단일한 곳에 둔다. 이런 삶을 따른다면 부정적 속성을 떨칠 수 있고 11개의 미세신체로부터 긍정적 전자기력을 얻어서 우주의 블랙홀을 만나 영원한 평화(마하 샨티)를 성취한다.

우주 에너지는 공간에 편재한다. 창조의 주된 목적은 생명체와 비생명체를 통해 우주 에너지를 받는 것이며 은하계에서 평화와 조화를 유지하는 것이다. 식물의 왕국은 이러한 목적을 지키고 있지만 인간은 우주적 유대와 힘을 존중하지 않았다. 인간은 이기적 필요와 욕구를 위해 이러한 힘과 에너지를 이용하려 했고, 그 결과 지구 온난화 같은 문제들이 초래되었다. 인간은 환경뿐 아니라 불건전한 습관들과 사치에 탐닉함으로써 스스로를 망치고 있다.

우주는 은하계와 행성들, 그리고 행성의 생명을 창조할 수 있기 때문에 인간보다 더 강한 힘을 가진다. 우주는 이미 자연재해라는 그물망을 펼쳤으며 지구를 없애는데 주저하지 않을 수도 있다. 다른 많은 은하계들도 행성체계를 가지고 있고 거기서 생명이 살고 있다. 우주는 우리에게만 의존하지 않는다. 우주는 다른 은하계의 행성들을 통해 자신의 창조의 목적을 수행할 수도 있다.

　다양한 행성과 항성, 그리고 은하계를 통해 우주에서 나오는 에너지는 순수해서 부정적 에너지가 없다. 그것은 이끼가 끼지 않는 구르는 돌과 같다.

　그러나 그 에너지가 물리적 신체에 사로잡히면 부정성을 흡수하여 오염된다. 이것은 멈춘 돌과 같은데 일단 카르마가 무르익을 때까지 불순한 우주 에너지로 머무른다. 그리고 물리적 신체가 작업을 행할 수 없을 때 우주는 물리적 신체를 파괴하고 다른 에너지와 연결된다. 물리적 신체는 '나'가 아니다. 그것은 우주적 에너지를 담는 그릇일 뿐이다. 물리적 신체를 매개로 명상과 선 요가를 수행해서 11개의 미세신체를 성취하여 결국 우주의 블랙홀에 도달할 수 있다.

　선 요가 수행은 신체를 통해 거대한 우주에너지와 지구의 조화를 만들고, 평화와 번영, 그리고 인류애를 유지시킨다.

8. 우리가 나아갈 길

오늘날의 세계는 다툼과 불협화음을 초래하는 폭력의 충돌과 갈등으로 가득하다. 매 순간 세계 어디선가 끊임없이 폭력, 불신, 절망, 의심, 불안이 지속되고 있다. 사회는 수많은 종류의 악으로 가득하고, 가치 체계의 결여로 인해 새로운 세대는 문명이라는 이름하에 바르지 못한 방식으로 양육되고 있다. 교육을 받았든, 안 받았든, 무지하든, 성격이 유약하든, 가치관이 결여되어 있든, 문명에서 벗어나 있든, 지식이 협소하든, 바른 자각이 결여된 수많은 사람들이 돈 버는 일에만 몰두한다.

대부분의 인간은 사회봉사와 애국이라는 미명하에 이기적이고, 자기중심적이며 잘못된 신념과 맹신으로 가득 차 있다. 형제자매, 부모자식, 부부, 친구사이, 정신적 지도자들 간에도 믿음은 결여되어 있으며, 많은 인간관계들이 그렇다. 그들은 서로를 허용하지 못한다.

현대의 어머니들은 감로 같은 모유로 아이를 먹이는 대신 시장에서 사온 우유를 먹인다. 가정부나 유아원에 아이를 맡기고 그저 몇 시간만 함께 지낼 뿐이다. 아이에게 좋은 가치를 심어줄 기회와 여유는 없다.

농부는 해충을 잡기 위해 해로운 화학물질을 쓴다. 이것은 인류에게 독을 먹이는 일이다. 노동자들은 자신의 일에 전념하지 않고 무관심하며, 학생들도 학업에 그러하다.국가의 지도자들은 나라를 바로 세우는 자신들의 일에 무관심하며, 박사들도 진리에 봉사해야 하는 의무를 다하지 않는다. 인간은 지혜와 인간성과 궁극 목적을 성찰하는데 실패했다. 결코 끝나지 않는 탐욕의 노예가 되어 인간은 끝없이 치열한 경쟁을 벌이고 있다.

이것이 과연 성공한 사회를 세우는 길인가. 우리는 제대로 길을 가고 있는가. 이것이 인류가 진보해가는 길인가. 이것이 인간의 위대한 목표인가. 그리고 사회의 근간인 교사들은 의무를 다하고 있는가. 영적 지도자는 궁극 목표로 사회를 이끌어가야 한다. 그러나 지도자 당신들은 방향을 잃었다. 작물을 경작하여 사회에 제공하는 농부들도 농사의 목적을 잃어버리지 않았는가. 세계 평화의 지도자 당신들은 바르게 지도하고 있는가. 사회와 세계의 미래인 학생들은 과연 용기를 갖고 바른 방향을 향하고 있는가. 이 질문들은 우리 모두가 스스로에게 던져야 할 반성이고 촉구이다.

그러나 두려워하지 말라. 이 모든 것은 인간 투쟁의 시험이다. 많은 어려움이 오겠지만 또 지나 갈 것이다. 파괴를 초래하는 폭풍처럼 두렵지만 새로운 창조와 방향을 가져올 것이다.

결국 자기실현을 통해 모든 문제가 풀리고 평화가 번져갈 것이다. 개체의 블랙홀은 우주의 블랙홀과 연결되어 있다. 끝없는 욕망의 장막을 거두면 무한하고 헤아릴 수 없는 큰 평화의 주인이 된다.

세계는 우리의 것이다. 세계는 우리가 올바른 소유권을 주장하길 원한다. 모든 풍요는 우리의 것이다. 당신은 모든 것 안에 깃들어 있고, 모든 것이 당신 안에 있다. 태양은 우주의 무한한 풍요이다. 태양은 지구 모든 존재들에게 힘을 부여한다. 태양과 친구가 되면 우리는 우주의 주인이 될 것이다.

인간이여 그대들은 불멸의 자녀이며, 불멸은 당신들의 권리이다. 무한한 자기실현의 감로가 당신 손에 있다. 독을 마실지 꿀을 마실지는 당신의 선택에 달려있다. 꿀을 마신다면 인류가 당신을 존중하며 기뻐하게 될 것이다. 우리에겐 어떤 적도 없을 것이며 모두가 친구가 될 것이다.

선 요가의 정수는 바로 이 모든 것을 이루기 위한 아주 직접적인 지침서이다.

| 부록: 선 요가의 명상 순서 |

주의사항 숙련된 수련자의 지도 없이 수행하지 않는다.

참고사항 이하에서 설명하는 방법은 잘 훈련된 스승을 대신할 수 없다. 자격을 갖춘 스승의 지도 없이는 수행하지 않아야 한다.

오랫동안 나는 무료로 선 요가를 가르쳐왔다. 당신은 인도의 www.sunyoga.info에서 수련 정보를 얻을 수 있다. 또한 한국(한국 바바지 명상수련 센터http://www.koreababaji.net와 http://cafe.naver.com/sunyoga-korea)에서도 정보를 얻을 수 있다.

선 요가는 크게 3단계로 이뤄져있으며, 모든 단계가 중요하다. 각 단계의 특징은 나의 다음 책에 자세히 설명할 것이다.

준비
1. 허리를 곧게 펴고 편한 자세로 앉아 이완한다.
2. 눈을 감는다.
3. 살아계시거나 돌아가신 당신의 부모님께 깊은 감사와 존경을 표한다.
4. 당신에게 그동안 무언가를 가르쳐준 모든 선생님, 스승, 지도자들께 깊은 감사와 존경을 표한다. 그들은 당신보다 어릴 수도 있고 더 연장자일 수도 있으며, 친구일 수도 있고 적일 수도 있다.

5. 당신의 종교에 깊은 존경과 감사를 표한다. 당신이 기도하는 신이 기독교, 유대교, 불교, 힌두교이든 상관없다.

6. 모든 존재를 나의 가족으로 여기라. 인종과 카스트와 종교와 성별과 나이와 상관없이 모든 인간을 가족으로 여긴다. 그리고 인간 뿐 아니라 모든 동물, 곤충, 식물 모두가 한 가족에 속한다. 모든 생명에 사랑을 보낸다.

7. 자기탐구- 대답하지 말고 그저 물어라. 대답은 당신이 받을 준비가 될 때 주어질 것이다.

> 나는 누구인가?
>
> 나는 무엇을 원하는가?
>
> 나는 왜 그것을 원하는가?
>
> 내 삶의 목적은 무엇인가?
>
> 내가 원하는 것과 지금하고 있는 일의 관계는 무엇인가?

8. 자기 확신과 결정- 이것을 스스로 조용하게 말하라.

> 나는 할 수 있다.
>
> 나는 해야만 한다.
>
> 죽음에 이르더라도 나는 할 것이다.

선 요가의 명상

9. 이와 같이 준비하고, 태양이 자신과 가까운 친구라고 느껴본다. 당신의 가장 좋은 친구처럼 태양을 사랑한다. 머리를 척추와 일직선으로 자연스럽게 맞춘다. 이제 눈을 천천히 뜬다. 눈을 태양 위 2인치(5cm) 위쪽으로 올린다. 만약 하늘에서 태양의 위치가 높아지

면, 당신은 머리를 위로 올려야할 수도 있다. 눈을 깜빡이지 않도록 한다. 익숙하고 편안해지면, 눈을 태양과 같은 높이로 내릴 수 있다. 눈물이 뺨으로 흘러내리더라도 두려워하지 말라. 최소한 30분은 태양과 함께하라.

10. 이제 눈을 감으라. 눈꺼풀을 아주 세게 감았다가 천천히 이완하기를 3회 반복하라. 이마 중앙에서 아름다운 빛이 나오는 것을 볼 것이다. 잠시 그 빛을 즐기라. 눈을 감은채로, 손바닥이 뜨겁도록 문지른 후 눈에 댄다. 손바닥이 더 이상 뜨겁지 않을 때 천천히 손을 내리고 시계 방향으로 손가락을 이용하여 눈꺼풀을 마사지 한다. 이를 3회 반복하라.

11. 이런 놀라운 경험을 주는 태양에 감사드린다. 태양에 건강과 번영, 조화와 평화, 조건 없는 사랑과 보호를 달라고 기도드리라.

사바아사나

12. 눈을 감고 발은 6인치 정도 벌리고 등을 바닥에 대고 누워 이완한다.

13. 손바닥이 바닥에 닿도록 하고, 손과 팔을 이완하여 누군가가 팔을 들고 떨어뜨리면 바닥으로 푹 떨어질 정도가 된다.

14. 머리에 힘을 빼고 하늘을 바라본다. 옆으로 고개를 돌리지 않도록 한다.

15. 발가락을 느껴본다. 발가락이 이완된 것을 느낀다. 주의를 발목으로 옮겨서 이완된 것을 느낀다. 주의를 무릎으로 옮겨 이완된 것을 느낀다. 주의를 엉덩이로 옮겨 이완된 것을 느낀다. 이제 하체 전

체가 이완된 것을 느낀다.

16. 주의를 배로 옮기고, 다음에 가슴으로 옮겨서 그것들이 이완된 것을 느낀다. 주의를 목으로 옮기고 이완된 것을 느낀다.

17. 당신의 손가락을 느껴본다. 손목에 주의를 보내어 이완된 것을 느낀다. 이제 팔꿈치에 주의를 돌려 이완된 것을 느낀다. 주의를 어깨로 보내어 이완된 것을 느낀다.

18. 주의를 목으로 보내어 그곳이 이완된 것을 느낀다. 이제 당신은 몸의 윗부분과 아래 부분을 느낄 수 없다.

19. 주의를 얼굴로 보내고, 다음으로 머리 정수리를 느끼고 이완된 것을 느낀다.

20. 이제 주의를 신체 내부로 보낸다. 당신은 땅 위에 누운 자기 몸을 볼 수 있다고 상상한다.

21. 몇 분간 지켜보면서, 평화를 느낀다. 조건 없이 사랑하라.

22. 몇 분 후에 주의를 정수리의 크라운 차크라로 가져간다. 그리고 당신의 얼굴과 목으로, 그리고 어깨와 팔과 팔목과 손가락으로 주의를 가져간다.

23. 주의를 가슴과 아래쪽 대장으로, 그리고 엉덩이로 가져간다. 그리고 주의를 무릎, 그리고 발목과 발가락으로 가져간다.

24. 몸의 어떤 장기나 부위에 치유가 필요하다면, 주의를 그곳으로 보내서 태양에게 치유와 무조건적인 사랑을 부탁하고 감사하라.

25. 천천히 발가락, 발, 손가락, 손, 그리고 다른 관절을 푼다.

26. 오른쪽 무릎을 구부리고, 오른쪽 발을 왼쪽 무릎 뒤로 가져가서 몸의 왼쪽으로 돌린다.

27. 천천히 몸을 일으켜 앉는다.

28. 태양에게 경배한다. 당신과 모든 생명체에 이렇게 놀라운 경험을 주는 태양에 감사한다.

29. 똑바로 앉아서, 아주 천천히 눈을 뜬다. 세션은 끝났다. 당신속의 온기와 평화, 행복을 느끼며 웃는다. 당신의 선생님과 주위 모두에게 감사하라.

선 요가는 아이부터 노인까지 누구나 수련할 수 있다. 어떤 환경에 처한 사람들이든 이 요가를 수련할 수 있다.

그러나 누구나 야마, 니야마, 아사나의 단계를 거쳐야 하고, 이후에는 자신의 능력에 따라 진보해갈 것이다. 개개인의 성실과 전념에 따라 다를 것이다. 간혹 아이들이 사다나에 적합한 성인들보다도 더 빠르게 진보하기도 한다.

M. 위스와나탄M. Viswanathan 박사의 요청으로 아나말라이An-namalai 대학 요가센터는 유치원에서 시작하여 학문의 연구자 및 교사에 이르는 특정 교수요목敎授要目과 지침을 다음같이 제시했다.

유치원 어린이

어린 아이들에게 전통, 문화 그리고 기본적 위생과 청결함을 명심시켜야 한다.

1) 우선 부모와 선생님과 연장자에 대한 존경을 배워야 한다.

2) 의복은 청결해야 한다.

3) 손톱은 적당히 잘라줘야 하고, 머리카락도 잘 관리되어야 한다.

4) 그들은 즐거운 도구를 통해 교육받아야 한다.

사례

학생들에게 척추를 펴고 연화좌로 앉은 모습을 보여줘야 한다.

적어도 10분에서 15분간 탁자 위에 예쁜 꽃이나 맛있는 과일을 쳐다보게 한다.

눈에서 눈물이 나기 시작한다. 이를 무시하라고 지도한다.

10분에서 15분 후에 손바닥을 문지르고 천천히 3회 가량 손을 눈에 대도록 한다.

선생님은 과일을 아이들에게 나눠줌으로써 격려해야 한다.

명상을 가장 잘했던 아이가 모두에게 과일을 나눠줘야 한다. 혹은 탁자에 꽃이 올려져있다면, 가장 뛰어났던 학생이 그 꽃을 가져간다.

이렇게 명상 수련을 매일 지속하여 연말에는 최소 15분에서 30분까지 하도록 한다. 그리고 학부모에게 아이들이 집에서도 수행을 지속할 수 있도록 요청해야 한다.

초등 저학년

일반적으로 1학년과 2학년 학생들의 행동과 습관에 초점을 맞춘다.

명상하는 동안 척추를 곧게 펴야 한다. 앞에서 말한 눈과 눈 명상부터 시작할 수 있다. 10분에서 15분의 명상에서 시작해서 연말에는 30분까지 늘린다.

집에서 꽃이나 과일 대신 탁자 위의 아이 자신의 사진을 바라본다.

전체 과정은 1년이다. 일반적 3학년과 4학년 학생들은 안구의 홍채에 대한 집중을 연말까지 수련시킨다.

초등 고학년 및 중학 1, 2학년

일반적 5학년과 6학년 학생들은 앞서 설명했던 야마, 니야마, 아사나를 수련할 필요가 있다.

니야마와 아사나는 이때부터 석사 과정의 연구단계의 학생 시기까지도 수련되어야 한다.

7학년과 8학년 학생[73]들은 야마, 니야마, 아사나를 성취하고 프라나야마와 프라티아하라를 수련한다.

빛 명상과 태양 명상을 30분간 행한다.

연말에는 아나하타, 비슛디, 마니푸라, 아즈냐, 그리고 스와디스타나 차크라가 열려야 한다.

이 책에서 '요가의 통합' 부분을 읽고 이해하고 있어야 한다.

중학 3학년과 고등1학년

야마, 니야마, 아사나, 프라나야마가 능숙해지면 디야나(명상)에 안정적으로 머물러야 한다.

최소한 30분간 빛 명상을 한다.

학생은 원할 때마다 자기 사진의 미간에 집중할 수 있다. 이후 30분간 태양을 명상한다.

---

73) 인도와 한국은 학교 편제가 다르다.

태양 명상은 일출 후 2시간 내에 실천해야만 한다.

연말에는 사하스라라와 물라다라 차크라가 다른 주요 차크라들과 함께 활성화되어야만 한다.

고등 2, 3학년

야마, 니야마, 아사나, 프라나야마를 하며 학생은 사마디 단계에 안정적으로 머물러야 한다.

빛 명상은 가능한 오래 지속하고, 태양 명상도 오전 10시 이후에 30분은 수련해야 한다.

다른 차크라와 함께 디야나 차크라와 디야나로다크 차크라, 사마디 차크라와 사마디로다크 차크라가 활성화되어야 한다.

대학 학부 과정

사마디가 안정된 후에 기본수행인 야마, 니야마, 아사나, 프라나야마, 프라티아하라를 점검해본다.

이 테크닉들은 이 단계에서 매우 자연스러워진다. 아므리타 샤리라, 지반묵타 샤리라, 로그묵타 샤리라 같은 미세신체를 감지하고 획득하는 수련의 경지까지 안정적으로 도달한다.

빛과 태양 명상은 어느 시점에든 최소한 30분은 수련해야 한다. 또한 완전한 순복을 수행해야 한다. 욕망과 탐욕을 버리고, 에고 없이 긍정적으로 용기 있게 명상해야 한다.

다른 차크라의 각성과 더불어 아므리타 차크라, 아므리타로다크 차크라, 지반묵타 차크라, 지반묵타로다크 차크라를 활성화해야 한다.

석사 과정

다른 수행들이 안정화되면서 수행자는 파라마한사 샤리라, 차이탄야 샤리라, 그리고 아마르 샤리라를 획득하는 단계를 수련해야 한다.

수련자는 어느 시점에서든 수행할 수 있어야 하고 가능한 오래 빛과 태양을 명상해야 한다.

박사 과정(연구자)

이전의 수행을 하면서 그라하누사마 샤리라, 낙샤트라사마 샤리라, 브라흐마아누사마 샤리라의 안정화를 위해 노력하고 연구를 착수한다.

다른 차크라가 활성화되면서 그라하누사마 차크라, 그라하누사마로다크 차크라, 낙샤트라사마 차크라, 낙샤트라사마로다크 차크라, 브라흐만다누사마 차크라, 브라흐만다누사마로다크 차크라를 활성화시킨다. 태양과 빛 명상을 가능한 만큼 수련한다.

이 책의 모든 장을 읽고 이해해야 한다. 또한 연구자들의 지식으로 새로운 장들을 쓸 수 있어야 한다.

교사의 역할

교사는 인내와 관용을 가져야 하고, 용서하는 능력을 계발하며, 겸손하여 오만하지 않아야 한다. 그런데 교사는 학생들이 잘못하는 순간 그들을 바로잡아야 한다. 그러나 교사는 그들을 바로잡기만 해야지 책망하거나 미워해서는 안 된다. 교사는 학생들을 자신의 아이들처럼 사랑할 수 있어야 한다.

교사는 실제 삶의 경험에서 학생들에게 가르침을 주어야 한다. 교사는 체험 없이 상상한 세계를 예로 들어서는 안 된다. 교사는 고도의 자격을 갖추지만 항상 배우려는 의지를 갖고 있어야 한다. 아이들 속에서 배우려는 태도를 갖고 있다면 더 나은 방법으로 아이들을 도울 수 있다.

교사는 학생의 지식욕을 복 돋우고 발전하도록 고무해야 한다.

이것이 교사의 기본 의무이고 교육 방식의 초점이다. 교사는 현재와 미래 삶에서 학습의 중요성을 학생들이 이해하도록 지도한다.

교사는 유치원에서 초등 6학년생까지 학생들을 지도하기 위해 사마디 체험의 수준에 있어야 한다. 중학교 과정을 가르치기 위해 교사는 학사 과정 이상의 지식을 가져야 한다. 학사과정과 석사학위 과정생을 가르치기 위해 선생은 연구자 수준(박사과정)의 지식을 가져야 한다.

선(태양) 요가

2018년 6월 20일 초판 1쇄 인쇄
2018년 6월 30일 초판 1쇄 발행

지은이   우마상카르
옮긴이   양영순
펴낸이   정창진
펴낸곳   도서출판 여래
출판등록   제2011-81호
주소   서울시 관악구 행운2길 52 칠성빌딩 5층
전화번호   (02)871-0213
전송   (02)885-6803

ISBN   979-11-86189-76-4 03270
Email   yoerai@hanmail.net
blog   naver.com/yoerai

값은 뒤표지에 있습니다.